Kunst und Geschichte in Ägypten

5000 Jahre Kultur

Text und Zeichnungen von
ALBERTO CARLO CARPICECI

© Copyright by Casa Editrice Bonechi, via Cairoli 18/b - 50131 Florenz - Italien
Tel. 55576841 - Fax 555000766
E-mail: bonechi@bonechi.it - Internet: www.bonechi.it

Gemeinschaftswerk. Alle Rechte vorbehalten. Der Nachdruck, auch auszugsweise, die Speicherung
oder Übertragung dieser Veröffentlichung in welcher Form oder mit welchen Mitteln auch immer - elektronisch,
chemisch oder mechanisch - mittels Fotokopien oder mit anderen Systemen, einschließlich Film, Radio und
Fernsehen, sowie mit Systemen der Archivierung und der Informationssuche,
sind ohne die schriftliche Genehmigung des Herausgebers untersagt.
Druck in Italien: Centro Stampa Editoriale Bonechi.
Die Umschlaggestaltung und das Layout dieses Buches
stammen von Grafikern des Verlagshauses Casa Editrice Bonechi
und sind daher durch das internationale Copyright geschützt.

Text von A. C. Carpiceci mit einigen Artikeln von Giovanna Magi.
Überprüfung von Serena de Leonardis.
Redaktion von Giulia Salvi.
Die Fotos stammen aus dem Bonechi-Verlagsarchiv und von
Marco Carpi Ceci, Luigi Di Giovine, Paolo Giambone.
Die Bildtafeln und Pläne sind von A.C. Carpiceci.
Die Zeichnung auf Seite 101 und die Beilage des Planes vom Nil stammen von Stefano Benini.

ISBN 88-8029-088-6

Arte e Storia · Egitto - n° 23 - Pubblicazione Periodica Trimestrale - Autorizzazione del Tribunale di Firenze n° 3873 del 4/8/1989 - Direttore Responsabile: Giovanna Magi

DER PLANET ÄGYPTEN

Das ägyptische Volk der Vorzeit erscheint uns als Träger einer höheren Kultur, die aus einer anderen Welt stammt. In der Periode, in welcher die Völker der Erde mühsam aus der Steinzeit herauskamen und in allen Regionen der Welt Kulturen mehr oder weniger gleicher Höhe hervorbrachten, tritt das ägyptische Volk schon voll entwickelt hervor und überwindet sehr schnell die Grenzen menschlicher Möglichkeiten von vor sechstausend Jahren sozusagen kraft erlebter Erfahrungen auf einer anderen, außerordentlich fortgeschrittenen Welt, wie man meinte.

Auf der vom Nil befeuchteten Erde beginnt so ein unwiederholbarer Versuch, der sich in wenigen Jahrhunderten schwindelerregend entwickelt und dabei Werke der Kunst und der Wissenschaft hervorbringt, die weit über die Möglichkeiten des Zeitalters hinausgehn. Die Verwirklichung der Cheops-Pyramide als das Eisen und das Rad noch unbekannt waren, bleibt auch heute noch ein unerklärliches Geheimnis. Wir stehn noch fassungsloser da, wenn wir bedenken, daß die Ägypter schon vor Errichtung der Großen Pyramide eine Technik und Organisation besaßen, die sie befähigten, über Tausende von Kilometern weg die Überschwemmungen des Nils zu bändigen und die Sumpfgebiete und selbst die Wüste in ein neues irdisches Paradies zu verwandeln. Betrachten wir die Entwicklungszeiten der andern Völker, von denen einige bis fast noch heutzutage in der Steinzeit stehn geblieben sind, so bemerken wir ebenfalls, daß das Volk des «Planeten Ägypten» die Weltgeschichte um zweitausend Jahre vorweggenommen hat. Zudem ist seine Auftriebskraft derartig mächtig gewesen, daß sie auch über fünftausend Jahre weg angedauert hat.

Die zu der gigantischen Unternehmung benutzten Werkzeuge sind das Wasser und das Feuer, das heißt der Nil und die Sonne; keine bequemen Werkzeuge, sondern von dem ursprünglichen Volk gestaltete und erarbeitete, weil von der von Wasser und Feuer kommenden Zerstörung die Fruchtbarkeit der Erde, das Leben Ägyptens selbst begünstigt wurde. Die Menschen arbeiteten mit Isis und Osiris zusammen, um das Leben wieder zu schaffen, um der Erde das Aussehen des Paradieses wiederzugeben, eines irdischen Paradieses, das sich mit dem himmlischen wieder vereint. Ägypten ist nicht das gelobte Land: es ist die vom Menschen Tag für Tag und Jahr für Jahr geschaffene Erde in einem Werk, das sich ohne Ende erneuert und in dem Geschöpf und Schöpfer verschmelzen. Es gibt da keine Trennung der Fortdauer zwischen Göttern und Menschen mehr, die Götter befinden sich unter den Menschen: ihr Antlitz ist das gleiche wie das der Menschen oder das der Tiere, die sie im Himmel und auf Erden umgeben. Ihre Hände sind unsichtbar und unendlich so wie die Strahlen der Sonne unendlich sind. In jeder Scholle der Erde Ägyptens gibt es das Wasser und das kosmische Feuer, den Tod und die Auferstehung, die menschliche Wesenheit und die göttliche Wesenheit.

Nil und Sonne bezeichnen zwei grenzenlose Ringe, die das ganze Universum dieser und der anderen Welt durchströmen. Sie sind der Weg, an dem der neue Mensch des «Planeten Ägypten» die Entstehung und den Seinsgrund seiner ewigen Bahn erfährt. Für uns Menschen zweitausend Jahre nach Christus ist es noch möglich, dies unauslöschliche Gleichgewicht zwischen dem Wege des Wassers und dem Wege des Feuers wiederzufinden, wenn wir uns auf einer Segelbarke Oberägyptens dahintreiben lassen. Es ist noch möglich, jene unsichtbare Brücke wiederzufinden, die uns mit den Quellen unserer Geschichte vereint, die tiefe Rührung neu zu erfahren, die unser Vorfahr empfand, wenn er vor fünftausend Jahren dem Gesang lauschte, der sich zu Jahresbeginn beim Hochwasser des Nils erhob: *«Komme Wasser des Lebens, das vom Himmel strömt, komme Wasser des Lebens, das aus der Erde quillt. Der Himmel brennt und die Erde erzittert beim Nahen des Großen Gottes. Die Berge im Westen und im Osten öffnen sich, der Große Gott erscheint, der Große Gott bemächtigt sich des Leibes von Ägypten.»*

5000 JAHRE GESCHICHTE
Geburt einer Kultur

VOR DEN PHARAONEN

Ehe die ägyptische Kultur hervorbrach, das heißt in der Altsteinzeit, war das Mittelmeer in zwei große Becken durch eine Landzunge geteilt, die Tunis und Italien verband und über die Insel Malta verlief. Es war allerseits von einem riesigen Ring von Wäldern umschlossen, und anstelle des Nils gab es eine Kette von weiten Lagunen und Wäldern, die bis ans Meer verstreut waren. Die europäische Tierwelt vermischte sich mit der Nordafrikas: mittelmeerische Gebirgsrassen lebten mit denen aus Somalien und der Berberei, verbunden in einer Art grenzenlosen Edens.

Eine nicht festlegbare Sintflut, die zwischen den Jahren 10 000 und 8000 vor Christus schon länger im Gang war, bewirkt tiefgreifende Veränderungen: die Brücke zwischen Tunis und Italien versinkt und hinterläßt wie Brocken die Inseln des Archipels von Malta. In Nordafrika lichten sich nach und nach die ungeheuren Waldungen. Die vernichteten Lagunen verschwinden und machen Platz für Wüsten von Felsen und Sand. Der Nil beginnt seine Gestalt zu gewinnen und offenbart sich immer mehr als eine gigantische Schlange, die sich aus dem Herzen Afrikas auf Tausenden von Kilometern neben dem Roten Meer heranwindet, bis sie das Mittelmeer erreicht.

Zwischen 8000 und 5000 vor Christus ereignen sich beständig Einwanderungen und Auswanderungen entlang Ober- und Unterägypten. Es handelt sich um Völkerschaften, die aus Asien, aus Zentralafrika und dem Westen kommen, vielleicht Überlebende der sagenhaften Atlantis. Aber das Nil-Land wird immer weniger gastlich, weil die Zwinge der Wüste sich unerbittlich schließt und die Überschwemmung des großen Stroms jeden Flecken bewohnbaren Landes in einem morastigen Sumpf einschließt. Und da nun entwickelt sich im vierten Jahrtausend ein außergewöhnliches Volk, das fähig ist, die schlammigen Gewässer kilometerweit zu regulieren, die Landarbeit auf Tausenden von Hektar zu regeln, Siedlungen und Städte zu schaffen und damit die größte organisierte Gesellschaft zu begründen, die es jemals gab. Blaß sind die Spuren ähnlicher Versuche, die sich anderswo nur in Mesopotamien (Uruk, Ur, Lagas) finden, und es ist auch nicht möglich, die Ursprünge festzustellen, wenn man nicht auf den verschwundenen Kontinent Atlantis zurückkommt, den dreitausend Jahre später Plato ersonnen hat.

Die Ägypter selbst versichern, daß ihre Geschichte mit der Herrschaft von Osiris begonnen hat und daß schon drei große göttliche Reiche gewesen seien: das Reich der Luft Shu, das Reich des Geistes Râ, das Reich der Erde Geb. In diesen Reichen scheinen die der Darstellung vorhergehenden Zeiten verhüllt zu sein und in dem von Geb das von Atlantis. Osiris, der Gottkönig und Mensch lebt in der Erinnerung als König voll unendlicher Güte und Weisheit, der alle Nomadenstämme vereinigt und sie lehrt, das Übel der Überschwemmungen in Wohltat zu verwandeln und die Zerstörung der Wüste durch Bewässerung und Bearbeitung der Erde zurückzudrängen, insbesondere durch den Getreideanbau, um Mehl und Brot zu gewinnen, die Rebzucht, um Wein zu bereiten, den Gerstenanbau, um damit Bier zu bereiten. Osiris veranlaßt die Nomaden ebenfalls zum Schürfen und Bearbeiten der Metalle, und mit dem Weisen Thoth lehrt er sie die Schrift und die Kunst. Nach Erfüllung seiner Sendung hinterläßt er auf dem Throne die geliebte Gefährtin und Mitarbeiterin Isis und bricht nach Osten auf (Mesopotamien), um alle Völker zu lehren. Nach seiner Rückkehr lockt ihn der Bruder Seth in eine Falle, tötet ihn, bemächtigt sich des Thrones und verstreut die Glieder des Toten in ganz Ägypten. Schmerzverstört begibt sich Isis auf die Suche des geliebten Gatten. Durch göttliche Eingebung gelingt es ihr, seine Reliquien aufzufinden und sie mit Hilfe des getreuen Anubis zusammenzufügen. Und damit geschieht das Wunder: dank der Tränen der untröstlichen Gattin ersteht Osiris und steigt in den Himmel auf, nachdem er ihr einen Sohn hinterlassen hat, nämlich Horus. Erwachsen geworden, überwindet Horus nach langem, unentschiedenem Kampf den Usurpator und setzt das Werk seines Vaters Osiris fort.

Diese Morgenröte, in der Geschichte und Legende sich mit den Bildern der Atlantis oder des «Planets Ägypten» vermischen, bezeugt sich in jenem zeitlosen und einzigartigen Denkmal, das die Große Sphinx darstellt.

Die Sphinx wird Chefren (um 2550 v. Chr.) zugeschrieben, aber kein technisches, architektonisches Element, ja nicht einmal logischer Zusammenhang verbindet sie mit der Großen Pyramide und den Bauwerken jenes Pharao. Die Darstellung des Löwenleibs mit dem Menschenhaupt kehrt alle Visionen der Götter mit Menschenleib und einem Tierkopf um (dem Löwenhaupt in dem ursprünglichen Paar), und betont so das Geheimnis dieses kolossalen Ideogramms: Denkmal des Urvolks für seinen ersten und großen König Osiris, Meilenstein zwischen dem irdischen und himmlischen Leben.

Das auserwählte Volk von vor sechstausend Jahren verteilt sich auf zwei große Bereiche mit gegensätzlichen Merkmalen: Ober-Ägypten längs des Nils, der Hunderte von Kilometern weit von Süden nach Norden fließt, und Unter-Ägypten entlang den unzähligen Kanälen des Deltas, die sich auf rund hundertfünfzig Kilometer erstrecken.

Ober-Ägypten, das heißt Ägypten südlich der Sphinx, hat eine immer feinere und weniger ergiebige Erdoberfläche, und mit der Zunahme der Lebensschwierigkeiten steigert sich auch das Bedürfnis, sich in Genossenschaften zusammenzuschließen, die sich vor allem um innere Probleme kümmern.

Unter-Ägypten dagegen ist ein ergiebiges Land, dessen dichte Bevölkerung auf zahllosen Wegen mit anderen Völkern in Verbindung steht, wodurch Handel und Seefahrt immer mehr begünstigt werden, und damit das

5

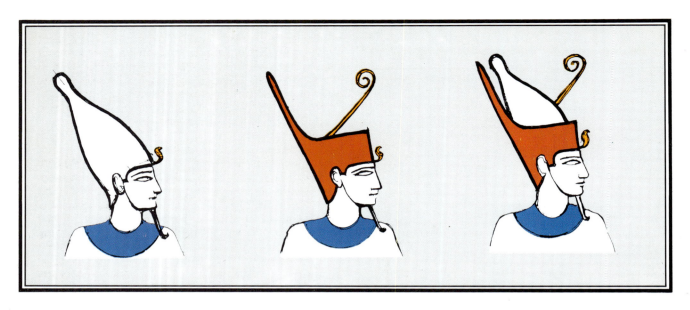

Die Kronen der Pharaonen.
Stellen wir fest, daß auch in den Perioden, in welchen die Einheit Ägyptens sehr fest bestand, die Pharaonen nur mit der einzigen «Weißen Krone» des Nordens oder nur mit der «Roten Krone» des Südens dargestellt werden, außer mit der «Doppelkrone», dem Symbol des vereinigten Königreichs. Daher sehen wir Pharaonen, deren Imperium vom Sudan bis zu den Grenzen Syriens reichte, in zahlreichen Statuen in den Tempeln von Theben nur mit der Krone des Nordens oder nur mit der des Südens dargestellt.

Aufblühen offener und selbstgenügsamer Gemeinschaften in beständigem Wandel.

Die Wohn- und Arbeits-Vereinigungen entwickeln sich besonders in Unter-Ägypten, und alle unterscheiden sich durch eigene, fast immer von gewöhnlichen Tieren genommene Symbole, welche mit der persönlichen Vision des einzigen Gottes gleichgesetzt werden und als Kennzeichen der herrschenden Familie gelten. Die ersten städtischen Siedlungen, auf die wir stoßen, sind eben jene von Unter-Ägypten, wo etwa 22 Städte bereits ihren «Gesalbten» haben, das heißt den mit heiligem Öl gesalbten König, der mit der libyschen Feder geschmückt ist. Saïs und mehr noch Metelis sind die ersten Städte, welche eine Vorherrschaft ausüben, die sich über das ganze Delta erstreckt. Metelis ist der große Mittelpunkt, in dem das Gold von Nubien (1500 km südlich) und das Holz aus Syrien (1000 km nördlich) zusammentreffen.

Leopolis, das zu Füßen der Sphinx entstand und das deshalb als Stadt der Verklammerung von Unter- und Ober-Ägypten diente, folgt auf die anderen in der strategischen und wirtschaftlichen Herrschaft Unter-Ägyptens.

In gleichem Maße wie die politische wächst die religiöse Macht, die mit allen Tätigkeiten der Zeit innig verknüpft ist. So wird mit dem Anwachsen von Leopolis das alte Heiligtum, das sich vor ihm erhebt, eine heilige Stadt. Diese Stadt, welche von den Griechen später Heliopolis («Sonnenstadt») genannt wurde, wird zum Stützpunkt der religiösen und damit auch sozialen Einheit, weil ja mit der Notwendigkeit der Vereinheitlichung von Normen und Maßen für allen Handelsverkehr zwischen Ober- und Unter-Ägypten auch die Vereinheitlichung der religiösen Kulte wiederkehrt, die übrigens von allen Ägyptern tief begehrt wurde.

In dem uralten Heiligtum, vielleicht einem Zeugen der Herrschaft des Osiris, wurde ursprünglich das göttliche Paar verehrt, das von der Ur-Erdmutter 'Schu' und 'Tefênet' (Tefnut) erzeugt wurde, die beide mit Menschenleibern und dem Löwenkopf dargestellt wurden, also dem umgekehrten Bild der Sphinx. Um dieses erste Paar versammeln sich alle Götter der anderen «Namen» wie verstreute Glieder eines einzigen Gottes. Die Achse der Macht verlagert sich dann nach der Stadt 'Buto'. Mit dem Reich von Buto haben wir den ersten «Namen» der Geschichte und zwar den von 'Andjiti', «der Beschützer», der neue Mensch, welcher die Macht nach dem Willen des Volkes übernimmt. Mit Andjiti haben wir auch die erste wahre Herrschaft von Unter-Ägypten durch die Verstärkung des Ackerbaus, das heißt des Osiris-Kultes. Die Hauptstadt nimmt den Namen «Stadt des Osiris» an. Die Königswürde des Herrschers als legitimer Nachkomme und Vertreter von Osiris wird in Heliopolis geweiht. Sie wird mit den Jubiläumsfeiern des Herrschers auf die Probe gestellt und bestätigt, das heißt nach dreißig Jahren seit seiner Einsetzung. (Später wird dieses Jubiläum Fest des Heb-Shed genannt werden. So übernimmt Heliopolis vor dem Ende des vierten Jahrtausends die geschichtliche Aufgabe, in Form eines Götterspruchs die Herrscher Ägyptens zu legitimieren.

Darauf folgt das Reich von Busiris, das sich nach Süden ausbreitet und neue Städte gründet, darunter die Tempelstadt Abydos, einen Mittelpunkt des Osiris-Kultes. Mit dieser Hinwendung nach Mittel- und Oberägypten wird Leopolis erneut zum Zentrum der Macht, und die neuen Könige werden von Osiris selber erwählt, nämlich von den Priestern, die ihn vertreten. Mit dieser direkten Wahl werden sie mit dem Gotte selber identifiziert: ihr Abzeichen ist der heilige Falke. Der fortschreitende Handelsverkehr auf dem Mittelmeer bringt neuen Reichtum und Macht, und die Städte des Deltas machen sich sehr bald unabhängig. Diese Aufspaltung begünstigt erneut die Vorherrschaft von Buto, das an die Stelle von Leopolis tritt, die Einmischungen von Saïs ausschaltet und die kaum entstandenen schwachen Republiken unterwirft.

Die Könige von Buto werden nach wie vor in Heliopolis geweiht. Ihre Macht wird erblich und nur dem göttlichen Ratschluß unterworfen und wird damit, jedem menschlichen Richterspruch entzogen, zu absoluter Machtvollkommenheit. Die Priester von Heliopolis ha-

Schieferplatte im Museum von Kairo, auf der Narmer, König von Ober-Ägypten, beim Triumph über die Völker des Deltas dargestellt ist.

ben die Aufgabe, die Ernennung zu bestätigen und «nach dem Tode» zu beurteilen, ob der König mehr oder weniger würdig gewesen ist, eine Gottheit zu werden. Mit der Festigung der absoluten Macht entstehen auch entsprechende Körperschaften für Verwaltung und Recht, die sich insbesondere auf öffentliche Bauten und die Dienststellen für Domänen und Finanzen erstrecken mit fiskalischen Erhebungen und Erfassung «des Goldes und der Felder», folglich der Einrichtung eines riesigen Katasters des ganzen Königreichs voller Verzeichnisse und Inventar-Listen.

Mit dem zweiten Reich von Buto erweitern sich die Handelswege im Mittelmeer, und es beginnt die Gründung eigentlicher Kolonien in Kreta und Biblo (wo ein der Göttin Isis geweihter Tempel errichtet wird) und in Oberägypten (in Koptos) wo sowohl direkte Beziehungen zu den Karawanen bestehn, die vom Roten Meer kommen, als auch zu den Nubiern, die Gold, Ebenholz und Elfenbein bringen. Buto wird eine gewaltige Stadt, von Mauern und Türmen umschlossen, mit Tempeln und Palästen, die von verborgenen Gewölben mit Fässern bedeckt sind, auf denen hohe Stangen mit Wimpeln schwanken.

Langsamer entwickeln sich die Dinge in Oberägypten. Koptos, Edfu, Elefantina, Tentiri, Ossirinko sind die wichtigsten Städte des vierten Jahrtausends. Sie gehören einem Verband an, der in Nubt (Ombos) sein Oberhaupt hat, wo die einzelnen Fürsten geweiht werden. Die gemeinsame Standarte hat das Krokodil als Zeichen, das oft mit dem Gott Seth gleichgesetzt wird. Das Leben beruht auf Kraft, Angriffslust und Mut, unerläßliche Eigenschaften, um die Schwierigkeiten des Alltags zu meistern. Eine Ursache von Bedrängnissen und Problemen sind auch die Beziehungen zu den begünstigteren Brüdern in Unter-Ägypten, um von ihnen unerläßliche Erzeugnisse zu erhalten, während deren gefährliches Vordringen in wiederholten Konflikten zurückgeschlagen werden muß. Schauplatz der Kämpfe ist das Land von Mittel-Ägypten, einst fruchtbares Gebiet für alle, das sich immer mehr auf Mittelpunkte des Ackerbaus und der Stromregulierung verteilt hat, die sich einleuchtenderweise mehr nach Unter- als nach Ober-Ägypten orientieren und einen eigenen Verband unter der Schutzherrschaft der Göttin Hathor gründen, die als Mutter oder Gattin des Horus verehrt wird.

Dieser Hathor-Verband – in dem Städte wie Assiud, Abydos, Un, Cusae, Kasa gedeihen – erfährt schwere Angriffe aus Ober-Ägypten, erringt jedoch mit dem mächtigen Reich von Buto einen denkwürdigen Sieg über den Verband von Nubt, einen Sieg, der im dritten Jahrtausend als der des Horus über Seth in Erinnerung gerufen wird. Mit dem Sieg der Hathor-Anhänger empören sich die Städte Panopolis und Koptos und führen die politische und religiöse Revolution aller Lehnsgüter des Südens an, wobei sie den Kult des volkstümlichen Gottes Min überall verbreiten. Die Stadt Nekhen wird damit Residenz des Herrschers von Ober-Ägypten, der nicht mehr der Vertreter der Familien der Lehnsfürsten ist, sondern durch Zuruf des Volkes und mit Unterstützung des fernen Buto gewählt wird.

Dieser «lange Arm» von Unter-Ägypten führt sehr bald dazu, daß der Gott Min mit dem Gott Horus verwechselt wird. Die Fürsten von Nubt sind jetzt die Vasallen des neuen Königs und des neuen Gottes. Der König von Ober-Ägypten zieht nach Heliopolis hinab, um geweiht zu werden. Vor Nekhen erhebt sich die heilige Stadt von Nekhbet, die der Muttergottheit Nekhbet mit den Zeichen von Schlange und Geier. Der König von Ober-Ägypten schmückt seine weiße Krone mit der Schlange der Göttin, und ihr Fest erneuert sich in jedem Frühjahr mit dem von Horus-Min. Bei diesem Fest bietet der König dem Gott die Erstlingsfrüchte der Felder dar, und ein weißer Stier wird geopfert, um die Fruchtbarkeit der Erde und die Wiedergeburt des Lebens zu gewährleisten.

Der ursprüngliche Gott Seth wird nun endgültig entthront. Die Zeiten sind reif für eine politische und religiöse Einheit nach tausend Jahren der Gegnerschaft und Absonderung. Aber dieses große Ereignis wird nicht, wie alles erwarten lassen könnte, friedlich von Unter-Ägypten aus verwirklicht, sondern kriegerisch durch Ober-Ägypten. In der Tat löst sich der König von Nekhen, vom Rat der «zehn Großen des Südens» gedrängt, nach und nach vom Einfluß des Reichs von Buto, das seit kurzem auf dem Rückzug ist, den die individualistische Gesinnung der Delta-Städte hervorruft und der Druck auf die Grenzen durch die «Bogenleute», Völkerschaften aus Westasien, die von den Reichtümern Unter-Ägyptens verlockt werden.

Schließlich verlegt der König von Nekhen die Hauptstadt nach Abydos (Tini) und fällt in die Deltagebiete ein unter dem Vorwand, sie von der schweren Bedrohung zu befreien. Jeder Widerstandsherd wird im Blut erstickt, die uralte Stadt Mendes zerstört. Metelis, das versucht, den letzten Aufstand anzuführen, wird erobert und niedergerissen. Die zehn vornehmsten Bürger läßt Namer, der König von Ober-Ägypten, enthaupten und setzt sich die Krone von Unter-Ägypten aufs Haupt, die rot auch vom Blut der erschlagenen Brüder ist. Das vierte Jahrtausend ist abgelaufen. Damit beginnt die erste Dynastie und mit ihr die für uns offizielle Geschichte.

Von 3000 bis 2000 v. Chr.

MESOPOTAMIEN – Kulturen von **Uruk, Mari, Lagash, Susa**.

PALÄSTINA – Entwicklung von **Jericho**. Entstehung weiterer Siedlungszentren und Beginn der bemalten Keramik und der Kupferbearbeitung im östlichen Mittelmeer.

3000 I. DYNASTIE – Hauptstadt Abydos (Tini), Ober-Ägypten – Beginn der absoluten Macht.

Narmer, König von Ober-Ägypten, erobert das ganze Niltal bis zum Mittelmeer. Er vereinigt die beiden Königreiche unter dem neuen Symbol der weißen Krone des Südens, die in die rote Krone des Nordens eingefügt wird. ABYDOS wird die dem Gott Osiris heilige Hauptstadt, Sitz des Kanzlers von Unter-Ägypten und der zehn Berater von Ober-Ägypten. HELIOPOLIS und NEKHEB werden Stätten von Heiligtümern.

Aha gründet die Stadt MEMPHIS (Unter-Ägypten) und verstärkt die Grenzen zum Süden. Sein Grabmal ähnelt einem turmbewehrten Palast.

Huadj führt eine Expedition zum Sinai.

Udimu macht das Zed-Fest verbindlich, das die Souveränität des Pharaos in seinem dreißigsten Regierungsjahr auf die Probe stellt. Beispiele von Bauten aus behauenen Steinen mit gewölbten Decken.

2850 II. DYNASTIE – Hauptstadt Memphis, Unter-Ägypten – Weiterentwicklung der absoluten Herrschaft.

Hotepse Kemul, Neb-Râ, Nineter sind die ersten Könige der Dynastie.

Peribsen unterdrückt den Aufstand der Feudalfürsten von Ober-Ägypten und verlegt die Hauptstadt nach MEMPHIS. Er ändert die Identifizierung seiner Göttlichkeit, indem er Seth durch Horus ersetzt. Er wird in ABYDOS beigesetzt.

Khasckhemul verkündet als Staatskult den des Horus mit dem Sitz der größten religiösen Macht in HELIOPOLIS. Expedition ins Herz von Nubien.

MALTA – Megalithische Tempel für die Muttergöttin von **Gigantes** und unterirdisches Heiligtum von **Tarxien**.

ÄGÄIS – Antike minoische Kultur.

SYRIEN – Gründung von Tyrus und Byblos unter ägyptischem Protektorat.

2770 III. DYNASTIE – Hauptstadt Memphis – Ausdehnung der absoluten Herrschaft auf religiösem Gebiet.

Zoser macht den Sonnenkult zu dem des Königs und bemächtigt sich der priesterlichen Herrschaft. **Imhotep**, Fürst, Vizekönig und Hoherpriester von HELIOPOLIS, ist der erste große Arzt und Architekt der Geschichte und wird auch von den Griechen unter dem Namen Äskulap vergöttlicht.
In SAKKARA Erbauung der Mausoleums-Stadt von Zoser mit der großen Stufen-Pyramide im Mittelpunkt. Neue Expeditionen zum Sinai und Ausdehnung der Herrschaft im Süden.

Sekhem-Khet beginnt eine größere Grabanlage mit Stufen-Pyramide von größeren Ausmaßen als die von Zoser, vollendet sie jedoch nicht rechtzeitig.
Festungen und Mauern werden an allen Grenzen errichtet (Mauer von 12 km Länge auf dem Nilufer in der Höhe der Insel PHYLAE).

Sanakht versucht, mit seinen Vorgängern zu wetteifern, indem er unter anderem ein Mausoleum entsprechend dem von Zoser zu errichten beginnt, doch wird seine Grabstätte da angelegt, wo später der Totentempel von Unas ersteht.

Khâba, der letzte König der Dynastie, erbaut wahrscheinlich eine kleine Pyramide in Zauiyet el Aryân.

MESOPOTAMIEN – Beginn der goldenen Periode der Sumerer von **Ur** und **Lagash**. Tempel und Paläste in Ziegelbau.

2620 IV. DYNASTIE – Hauptstadt Memphis – Befestigung der Macht.

Snefru bleibt als humaner und edler Pharao in Erinnerung. Er verteidigt die Grenzen, erschließt die Türkis-Bergwerke im Sudan, erbaut die erste Pyramide mit glatten Flächen.

Cheops ernennt seine Söhne zu Hohenpriestern in NEKHEB, der heiligen Stadt vor NEKHEN, und in PE, der heiligen Stadt vor BUTO. (Die ausgeschalteten Priester werden später sein Andenken verfluchen). Er erbaut die erste Große Pyramide mit der umliegenden Totenstadt.

Didufri usurpiert für kurze Zeit die Macht zwischen der Regierung von Cheops und der von Chefren. Er beginnt den Bau der unvollendeten Pyramide von Abu Roache.

Chefren behält die Konzentrierung politischer und religiöser Macht bei. Er erbaut die zweite Große Pyramide mit einem riesigen Toten-Tempel und einem Tal-Tempel aus Granit.

Mykerinos (Menkau-Râ) gibt der Priesterschaft einen Teil der von Cheops beschlagnahmten Güter zurück und wird als gerechter und milder Pharao gefeiert. Er erbaut die kleinste der Großen Pyramiden.

Shepjeskaf bekämpft wiederum die Macht der Priester. Unter seiner Regierung entstehen neue Nekropolen mit Mastabas und Pyramiden.

TROJA – Entwicklung der ersten trojanischen Kultur.

MESOPOTAMIEN – Erste Tempel in Assur, Tempel von Istar und Tempel von Samak in Mari. Bauten aus Rohziegeln, welche an die der ersten ägyptischen Dynastien erinnern.

8

V. DYNASTIE – Hauptstadt Memphis – Machtkrisen, Blütezeit des Sonnenkults. — 2500

Userkaf (Weserkef), Neffe von Mykerinos, erbaut eine Pyramide in Sakkara.

Sahu-Râ (Sahurê') eröffnet den Kanal von BUBASTI, der das Mittelmeer mit dem Roten Meer verbindet, und schafft eine mächtige Kriegsflotte. Er führt die erste Expedition in das sagenhafte Königreich PUNT durch und erbaut einige Pyramiden und einen Tempel in ABUSIR.

Meferir-Ka-Râ (Neferekerê') verliert die richterliche und religiöse Macht. Er erbaut eine Pyramide und einige Tempel in ABUSIR.

Niuser-Râ (Neuserrê') unterbricht die Reihe der Sonnentempel in ABUSIR und kehrt zum Pyramidenbau in SAKKARA zurück.

Unas erbaut eine Pyramide, deren Inneres mit den «Pyramiden-Texten» und den «Weisheitsprüchen» von Ptah-Hotep ausgeschmückt wird, zwei der wichtigsten ägyptischen Texte, die uns überliefert sind.

MESOPOTAMIEN – Beginn des Reichs von **Akkad** mit König SARGON (2470). Die Dynastie herrscht für fast zwei Jahrhunderte. Entwicklung der Kunst von **Akkad, Lagash, Susa, Mari, Assur** und **Ur.**

VI. DYNASTIE – Hauptstadt Memphis – Zusammenbruch der absoluten Macht. — 2350

Teti versucht, die Zentralgewalt durch Einsatz nubischer Söldner wiederherzustellen. Großwesire wie **Kagemmi** und **Meri** üben praktisch die Herrschaft aus. Höchste Glanzzeit der Kunst. Memoiren des Architekten **Menipta-Hank-Mari-Râ'** «Königlicher Baumeister des Doppelpalastes».

PEPI I. sieht das Schwinden der Königsmacht mit dem Anwachsen der Stärke der Fürsten, der hohen Würdenträger und der Priester. **Uni** stellt als erster Minister die Herrschaft über den Sinai und Palästina wieder her. Eine herrliche Statue des Pharaos in Kupfer und die wunderbaren Ausschmückungen des Grabes von Uni bezeugen das hohe Niveau der Kunst.

Pepi II. regiert seit dem Alter von sechs Jahren bis über die hundert: es ist die längste Regierungszeit, welche die Geschichte kennt. Sie ist rein nominell, da sie auf einer friedlichen Teilung zwischen feudalen Laien und feudalen Klerikalen beruht.

Am Ende der VI. Dynastie verfällt die Zentralgewalt durch das Wirken der Nomarchen (Statthalter und Feudalfürsten) und unter dem Druck der Grenzvölker, insbesondere der Beduinen.

MESOPOTAMIEN – Beginn der Dynastie der **Gutei** (2240) – Ziggurat von **Ur, Nippur, Uruk.**

VII. und VIII. DYNASTIE – Hauptstädte Memphis und Abydos – Nur dem Namen nach bestehende Dynastien. — 2180

HERAKLEOPOLIS bleibt MEMPHIS als persönlicher Feudalbesitz des Königs treu. Die Fürsten, die sich die Souveränität Ägyptens zuschreiben, folgen einander unaufhörlich. Asiatische Banden fallen ins Delta ein und plündern die Städte. Unter den Machthabern des Südens zeichnen sich aus **Idi,** Fürst von KOPTO, und SHEMAI, Gouverneur von Ober-Ägypten.

TROJA – Entwicklung der zweiten, dritten und vierten trojanischen Kultur.

ÄGÄIS – Entwicklung der Frühminoischen Kultur.

IX. und X. DYNASTIE – Bedeutendste Hauptstadt Herakleopolis in Mittel-Ägypten – Fehlen einer einheitlichen und anerkannten Macht. — 2160

Nefer-Ka-Râ (2130–2120) begründet eine «gottgewollte» aber nicht göttliche Monarchie, in welcher der König «primus inter pares» unter den Fürsten ist. Nicht alle Fürsten erkennen ihn an.

MESOPOTAMIEN – Die Sumerer gewinnen ihre Unabhängigkeit wieder mit der dritten Dynastie von **Ur.** Goldenes Zeitalter der Architektur mit Rohziegeln und Stufen mit Ziggurats Palästen und Grüften in **Eridu, Ur, Uruk, Nippur.**

XI. DYNASTIE – Hauptstadt Theben in Ober-Ägypten – Wiedergeburt der Zentralgewalt. — 2120

Sehertani-Antef (2120–2118), selbsternannter König, verlegt die Herrschaft von Herakleopolis nach Theben.

Montu-Hotep I. «Gott Montu ist zufrieden» (2060–2010) dehnt die Herrschaft auf Unter-Ägypten aus, wo das Bürgertum daran interessiert ist, den Handel auf dem ganzen Territorium wieder aufzunehmen. Erbauung des großartigen Tempels mit Pyramide, Säulenhallen und Stufen in Deir el-Bahari, der Nekropole von Theben.

Montu-Hotep II. und III. stellen das Amt des Vizekönigs als Kanzler und oberster Richter wieder her. Wiederaufnahme des Seehandels im Ägäischen Meer. Der wichtige Karawanenplatz zwischen Kopto und dem Roten Meer wird mit Brunnen, Lagerhallen und Seehafen ausgestattet.

ÄGÄIS – Kultur der mittelminoischen Zeit.

Von 2000 bis 1000 v. Chr.

MESOPOTAMIEN – Ende der dritten Dynastie von **Ur**, auf welche die Dynastien von **Isir** und **Larsa** folgen.

ÄGÄIS – Erste Paläste von **Knossos** und **Phaestum**. Einfall der Achäer.

BABYLONIEN – Reich von HAMMURABI (1792–1750). Erlaß der Gesetze. Entwicklung der Kunst. Bau riesiger Paläste.

PHÖNIZIEN – Erfindung des Alphabets.

ZENTRAL-ASIEN – Die Indo-Europäer dringen nach **Indien** und **Persien** ein.

MESOPOTAMIEN – Das Reich der Kassiten beginnt.

KLEINASIEN – Beginn des Reichs der **Hethiter** mit der Hauptstadt **Hattusa** und dem König HATTUSHILI (1650–1620).

CHINA – **Shang**-Dynastie und Kultur.

ÄGÄIS – Entwicklung der III. mittelminoischen Kultur. Errichtung neuer Gebäude. Sagenhaftes Reich des Minos in Kreta. Linearschrift Typus A und Linearschrift B.

KLEINASIEN – Große Ausbreitung des **Hethiter**-Reichs.

MESOPOTAMIEN – Die Kassiten erobern **Babylonien**.

GRIECHENLAND – Höchste Entwicklung von **Mykene**: Kuppelgräber, Löwentor.

1991 **XII. DYNASTIE – Hauptstadt Theben – Ausdehnung des Reichs.**

Amon-Emhat, «Amon steht am höchsten» (Amenemhêt) (1991–1962) zuvor Wesir von Montu-Hotep III., bemächtigt sich der Herrschaft auch über die Feudalfürsten, indem er sich auf das Volk und das Kleinbürgertum stützt. Er verstärkt den Kult von Amon-Râ, legt 2000 Quadratkilometer der Faijûm-Senke trocken, schiebt die Grenzen über den dritten Nilkatarakt ins Herz des Sudans vor, schafft besonders zahlreiche Befestigungsanlagen in den abliegenden Gebieten.

Sesostris I. ist der erste Pharao, der zur Sicherung der Dynastie seinen Sohn an der Herrschaft beteiligt.

Amon-Emhat II. (Amenemhêt) dehnt das Reich bis nach MEGIDDO in Palästina aus, sowie nach UGARIT an der syrischen Küste.

Amon-Emhat III. (Amenemhêt) erbaut eine großartige Residenz im Faijûm, welche die Griechen als das «Labyrinth» verzeichnen werden.

SESOSTRIS III. und seine Nachfolger setzen die Ausweitung und Konsolidierung des Reiches fort. An den Grenzen wachsen die Ketten von Befestigungsanlagen, die durch Systeme von Rauchsignalen verbunden sind. Wissenschaftliche und literarische Wiedergeburt mit berühmten Werken wie dem «Buch von den beiden Leben» und den «Lehren von Amon-Emhat».

1785 **XIII. DYNASTIE – Hauptstadt Theben – Verfall der Macht.**

Sekhem-Râ heiratet die regierende Königin und nimmt einen Teil der Macht. Nubien löst sich von Ober-Ägypten.

1745 **XIV. DYNASTIE – Eine mit der dreizehnten fast gleichzeitige Dynastie.**

Nefer-Hotep stellt die alte Einheit besonders im Delta wieder her. Er stellt das Protektorat in Byblos im Libanon wieder her. Die Hyksos (kananitische und ammonitische Völkerschaften) die von indoeuropäischen Völkern aus Zentralasien (Hethiter und Kassiten) verdrängt werden, fallen in das fruchtbare Delta-Gebiet ein, wo sie den Gebrauch von Pferd und Wagen einführen – die den Ägyptern unbekannt waren – sowie den Kult des Gottes Baal.

1700 **XV. DYNASTIE – Hauptstadt Avaria, Unter-Ägypten – Herrschaft der Hyksos.**

Salitis ist der erste «Hirten-König» der Hyksos, der Unter-Ägypten beherrscht. Er gründet die neue Hauptstadt AVARIS.

Apofis, vom König von Ober-Ägypten besiegt, ist der letzte «Hirten-König».

1622 **XVI. DYNASTIE – Hauptstadt Theben – Wiedereroberung der Macht über ganz Ägypten.**

Kamose besiegt die Hyksos in Mittel-Ägypten und drängt sie zurück.

Ah-Mosis erobert Nubien bis Abu-Simbel zurück. Er dringt ins Delta vor, zerstört AVARIS und verfolgt die letzten Hyksos bis nach Palästina. Bei der Rückkehr unterdrückt er einen Aufstand der Fürsten im Norden und stellt die Herrschaft über ganz Ägypten wieder her.

XVII. DYNASTIE – Eine Schein-Monarchie, die in Unter-Ägypten während der Hyksos-Herrschaft überlebt.

1580 **XVIII. DYNASTIE – Hauptstädte Theben und Akhet-Aton – Triumph des ägyptischen Großreichs über die ganze bekannte Welt.**

Ah-Mosis (1580–1558) (Amosis), Bruder von Ahmosis der XVI. Dynastie, setzt das Werk der Konsolidierung und Ausbreitung der Herrschaft fort.

Amon-Ofis I. «Amon ist zufrieden» (Amenophis) (1558–1530) erweitert die Grenzen bis zum Euphrat. Er hat die ersten Zusammenstöße mit den Hethitern und Mitannis.

Thot-Mosis I. (Thutmosis) (1530–1520) bringt die Städte THEBEN und ABYDOS zum höchsten Glanz. Der Tempel von KARNAK wird mit Pylonen und riesigen Obelisken bereichert. Der Große Säulensaal entsteht. Der Kult des Gottes Amon wird mit dem von Thot gleichgesetzt.

Thot-Mosis II. (Thutmosis) (1520–1505) vermählt sich mit der Stiefschwester Hatschepsut. Er unterdrückt innere und äußere Unruhen und behauptet die absolute Herrschaft.

Hatschepsut (1505–1484) Regentin für den Sohn. Tatsächlich regiert sie zwanzig Jahre lang, trägt sogar Männerkleidung und den Zeremonialbart der Pharaonen. Sie leitet bedeutende Handels-Expeditionen in das geheimnisvolle Königreich Punt.

Thot-Mosis III. (Thutmosis) (1505–1450) regiert tatsächlich nur 34 Jahre lang nach dem Tod seiner Mutter und wird der berühmteste aller Pharaonen. In KADESCH im Rücken von Byblos besiegt er die Mitannis, in MEGIDDO schlägt er 330 syrische Fürsten. In Karchemisch im Norden von Syrien überschreitet er 1483 den Euphrat und besiegt erneut die Mitannis in ihrem Gebiet. Durch solche Siege erobert er fruchtbares Land fast von der Größe des Deltas mit sehr reichen Handelsstädten. Er dehnt die Herrschaft auf die «Inseln des großen Kreises» aus (Kreta, Zypern und die Kykladen). Edelmütig verzeiht er auch den Rebellen und erhält Brauchtum und Religionen der eroberten Gebiete. Ägyptische Kultur und Kunst verbreitet sich in der ganzen Welt.

Amon-Ofis II. (1450–1425) (Amenophis) schließt Frieden, indem er den eigenen Sohn (den künftigen Pharao **Thot-Mosis IV.** (1425–1408) (Thutmosis), mit der Prinzessin Miteniya, Tochter von ARTATAMA, König von Mitanni vermählt.

Amon-Ofis III. (1408–1372) (Amenophis) erhält den Frieden mit den Grenzländern aufrecht, indem er Tiy (oder Tuja), Tochter von Sutama, König von Mitanni, und die Tochter von Kalimasin, König von Babylonien, heiratet. Tiy übt einen großen Einfluß auf den Pharao aus. Erste Zusammenstöße mit Suppililiuma, König der Hethiter.

Amon-Ofis IV. Später **Echnaton**, «der Aton genehme» (1372–1354), ändert seinen Namen, als er den Amon-Kult durch den tief mystischen und monotheistischen Aton-Kult ersetzt, nach dem alle Menschen in der Liebe des einzigen Gottes gleich sind, dessen Prophet der Pharao ist. Er gründet AKHET-ATON, «Horizont des Aton» als neue Hauptstadt in der Mitte Ägyptens und Sitz der religiösen Macht, die THEBEN entzogen wird.

Nefer-Titi (Nofretete), «die Schöne, die hierher kommt», Prinzessin der Mitannis und Gattin von Echnaton, hat großen Einfluß auf die Erneuerung von Kleidungsstil, Kunst und Religion.

Thot-Ank-Aton, später **Thot-Ank-Amon** (Tutanchamon) (1354–1345) verbleibt in AKHET-ATON und herrscht unter der Regentschaft von Nofretete. Unter dem Einfluß des Klerus kehrt er dann nach THEBEN zurück und stellt den Vorrang des Amon-Kults wieder her. Er stirbt geheimnisumwittert mit 18 Jahren. Durch ihre Vermählung mit dem alten **Eye** (Eje) gelingt es **Nofretete**, die Macht für weitere vier Jahre aufrechtzuerhalten. Mit ihrem Tode verschwindet jedoch AKHET-ATON, und mit der Stadt verschwinden auch Gedächtnis und Gruft der so schönen Königin. Ägypten verfällt immer mehr in Anarchie und Elend.

Horemheb (Haremheb) (1340–1314), ehemals mächtiger General und Freund von Echnaton, verleugnet den früheren Aton-Glauben und tilgt von ihm jede verbliebene Spur. (Das Andenken an Echnaton, «den ketzerischen Pharao», wird geradezu verflucht.) Horemheb schließt einen Friedensvertrag mit Mursili, König der Hethiter, der durch die Pest in Asien zurückgehalten wird. Er dämmt das allgemeine Elend ein, indem er die Korruption der Verwaltung hart verfolgt.

XIX. DYNASTIE – Hauptstädte Tanis und Theben – Militärische Macht bei abnehmendem Kriegszustand.

Ramses I. (1314–1312), ehemals General und Vizekönig von Haremheb, «Fürst des gesamten Landes» übernimmt die Herrschaft. Er erwählt TANIS als Hauptstadt des Reiches und läßt THEBEN als Hauptstadt beider Königreiche und Sitz des Amon-Kults.

Seti I. (Sethos) drängt Muwatalli, König der Hethiter, zurück, der bis zum Sinai vorgedrungen ist. Er erobert Phönizien zurück und besetzt KADESCH, trotz großem Widerstand der Hethiter.

Ramses II. (1298–1235) verlegt die königliche Residenz nach AVARIS und befestigt TANIS. In seinem ersten Feldzug drängt er erneut das Hethiter-Heer zurück (18 000 Mann, 2500 Sichelwagen), bleibt aber vorsichtig in KADESCH stehn. Im zweiten Feldzug drängt er die von den Hethitern angestifteten Rebellen in Palästina zurück. Angesichts der wachsenden großen Bedrohung durch Salmanassar, König der Assyrer, schließt er Hethiter und Ägypter (seit mehr als hundert Jahren große Feinde) den ersten historischen internationalen Vertrag: er garantiert den Gott Râ von Theben für die Ägypter und den Gott Teschup von Hattusa für die Hethiter.

Mineptah (1235–1224) (Menephtah) vernichtet die «Völker des Meeres»: Achäer, Etrusker, Sikuler, Lykier und Libyer. Auszug des hebräischen Volks aus Ägypten.

Seti II. (Sethos) versucht, die Krise in Wirtschaft und Verwaltung zu beheben. Das Delta fällt abermals libyschen Einfällen zum Opfer.

XX. DYNASTIE – Hauptstadt Theben – Zunahme und Verfall der Zentralgewalt.

Seth-Nakht (Sethnacht) vernichtet die libyschen Banden und gibt die von ihnen usurpierten Güter zurück.

Ramses III. (1198–1188) setzt das Werk der Wiederherstellung des Reichs fort. Mit dem ersten Feldzug macht er den feindlichen Einfällen der «Meeres-Völker» ein Ende. Sikuler und Etrusker fliehen in das ferne Italien, die andern nach Libyen. Die Verbleibenden werden als Landarbeiter und Söldner in der Armee eingesetzt. Die Wehrpflicht zur nationalen Verteidigung wird verfügt. Er kämpft gegen Korruption und Verrat sogar im Harem und unter den Vizekönigen. Der große Pharao kommt als Opfer eines der zahllosen Attentate um.

Es folgen weitere sieben Pharaone mit dem Namen Ramses, die durch endlose Palastverschwörungen zur Macht gelangen.

Ramses XI. (1100–1085) versucht vergeblich der Übermacht des Hohenpriesters von Amon zu entgehen: **Amon-Hotep, Heritor,** der Vizekönig wird praktisch zum Herrn des Reichs.

XXI. DYNASTIE – Hauptstadt Tanis und Theben – Die Macht zerbricht in zwei Teile.

Mendes (Smendes), Nachfolger von Ramses XI., gelingt es, von TANIS aus über Unter-Ägypten zu herrschen.

Piankhi (Hrihor), Sohn von Heritor, tritt an die Stelle des Pharaos in Ober-Ägypten. Auf ihn folgen **Pinedjem I.** (Painozem) und der Sohn **Menkheper-Râ.**

Eine mächtige libysche Familie aus HERAKLEOPOLIS, die das Heer von Salomon (König von Palästina) bis nach MEGIDDO zurückgeschlagen hatte, tritt an die Stelle der XXI. Dynastie.

1450 KLEINASIEN – Die **Hethiter** fallen in das Reich der **Mitannis,** der Verbündeten von Ägypten, ein (1420).

KLEINASIEN – SUPPILULIUMA I., König der **Hethiter,** bricht zur Eroberung Ägyptens auf (1380).

MESOPOTAMIEN – Beginn des **Medisch-Assyrischen** Großreichs.

ÄGÄIS – **Mykene** und **Kreta** stehen in direkter Beziehung mit der Aton-Kultur.

ÄGÄIS – Entwicklung der Spätminoischen Kultur.

CHINA – **Shang**-Dynastie – Bronzen von **Anyang.**

1314

TROJA – Die Tradition bricht um 1280 ab. Der epische Krieg von Troja.

ÄGÄIS – Die Daker gelangen an das Mittelmeer.

MESOPOTAMIEN – TUKULTI NINURTA (1243–1207) begründet das Assyrische Großreich mit den Hauptstädten **Assur** und **Ninive.** Unter dem König KAPARA entstehen selbständige Kunstzentren in **Tel-Halaf** und **Tel-Alimar.**

1200 ÄGÄIS – Beginn der Jonischen Einwanderung.

GRIECHENLAND – Beginn der vorgeometrischen Kunst.

1085 PALÄSTINA – Aufeinander folgen die Königreiche von **Saul** und **David.**

Vom Jahr 1000 bis zum Jahre Null

PALÄSTINA – Höhepunkt des Reiches Israel mit **SALOMON**. Er erbaut den Tempel von Jerusalem und heiratet eine ägyptische Prinzessin.

950 XXII. DYNASTIE (Libysch) – Hauptstadt Bubasti – Versuch, das alte Ansehn wiederzugewinnen.

Sheshonk I. (950–929) (Schoschenk). Nach dem Tode von König Salomon nimmt er den Kampf um die Eroberung Palästinas wieder auf.

Osorkon I. (929–893) bekämpft die Macht der Priesterschaft von Theben. Ober-Nubien löst sich von Ägypten und schafft durch Vereinigung mit dem Sudan einen neuen Staat mit der Hauptstadt in NAPATA.

MESOPOTAMIEN – Großreich der **Assyrer** ASSURNAZIRPAL II. SALMANASSAR III., SARGON II. vernichten die angrenzenden Völker.

757 XXIII. DYNASTIE – (Bubastiden) – Hauptstadt Bubasti – Parallel-Dynastie zur XXII. mit Fürsten aus der gleichen Hauptstadt.

Osorkon III. (757–748) knüpft wieder Verbindungen mit der religiösen Macht von THEBEN an, indem er das Amt der «göttlichen Verehrerin von Amon» schafft und es einer königlichen Prinzessin überträgt.

GRIECHENLAND – Beginn der Olympischen Spiele (776).

ITALIEN – Entstehung von Rom.

730 XXIV. DYNASTIE – (Saitisch) – Hauptstadt Saïs – Kurze Friedenszeit.

Tef Nakht (730–720), König von Saïs, erobert HERMOPOLIS und nimmt einen Teil von Unter-Ägypten in Besitz. Er wird aus dem Süden von **Piankhi**, König von NAPATA zurückgedrängt. Er verbindet sich mit den Grenzvölkern, um der schreckensvollen verheerenden Ausbreitung der Assyrer zu begegnen.

Bokhoris (Bockchoris) (720–716) erlangt den Frieden mit den Assyrern. Er hilft den Arbeitern und Kleinbürgern aus dem Elend, indem er die reiche Priesterkaste verfolgt. Er wird von den Griechen als Beispiel eines gerechten und edelmütigen Königs gerühmt.

MESOPOTAMIEN – Eindringen der **Meder** und **Perser**.

CHINA – Beginn der Kunst von **Ch'u**.

716 XXV. DYNASTIE (Äthiopisch) – Hauptstädte Napata und dann Theben – Gleichzeitig mit der XXIII. und XXIV. Dynastie.

Piankhi (751–716) annektiert Ober-Ägypten für Nubien.

Shabaka (Schabaka) (716–701) verlegt die Hauptstadt wieder nach THEBEN, fällt in Unter-Ägypten ein und schließt einen Freundschaftsvertrag mit den Assyrern.

Shabataka (Schabataka) (701–689), unterdrückt den von **Hezechia**, König von Israel, geführten Aufstand. Danach von **Sennacherib**, König der Assyrer besiegt, gelingt es ihm gleichfalls die Zerstörung zu vermeiden.

Taharka (689–663). Beim Aufstand der Fürsten des Deltas und der folgenden Invasion von **Assurbanipal**, König der Assyrer, flüchtet er in das ferne NAPATA.

Tenut-Amon (663–655) wird vom Einfall der Assyrer überwältigt, die durch Verrat der Fürsten des Nordens begünstigt, THEBEN der Plünderung preisgeben.

GRIECHENLAND – Beginn der korinthischen Kunst. Erste griechische Philosophen: TALES, ANAXIMANDER, PYTHAGORAS VON SAMOS.

ITALIEN – Beginn der Etruskischen Kunst und der von **Großgriechenland**.

666 XXVI. DYNASTIE (Saïtisch) – Hauptstadt Saïs – Wiederaufnahme des politischen und sozialen Lebens.

Nekao, König von Saïs, erobert die Macht durch Verrat, indem er die Herrschaft von Assurbanipal anerkennt.

Psammetico I. (Psammetich) (663–609), Sohn von Nekao, erobert das Delta mit assyrischer Hilfe und sichert sich die Souveränität in Ober-Ägypten durch Verwandte und Freunde in den Schlüsselpositionen. Er befreit sich von den Assyrern, indem er sich mit den Städten des östlichen Mittelmeerbeckens verbündet und damit die Einwanderung der Griechen in das Delta begünstigt.

MESOPOTAMIEN – Zerstörung von **Ninive** und Ende des assyrischen Großreichs. Beginn des **Chaldäer-Reichs** (612). NEBUKADNEZAR König von Babylonien: Ziggurats und Palast mit Hängenden Gärten. Tor von Istar.

PALÄSTINA – Zerstörung von **Jerusalem** und des Tempels Salomons (597).

GRIECHENLAND: SOLON reformiert die Gesetze von **Athen** (594).

Nekao II. (Necho) (609–594) eröffnet wieder den Kanal zum Roten Meer. Seine Schiffe befahren das ganze Mittelmeer und vollbringen vielleicht die Umschiffung Afrikas.

Psammetico II. (Psammetich) (594–588) erobert Nubien und die Goldbergwerke zurück. Er verbreitet am Mittelmeer Kultur und Moral der alten Religion. Militärische Mißerfolge gegen Kyrene, griechische Kolonie im Westen des Deltas und Verlust an Ansehen in Asien. Der Pharao ist nicht mehr Sohn des Osiris und seine Macht stützt sich einzig auf das Volk.

Psammetico III. (Psammetich) (526–525) stößt mit Kambyses, König der Perser, zusammen, der Ägypten alle auswärtigen Herrschaftsgebiete entzogen hat. In Pelusio besiegt, versucht er vergebens letzten Widerstand und begeht Selbstmord.

INDIEN – BUDDHAS Lehren.

CHINA – Gespräche des KONFUZIUS und die Regel von LAOTSE.

524 XXVII. DYNASTIE (Persisch) – Hauptstädte Saïs und Memphis – Beständige Kämpfe um die Unabhängigkeit.

Kambyses wird nach Eroberung Ägyptens in SAÏS gekrönt und in HELIOPOLIS als Pharao aus mütterlicher Linie geweiht. Er regiert mit Milde und Großmut.

Darius I. (522–484) saniert die Wirtschaft Ägyptens. Er öffnet noch einmal den Kanal zum Roten Meer, um das Mittelmeer mit dem Indischen Ozean zu verbinden.

GRIECHENLAND – Perserkrieg, Verteidigung an den Thermopylen und Sieg der Griechen bei **Salamis**.

Xerxes und sein Nachfolger **Artaxerxes** unterdrücken zwei große Aufstände in Unter-Ägypten.

Darius II. (424–404) unterdrückt einen dritten von Amitreo geführten Aufstand.

GRIECHENLAND – Zeitalter des **PERIKLES**. Glanzzeit Griechenlands. Frieden mit **Persien**. Abkommen mit **Sparta**. Erbauung der großen Akropolis von Athen.

404 XXVIII. DYNASTIE – Hauptstadt Saïs – Befreiung von der Perserherrschaft.

Amitreo (404–398) befreit Ägypten nach dem Ende der Herrschaft Darius II. und stellt einen großen Teil der Herrschaft wieder her.

XXIX. DYNASTIE – Hauptstadt Mendes – Kampf um die Macht. 398

Neferites I. Oberbefehlshaber des ägyptischen Heeres, bemächtigt sich der Herrschaft.

Achoris (390–378) baut die Seeflotte wieder auf. Schließt Bündnisse mit ATHEN und ZYPERN gegen Persien und gegen Sparta.

XXX. DYNASTIE (Sebennitisch) – Hauptstadt Sebennito und Memphis – Verlust der Unabhängigkeit. Zweite Perserherrschaft. 378

Nectanebo I., Fürst von SEBENNITO, bemächtigt sich der schwankenden Macht. **Artaxerxes II.,** König von Persien, fällt mit 200 000 Mann in das Delta ein, wird aber durch das Hochwasser des Nils aufgehalten.

Nectanebo II. flieht, von den griechischen Söldnern verraten, nach Ober-Ägypten.

Kabbas wird vom Klerus in MEMPHIS zum Pharao ernannt, doch zwei Jahre später wird Ägypten von **Darius III.** zurückerobert. Zwecklose Versuche zum Widerstand. Die Überlebenden rufen die Makedonier zur Hilfe.

Alexander der Große (333–323) wird nach Verjagung der Perser auch aus Ägypten als Befreier und legitimer Nachfolger der Pharaonen aufgenommen. Durch das Orakel in LUXOR als Sohn des Râ empfangen, gründet er die neue Stadt ALEXANDRIA (wo er im Jahre 323 beigesetzt wird). Sie wird die ideale Hauptstadt und der wirtschaftliche und kulturelle Mittelpunkt der ganzen antiken Welt. Nachfolger wird Alexanders Stiefbruder **Philippus Arrideus** und nach dessen Ermordung **Alexander Aegos,** der für einen Sohn von Alexander und Roxane gilt.

DYNASTIE der Lagos- oder Ptolemäer-Familie – Hauptstadt Alexandria – Wiederkehr der absoluten Herrschaft. Ende des antiken Ägypten. 311

Ptolemäus I. Soter (306–285), Sohn von **Lagos,** einem Satrapen; d.h. Gouverneur von Ägypten zur Zeit Alexanders des Großen, ernennt sich selber zum König von ganz Ägypten. Er gründet die Stadt PTOLEMAIDE neben dem von den Assyrern zerstörten THEBEN. Er erobert wieder Syrien und die ägäischen Inseln.

Ptolemäus II. Philadelphos (285–246) nimmt Zypern, Tyrus und Sidon wieder ein. Er schließt einen Freundschaftsvertrag mit Rom und stellt den Kanal zum Roten Meer abermals her. Große Entwicklung der hellenisch-ägyptischen Kultur.

Ptolemäus III. Evergete (246–221) erweitert die Grenzen und wird «Herr des Mittelmeeres und des indischen Ozeans». ALEXANDRIA wird zu einem der wichtigsten Mittelpunkte von Wirtschaft und Handel zwischen Spanien und Indien. Internationales Zahlungsmittel ist der ägyptische «STATER».

Ptolemäus IV. Philopater (221–203). Unter ihm beginnt der Verlust der Provinzen und die Dekadenz der königlichen Familie selbst.

Ptolemäus V. Epiphanes (203–181) erhält Syrien als Mitgift von **Kleopatra I.** die ihm von König Antiochus zur Frau gegeben wird. Der Luxus und die Zügellosigkeit der Ptolemäer wachsen im Mißverhältnis zur sozialen und wirtschaftlichen Verarmung von ganz Ägypten, das von Einfällen der Grenzvölker verwüstet wird. Rom greift als Bundesgenosse ein, um sich schließlich in Politik und Regierung Ägyptens einzumischen.

Ptolemäus XII. Aulete (80) kehrt mit Hilfe von Gabinus, dem römischen Gouverneur von Syrien, nach Alexandria zurück.

Ptolemäus XIII. Neos Dionysos erwirbt die Herrschaft über Ägypten vom Römischen Senat. Er läßt Pompejus ermorden, um Caesar, dem neuen absoluten Herrscher Roms, zu danken. Nach Ägypten gekommen, heiratet Caesar **Kleopatra VII.,** eine Schwester von Ptolemäus und läßt sich als Sohn von Amon und Nachkomme der Pharaonen anerkennen. Caesar und Kleopatra träumen von der Vereinigung von Rom und Ägypten und einem größeren Weltreich als das von Alexander, das ihrem Sohn Caesarione zufallen soll.

Kleopatra VII. versucht beim Tode Caesars (44) die Wirtschaft Ägyptens neu zu ordnen und erbittet die Hilfe des Nachfolgers Caesars **Antonius.** Dieser trifft Kleopatra in ALEXANDRIA und **Caesarione** wird neuer Pharao. Es beginnt die Wiedereroberung der asiatischen Gebiete, aber in Rom erklärt **Octavian** Ägypten den Krieg (32). Die ägyptische Flotte wird bei ACTIUM geschlagen. Antonius und Kleopatra begehen Selbstmord. 44

ITALIEN – Fortschritte der Ausbreitung von **Rom.** CAMILLUS wehrt die Gallier ab und zerstort das etruskische Veji.

GRIECHENLAND – König PHILIPP von **Makedonien** fällt in **Griechenland** ein (359). Sein Sohn ALEXANDER DER GROSSE erobert das Perserreich mit Ägypten und dringt bis zum Indus vor. – Werke von SKOPAS, PRAXITELES, LYSIPPOS. Philosophie von PLATO und ARISTOTELES.

MESOPOTAMIEN – Reich der Seleukiden.

INDIEN – Errichtung der ersten «Stupa»-Bauten (heilige Grabhügel).

ITALIEN – Erster und Zweiter Punischer Krieg zwischen **Rom** und **Karthago.** Ausbreitung der römischen Herrschaft im Westen und der Mitte des Mittelmeers.

CHINA – Erbauung der Großen Mauer.

ITALIEN – Dritter Punischer Krieg – **Rom** zerstört **Karthago,** erobert **Griechenland, Kleinasien** und **Tunesien.**

ITALIEN – Rom knüpft politische und wirtschaftliche Beziehungen mit **Ägypten** an.

DIE ABENDDÄMMERUNG NACH DEM JAHRE NULL

Die Stimme des antiken Ägypten verstummt nicht völlig mit der römischen Eroberung. Diese Stimme, die bereits in der Kultur des Mittelmeers tiefen Widerhall gefunden hatte, beginnt nunmehr auf dem Land am Nil eine magische Macht und Verzauberung zu bewirken. Selbst die römischen Imperatoren haben ihre Kartuschen in Hieroglyphen und ehren mit Bildern die Götter Ägyptens in den Tempeln, die sie restaurieren oder erbauen. Der Osiris-Kult verbreitet sich im westlichen Imperium und in Rom. **Nero** (54–68 n. Chr.) läßt Denkmale wiederherstellen und erneuern und organisiert Expeditionen, um die Quellen des Nils zu entdecken.

Trajan (99–117 n. Chr.) nimmt den uralten Kanal wieder in Gebrauch, der von Bubasti zum Roten Meer führt, auf einem Verlauf, der von dem heutigen Suezkanal größtenteils wieder befolgt wird. Schließlich gründet **Hadrian** (117–190 n. Chr.) in Ägypten die Stadt ANTINOE, besichtigt die «Kolosse von Memnon» und die Tempel von Theben, wobei er so beeindruckt wird, daß er eine phantastische Rekonstruktion in seiner riesigen Villa von Tivoli bei Rom versuchen läßt. Das sind die letzten Funken: die religiösen Auseinandersetzungen und die Provinzaufstände werden immer blutiger, und Elend und Verzweiflung zerstören, was von den Städten übrigbleibt. Die antike Schrift und Kunst werden schließlich verachtet und vergessen. Eine drückende Sandschicht breitet sich über die große Vergangenheit aus wie um ihr Gedächtnis einzuschließen.

DIE ÄGYPTISCHE RELIGION
Hoffnung und Auferstehung

Um die tiefe Empfindung wiederzugewinnen, die von der alten und großen ägyptischen Religion ausgehen kann, das heißt derjenigen, die einen großen Teil der danach einander folgenden Religionen geformt und beeinflußt hat (einschließlich der entschieden monotheistischen hebräischen), müssen wir uns von den vorgefaßten und abgegriffensten Gemeinplätzen freimachen, die sie uns als einen Irrwald von Göttern mit befremdenden Tierköpfen erscheinen lassen, losgelöst von jeder menschlichen Zuständigkeit und verdüstert von einem angstvollen Schrecken vor dem Jenseits.

Diese Vorurteile beizubehalten wäre so, als wenn man die buddhistische Religion nach ihren zahllosen Bildern beurteilen wollte, die für eine oberflächliche Betrachtung oft eisig entrückt oder fratzenhaft dämonisch wirken, oder wenn man den Anspruch erhöbe, das Wesen des Christentums zu erfassen, indem man sich über die Äußerlichkeit der Riten und der herkömmlichen bildlichen Darstellungen aufhält. Die Oberflächlichkeit des Urteils, das sich an die Äußerungsformen der verschiedenen Religionen hält, müssen wir durch die Kenntnis der tiefen Wurzeln ersetzen, die sie hervorgebracht haben. Wir müssen jene Augenblicke von Bestürzung und Verzückung, von Zweifel und Glaube nachvollziehen, die den Menschen auf der Suche nach der Wahrheit quälen, bei dem Versuch, der scheinbaren Wirklichkeit einen Sinn zu geben, eine Begründung unseres eigenen Lebens und für das Leben des Universums, das uns umgibt.

Wie alle großen Religionen ist die der alten Ägypter im wesentlichen monotheistisch. Es war die ihrer Vorfahren, die in prähistorischer Zeit dem Kult der Muttergöttin huldigten, der Urheberin aller Dinge, der Götter und des Menschen. Noch stärker erweist sich das in der mit dem «Planeten Ägypten» entstandenen Religion, das heißt mit dem Vollzug einer großen Wende in der Kulturgeschichte. Die ägyptischen Weltentstehungslehren vermitteln alle die tiefe Empfindung für einen einzigen Gott als Anfang und Ende aller sichtbaren und unsichtbaren Erscheinungen. Ein ewiger Schöpfungsvorgang, in welchem die Götter die tausend Angesichter desselben Gottes tragen, und seine tausend Offenbarungen sind wie all seine Geschöpfe und die ganze Menschheit.

Die Weltentstehungslehre von Heliopolis faßt vor der Schöpfung den Absoluten Geist Râ als im ursprünglichen Chaos verteilt auf. Zu Beginn der Zeit wird Râ seiner selbst bewußt, indem er das eigene Bild sieht (Amon). Dann ruft er im Großen Schweigen sein zweifaches «Komme zu mir». Es ist Râ, das Licht und Bewußtsein des Universums, der Amon «ruft», den Geist des Universums selbst. Mit diesem Anruf, das heißt durch das Wort als die schöpferische Macht, treten in die Erscheinung der Luftraum (Shu) und der Feuer-Antrieb (Tefnut), die ihrerseits die Erde (Ceb) und den Himmel (Nut) hervorbringen und voneinander trennen, womit sie das Chaos beenden und so dem Universum Gleichgewicht und Leben spenden. Nunmehr ist alles bereit, die schöpferischen Kräfte des irdischen und außerirdischen Lebens aufzunehmen, das heißt die befruchtende Kraft des Osiris – Same und Lebensbaum, nährendes Wasser – und die zeugerische Kraft Isis, Liebe der Geschöpfe, Kraft der Fruchtbarkeit. Später (nach dem Ende von Eden?) tritt das zerstörerische Paar in Erscheinung: Seth und Neftis, die Kräfte des Bösen, die dem lebenspendenden Paar gegenüber immer verlieren, aber auch mit ihm zusammenwirken, insofern sie das ewige Werden des universalen Lebens hervorrufen.

Die Weltentstehungslehre von Hermupolis (Schmun) gibt der von Heliopolis im wesentlichen Bilder.

Das ursprüngliche Chaos ist eine unermeßliche lichtlose Sphäre in welcher der Urhügel gerinnt. Aus diesem in Gestalt einer Kegelpyramide kommt das Ur-Ei hervor wie eine unermeßliche Lotosblüte, schließt sich und läßt den Sonnen-Râ (Thoth oder Ptah) hervortreten, den Quell jeglicher Erscheinung von Leben. Aus den Augen von Râ, das heißt dem Licht des Universums, fließen Tränen, welche alle menschlichen Geschöpfe hervorbringen. Aus dem Munde von Râ als dem Quell des schöpferischen Worts entstehen alle göttlichen Geschöpfe, das heißt die Kräfte, welche jede Lebensform hervorbringen.

Im Lauf der Jahrhunderte werden die Weltentstehungslehren von Heliopolis und Hermupolis mit Mythen und Mysterien angereichert, und die göttlichen Mächte gewinnen immer mehr an Bestand in der Mythologie der verschiedenen Städte. Der religiöse Gehalt wird dabei immer geheimer und nur wenigen Eingeweihten offenbart. So wird dann Amon-Râ in Nachahmung der menschlichen Organisationen des Königreichs seinen Hof erhalten. In Heliopolis entsteht die Neunzahl dieses Ortes, die sich aus dem Gott und vier Götterpaaren zusammensetzt: 1. Amon-Râ, Schöpfer des Universums, 2. und 3. Shu, Gott des Luftreichs und Tefênet, Göttin des Feuers, 4. und 5. Geb, Gott der Erde und Nut, Göttin des Himmels, 6. und 7. Osiris, Gott des Jenseits und Fruchtbarkeitsspender, und Isis, Göttin der göttlichen Liebe und gebärende Kraft, 8. und 9. Seth, Gott der Zerstörung und Neftis, Schwestergottheit und Helferin der Isis.

In Hermupolis entsteht die Achtzahl dieses Orts, die sich aus vier gleichberechtigten Paaren zusammensetzt: Nedu und Nenet, Gottheiten der geheimen Welt, Nun und Nunet, Gottheiten der Urgewässer, Hehu und Hehet, Gottheiten des unendlichen Raums, Keku und Keket, Gottheiten der Dunkelheit.

Mit diesen verbinden sich die heiligen Dreiheiten von Memphis und Tere und schließlich zahlreiche Ortsgottheiten mit ihrem Gefolge. Zahlreich sind die Königsgräber, die Hunderte von Göttern aufzählen, vielleicht um

Schematische Darstellung der ägyptischen Theogonie mit der Angabe der wesentlichen Symbole.

keinem Unrecht zu tun.

Die Grundlage des ganzen religiösen Denkens und die moralische Rechtschaffenheit des ägyptischen Volkes «beruht auf dem Mythus von Osiris», ein Mythus, der nicht nur eine historische Auswirkung hat, wie wir bereits gesehen haben, sondern auch einen Gehalt von höchster Geistigkeit.

Der große Mythos von Osiris kann in wenigen, klaren Ereignissen zusammengefaßt werden. Nach dem Durchgang durch die drei göttlichen Reiche, in denen die Gottheiten Shu, Râ und Ceb einander ablösen, die Menschheit des paradiesischen Eden zu betreuen, reift das Eingreifen von Osiris heran. Das Absolute macht sich zum Menschen, um sich zu der verlorenen Menschheit jenseits von «Eden» zu gesellen, und als Mensch leidet und stirbt er mit den anderen. Mensch, um seinesgleichen auf dem mühevollen Weg zu führen, der sie ihrer selbst bewußt und zu Gestaltern eigenen Lebens macht, Mensch, um wie der letzte der Menschen als Opfer schlimmster Qualen zu sterben. Vom eigenen Bruder zerstückelt, gibt er die Gewißheit der Wiedergeburt zum ewigen Leben dank der unendlichen Liebe, welche Geschöpf und Schöpfer verbindet. Damit also Zeugenschaft für Liebe und Auferstehung als wesentlicher Sinn alles Erschaffenen, Zeugenschaft, die vom Erschaffenen selber kommt: von der *Sonne*, die verschwindet und wieder aufgeht Tag für Tag und immer, vom Samen der im Dunkel der Erde vergeht und im Sonnenlicht üppig wiedergeboren wird und Jahr für Jahr neues Leben schenkt für immer.

Die ganze tiefe Liebe, die den Mythus von Osiris durchwaltet, wird dann aus der mitleidvollen und lieblichen Gestalt der Isis die dem ägyptischen Volk vertrauteste Göttin machen und das menschlichste und leidenschaftlichste Geschöpf, das jemals in der antiken Welt ersonnen wurde. Der Isis geweihte Tempel und Statuen finden wir im ganzen römischen Reich, und noch heute sehen wir in Pompeji die Reste eines ihrer Tempelchen, das im ersten Jahrhundert nach Christus erbaut wurde. Während Osiris das Bewußtsein und die Erfahrung der Auferstehung einbegreift, die den Kräften der Natur selber eingeboren ist, ist Isis die Gewißheit und Gewähr für die Wiedergeburt, für den endgültigen Sieg über das Böse und den Tod. Es ist klar, daß sich im Mythos von Osiris der Mythos des Landbaus und die ursprüngliche Auffassung der Muttergöttin widerspiegelt, in deren Schoß der Samengott stirbt, um ihrem Geschöpf Rückhalt und ewiges Leben zu spenden in einer kosmischen Agape von Liebe und Opfer, in der sich beständig das Mysterium der Auferstehung wiederholt.

Auch der kristallklare und offenbare Gehalt des Mythus von der Liebe und Auferstehung verdunkelt sich im dritten Jahrtausend, um ein Machtmittel in der Hand weniger, mehr oder weniger erleuchteter Priester zu werden; aber in der zweiten Hälfte des dritten Jahrtausends vollzieht sich das große Wunder: es dauert nur wenige Jahre, aber wirkt tief auf das Denken der Menschheit ein. Dieses Wunder offenbart sich in dem Versuch von Akhen-Aton (Echnaton) (1372–1354), die Geheimreligion in eine offenbare Religion für alle zu verwandeln mit der klaren Schau des einzigen absoluten Gottes.

Akhen-Aton unternimmt persönlich die übermenschliche Anstrengung, die Siegel der Religion zu öffnen und alle Menschen an den in ihr enthaltenen geistigen Werten teilhaben zu lassen ohne Vermittlung der Priester und des «Arbeitspersonals». Der erste Schritt ist, den Scheinwert aller Götter zu vernichten, oder um keine Verwirrung zu stiften, streicht er den Namen Amon und gibt dem absoluten Gott Râ den Namen Aton. Vor Aton verschwinden die unzähligen Götter, und alle Menschen erscheinen untereinander gleich, da Er *«jeden Menschen gleich seinem Bruder geschaffen hat»*, und er wendet sich an alle mit den Worten: *«Du bist in meinem Herzen»*. Das All schließt sich in einem einzigen Liebesakt zusammen, der Schöpfer und Geschöpfe umfaßt, denn *«Du bist der Einzige, du allein erschaffst tausend und abertausende von Wesen... Du bist der Verlauf des Lebens selbst, und keiner kann ohne dich leben... Du ernährst das Kind, sobald es im Mutterschoß ruht, du beruhigst es, damit es nicht schreit, Du öffnest seinen Mund und bringst ihm soviel nötig ist... Du bist der Herr von allen, der Du dich aller angenommen hast. Du, der das Leben aller Völker schafft, hast den Nil in den Himmel versetzt, damit er zu uns niedersinkt und unsere Felder mit seinen Fluten bespült und die Fluren unserer Gefilde befruchtet»*.

Diese Liebe, welche das ganze Universum schafft und erhält, offenbart sich und weilt beständig unter uns, da sie das Sonnenlicht selber ist, von dem die lebenspendende Wärme ausgeht mit unendlichen Armen voller Gaben. Der Pharao selbst verteilt als Prophet des absoluten Gottes mit seiner ganzen Familie mit vollen Händen die unendlichen Gaben Gottes an alle. Der Ritus der Anerkennung und Hingabe der eigenen Dankbarkeit für Aton-Râ vollzieht sich im Freien im Sonnenschein auf zahllosen Altären, vor denen das ganze Volk, um den Altar von Akhen-Aton geschart, seine Feier begeht.

Die Verzauberung und das Beispiel des Pharao und seiner ganzen Familie reißen die Bevölkerung nur zu seinen Lebzeiten hin. Trotz der Begeisterung und des Fanatismus des Volkes und der Freunde gewinnt die alte Priesterkaste beim Tode des Großen Mannes wieder die Überhand und verflucht den «ketzerischen Pharao». Die Tempel des Aton werden zerstört, die Freunde werden zu Verfolgern der offenbarten Religion, und Akhet-Aton, die heilige Stadt, wird der Wüste preisgegeben.

Amon kehrt mit seinem ganzen Hofstaat von Göttern wieder, die Kunst nimmt den Faden der Tradition wieder auf; dennoch ist der kurze Versuch des Aton-Kultes nicht vergeblich gewesen. Die große mystische Eröffnung hinterläßt tiefe Spuren, Funken, die auch in der Kunst und in Religionen anderer Völker wieder aufglühen und die eigene überkommene Religion läutern. In der Tat wird trotz wiederholter Überfälle und fremder Besatzungen in den letzten Jahrhunderten Amon-Râ als derjenige aufgefaßt, der «als reiner Geist nicht dargestellt werden kann», und im alltäglichen Ritus «liegen die Opfer in den Händen des Priesters», das heißt sie werden zu wesentlich geistigen Opfern, die symbolisch auf die kleine Figur des Maat beschränkt sind: «Fleisch, Seele, Nahrung, Lebensodem» des Schöpfers. Die Osiris-Mysterien werden in Griechenland und Kleinasien angepaßt, die ägyptischen kosmogonischen Vorstellungen werden von Thales und Pythagoras aufgegriffen. Die religiösen Erfahrungen, der von Liebe durchpulste Pantheismus von Akhen-Aton, dringen überall ein, auch in gegensätzliche Denkweisen wie die griechische und hebräische. Mit dem Reifen des Bewußtseins und der Persönlichkeit entzünden sich die Gefühle der Nächstenliebe und des Mitleids betreffs der menschlichen Gerechtigkeit. Der «Planet Ägypten» erlischt allmählich, aber sein Dasein spendet guten Samen, und die Ernte wird für die kommende Menschheit gut und verheißungsvoll.

Talismane und heilige Zeichen.
1) *SEKHEM, Symbol der Staatsgewalt.*
2) *UAS, Zepter der Götter.*
3) *UADY, Zepter der Göttinnen.*
4) *HANK, «ägyptisches Kreuz», Symbol der Ewigkeit.*
5) *ISIS-KNOTEN, Symbol der göttlichen Liebe.*
6) *UDJAT – AUGE, Symbol der Gesundheit, göttliche Gnade.*
7) *HIRTENSTAB und GEISSEL gekreuzt, Emblem der Königsherrschaft.*
8) *ZED, «Rückgrat von Osiris», Sitz des Lebens-Fluidums.*
9) *SKARABAEUS, Wächter des menschlichen Herzens, Schlüssel zum überirdischen Heil.*

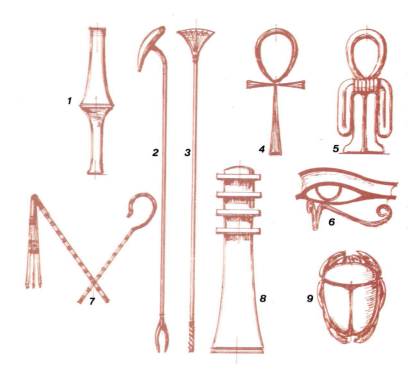

Beispiele von Kartuschen oder hieroglyphischen Darstellungen der Pharaonen mit zuletzt derjenigen, welche die römischen Imperatoren als «Kaiser und Alleinherrscher» kennzeichnet.

ZOSER — CHEOPS — CHEFREN — MYKERINOS — SAHURÉ — UNAS — PEPI I.

MONTU-HOTEP — HATSCHEPSUT — THUTMOSIS III. — THUTMOSIS IV. — AMENOPHIS III. — ECHNATON — TUTANCHAMUN

SETHOS I. — RAMSES II. — RAMSES III. — RAMSES IV. — RAMSES IX. — OSORKON I. — ALEXANDER DER GROSSE — TRAJAN AUTOKRATOR

17

DIE HEILIGE SCHRIFT

Nach Meinung der Ägypter erlernten sie die Schrift durch den Gott Thoth unter der Herrschaft von Osiris, und diese Überlieferung bezeugt ihre uralte Entstehung.

Im vierten Jahrtausend v. Chr. entwickeln sich die ursprünglichen Bilderzeichen zu Hieroglyphen: die mehr oder weniger unmittelbare Wiedergabe der Wirklichkeit wird immer ausdrucksvoller durch die Festlegung auf das Symbol, und so entwickelt sich durch Anreicherung mit anderen Elementen in kurzer Zeit jene Schrift, die viele Jahre später (210 v. Chr.) die Griechen Bilderschrift oder besser «hiero-glyphisch» nennen werden, das heißt «heilige Zeichen». Diese Benennung erinnert noch nach Jahrtausenden an den heiligen Ursprung der sehr hoch entwickelten ägyptischen Schrift.

In den ersten Jahrhunderten wurden die Hieroglyphen in Stein geschlagen und bemalt. Dann wurden sie auch mit schwarzer oder roter Tinte auf endlose Papyrusrollen gezeichnet, wobei sie fast dreitausend Jahre lang unverändert blieben: der alte Ägypter fühlte sich tatsächlich auf dem Gipfel menschlicher Kultur und war deshalb überzeugt, für alle kommenden Zeiten der unveränderlichen Menschheit Aufzeichnungen zu machen. Das Bildzeichen bleibt jedoch weiterhin Teil der Mitteilung, weshalb öfter die Darstellungen, die auf den Denkmalen und Papyri auffallen, eigentlich Ergänzungen und Illustrationen des Textes bilden und daher eine eigene Schematisierung und Symbolwertigkeit enthalten und zu einer wohlbedachten Ikonographie führen.

Die Schrift auf Papyrus wird zwangsläufig immer schneller und damit kürzer, um verwickeltere und ausführlichere Denkvorgänge wiederzugeben als die in Stein gehauenen oder gemalten. Daher sind auf den Wänden die Zeichen auf das Unerläßliche in «hieratischer Schrift» beschränkt. In den letzten Jahrhunderten entwickelt sich schließlich eine noch schnellere Schrift mit sehr abweichenden Zeichen, die wie eine Stenographie der beiden früheren erscheint und die «Volksschrift» genannt wird.

Mit dem Aufkommen des Christentums werden bereits im ersten Jahrhundert n. Chr. die «heidnischen Schreibzeichen» durch das griechische Alphabet ersetzt, doch bleiben die Laute ungefähr die gleichen, aber die Sätze werden auf vollkommen verschiedene Weise geschrieben. Die «heiligen Zeichen» werden alsbald vergessen und als magische oder dämonische Zeichen ohne Sinngehalt betrachtet. Man mußte das Jahr 1800 n. Chr. erreichen, ehe ein ungewöhnlicher Mensch wie Champollion den verlorenen Schlüssel zu finden weiß und die Entzifferung der Hieroglyphen einleiten kann.

Um einen ungefähren Begriff von dieser Entzifferung zu geben, teilen wir die heiligen Zeichen in drei herkömmliche, nicht deutlich trennbare, aber gleichwohl bezeichnende Gruppen, um den Mechanismus einer nicht alphabetischen Schrift wie der «heiligen Zeichen» zu verstehen. Die wichtigste Gruppe ist die der Zeichen, welche Lebewesen, Gegenstände und klar erfaßbare Vorgänge wiedergeben. Zu ihnen gehören die eigentlichen Ideogramme, das heißt abgeleitete Zeichnungen, die leicht mit dem Gegenstand oder der dargestellten Handlung verknüpft werden können. Die Lesung und damit die Laute dieser heiligen Zeichen konnte dank der Übersetzungen der alten Kopten in Niederschriften mit dem griechischen Alphabet erschlossen werden. Zur Bestimmung der Lautwerte hat auch die Kenntnis vieler Namen von Pharaonen, Persönlichkeiten und Städten der letzten Jahrhunderte der Geschichte des alten Ägypten beigetragen. In Kenntnis ihrer Entsprechungen hat sich eine zweite Gruppe von Zeichen gefunden, die rein phonetischen Wert zur Bestätigung oder Erklärung des Lautes des Ideogramms haben.

Schließlich hat sich eine dritte Gruppe von Zeichen herausgestellt, eine in den alten Schriften kennzeichnende Gruppe, die determinativ verwendet werden, das heißt das Geschlecht oder die Bedeutung des Ideogramms bestimmen, wie: weiblich oder männlich, Pflanze oder Tier, konkrete oder abstrakte Bezeichnung, Substantiv oder darauf bezügliches Tätigkeitswort (z. B. «Auge» oder «sehen»). Wenn man außerdem in Betracht zieht, daß das Lesen der Hieroglyphen die Vokale nicht kenntlich machte, weshalb verschiedene Bedeutungen verwechselt werden könnten, mußten die Bestimmungszeichen auch den jeweiligen Klang angeben, damit für den Zuhörer keine Zweifel aufkamen. Wenn wir zum Beispiel im Italienischen Geschriebenes ohne Vokale lesen müßten, hätten wir immer m-r für mare, mura, mira, moro, mithin vier sehr verschiedene Bedeutungen. (Im Deutschen stünde W-rt für Wart, Wirt, Wert, Wort oder W-g für Waage, Wiege, Wege.) Im Lauf der Jahrhunderte fügen die Schreiber daher allmählich phonetische Zeichen, Ideogramme und Determinative auch da zu, wo die Zeichen mehr als ausreichend wären. Solche Vervollständigungen entsprechen wahrscheinlich poetischen Ausdrucksfeinheiten, deren phonetische und literarische Werte uns noch entgehen.

Mit dieser umfassend ausgebildeten Schrift, die wesentlich aus Bildern, Rhythmen und graphischen Harmonien besteht, gelingt es den Ägyptern, Vorstellungen von hoher Geistigkeit und großem Abstraktionsvermögen auszudrücken und uns zu überliefern: epische, lyrische und historische Dichtungen, wissenschaftliche und theologische Texte. Berühmt sind die sogenannten «Pyramiden-Texte», die mit Sicherheit über das dritte Jahrtausend v. Chr. zurückreichen und die alle kosmische Weisheit über Erde und Himmel und die eigene Geschichte Ägyptens umfassen. Außerdem besitzen wir sehr zahlreiche Texte, die vom Jenseits handeln, wie die «Totenbücher», «Das Buch (der Höhlen) der Duat» und die «Sarkophag-Texte».

Eine Strömung der ägyptischen Literatur, die auch unter den Griechen hochberühmt wurde, ist die der Bücher mit moralischen Lehren und Anweisungen. Wir erinnern uns an die «Weisheitssprüche» und «Die Bücher über die Medizin» von Imhotep, dem großen Architekten und Arzt von 2700 v. Chr., die Vorschriften eines Sohnes von Cheops (2600 v. Chr.) und die Lehren des Hohenpriesters Kagemni (2350 v. Chr.). Das berühmteste, vollständig überlieferte Werk unter allen ist jedoch das der «Weisheitssprüche von Ptah-hotep», das auf etwa 2400 v. Chr. zurückgeht und Belehrungen für den eigenen Sohn enthält (welche zum Teil in dieser Studie angeführt werden), ein abgeklärtes Werk voller Menschlichkeit, wie sie in einer da schon seit über einem Jahrtausend bestehenden Kultur herangereift ist.

Im zweiten Jahrtausend erscheinen Werke von großem geschichtlichen Interesse. Darunter befindet sich das (sogenannte) «Gedicht von Pentaur», ein episches Heldengedicht, das die große Schlacht von Kadesch zwischen dem Heere von Ramses II. und den Hethitern besingt (1270 v. Chr.). Sie ist in allen Tempeln des Pharao und

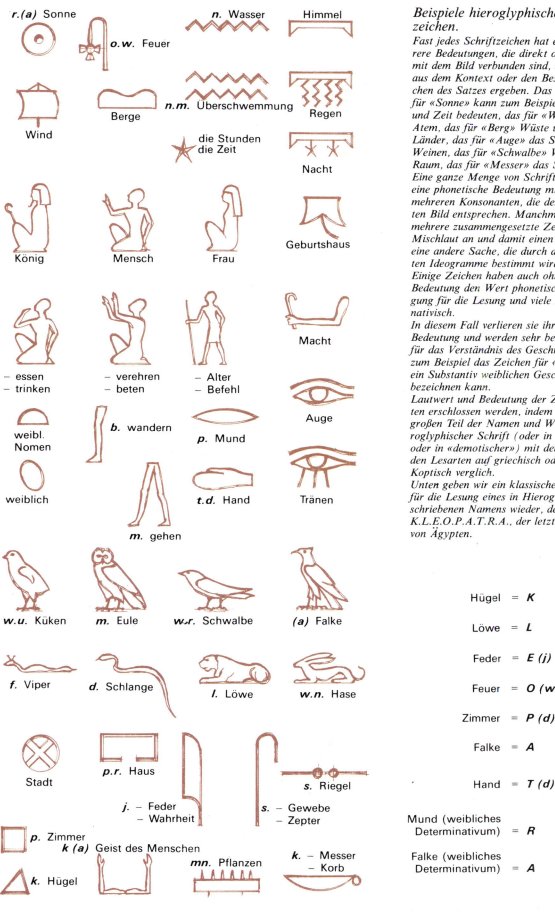

Beispiele hieroglyphischer Schriftzeichen.

Fast jedes Schriftzeichen hat eine oder mehrere Bedeutungen, die direkt oder indirekt mit dem Bild verbunden sind, und die sich aus dem Kontext oder den Bestimmungszeichen des Satzes ergeben. Das Schriftzeichen für «Sonne» kann zum Beispiel auch Licht und Zeit bedeuten, das für «Wind» Luft und Atem, das für «Berg» Wüste und fremde Länder, das für «Auge» das Sehen und Weinen, das für «Schwalbe» Weite und Raum, das für «Messer» das Schneiden.

Eine ganze Menge von Schriftzeichen hat eine phonetische Bedeutung mit einem oder mehreren Konsonanten, die dem dargestellten Bild entsprechen. Manchmal geben mehrere zusammengesetzte Zeichen einen Mischlaut an und damit einen Namen oder eine andere Sache, die durch die verwendeten Ideogramme bestimmt wird.

Einige Zeichen haben auch ohne besondere Bedeutung den Wert phonetischer Bestätigung für die Lesung und viele sind determinativisch.

In diesem Fall verlieren sie ihre phonetische Bedeutung und werden sehr bedeutungsvoll für das Verständnis des Geschriebenen, wie zum Beispiel das Zeichen für «Frau», das ein Substantiv weiblichen Geschlechts bezeichnen kann.

Lautwert und Bedeutung der Zeichen konnten erschlossen werden, indem man einen großen Teil der Namen und Worte in hieroglyphischer Schrift (oder in «hieratischer» oder in «demotischer») mit den entsprechenden griechisch oder in antikem Koptisch verglich.

Unten geben wir ein klassisches Beispiel für die Lesung eines in Hieroglyphen geschriebenen Namens wieder, den der K.L.E.O.P.A.T.R.A., der letzten Königin von Ägypten.

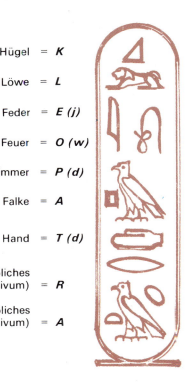

auch in der großen Halle von Karnak auf den Wänden in Stein gehauen. In diesem Jahrtausend wird das literarische Schaffen für ewiger als die Pyramiden gehalten: *«Das Buch leistet mehr als eine Stele, mehr als ein festes Bauwerk. Das Buch tritt an die Stelle des Tempels, der Pyramide, damit man sich deines Namens erinnert, und gewiß ist es auch im Jenseits gut, wenn dein Name im Munde der Lebenden bleibt.»*

Alle Gräber der Standesherren, der Fürsten, sind mit Biographien, mit Chroniken der Zeit gefüllt. Berühmt werden auch einige Erzählungen wie die «Erinnerungen des Sinûhe», welche das Leben eines Hofbeamten von Amenemhêt II. berichten (1991–1962). Eine an Reisen und Schicksalsschlägen reiche Biographie in einem knappen und bündigen Stil, wie er selten ist, und wirkungsvoller Bilderfülle. Im zweiten Jahrtausend haben wir ebenfalls das goldene Zeitalter der Liebesdichtung. Ein solches Lied singt: *«Mein Herz stimmt mit deinem Herzen überein, und von deiner Schönheit kann ich mich nicht trennen... Nur dein Hauch belebt mein Herz, nachdem ich dich gefunden habe. Möge Aton dich in Ewigkeit zu der meinen machen!»* Ein vielleicht zweistimmig gesungenes und getanztes Liebeslied findet sich im «Papyrus von Chester Beatly». Darin preist der Liebende die Geliebte als *«Einzige Geliebte ohne Nebenbuhler – schöner als alle Frauen – Schau, sie ist wie ein Stern, der zu Beginn eines guten Jahres aufgeht – voller Licht und Vollkommenheit strahlt sie in allen Farben – sie blendet mit dem Licht ihrer Augen – verzaubert mit dem Klang ihrer Stimme...»* Und die Geliebte antwortet: *«Mein Herz entflieht meiner Brust, wenn ich an dich denke – es löst sich aus der Brust – läßt mich außer mir – läßt mich nicht mit verstohlenen Blicken – hinter dem Fächer spielen – ... Vernarr dich nicht, mein Herz – verweile, beruhige dich – die Liebe kommt auf dich zu – mit all meinem Eifer – dulde nicht, daß es heißt – «Da ist eine Frau, welche die Liebe den Verstand verlieren läßt» – bleibe jedesmal ruhig, wenn du dich seiner erinnerst – mein Herz verlaß mich nicht!»*

Ausschnitt von sechs Kolonnen von Hieroglyphen in Farben aus dem Grab von Amenher-Khopechef (Tal der Königinnen).

Man erkennt viele aufgeführten Schriftzeichen (der König, das Wasser, die Hand, der Mund, die gehörnte Viper usw.) und andere sind in ihrer Bedeutung verständlich. All das ist offenbar nicht ausreichend, um den Text auch nur zum Teil zu «lesen», eine Lektüre, die auf einer gründlichen Kenntnis des Verfahrens beruht und vor allem auf großer Vertrautheit mit den Hieroglyphen.
Gleichwohl erinnern wir daran, daß die Lesung dank der ungewöhnlichen Fähigkeit und wunderbaren Einfühlungsgabe des Franzosen Jean François Champollion ermöglicht wurde. Dieser äußerst beharrliche Forscher erreichte es, im Alter von nur 23 Jahren, den Schlüssel zu finden, um die Hieroglyphen verständlich zu machen. Dank ihm begann diese Welt, die für fast eintausendachthundert Jahre «stumm» geblieben war, zu sprechen, und heute wissen wir von ihr mehr als von vielen anderen auch weniger alten Völkern.

DAS LEBEN IM ALTEN ÄGYPTEN
Umwelt und Gesellschaft

DIE STADT

Vor rund sechstausend Jahren war das Leben von Landwirtschaft und Handel bereits in voller Entwicklung. Zahlreiche Siedlungen entstanden an den Ufern des Nils und um den See von Fayum sowie entlang den zahllosen Kanälen des Deltas. Die ersten organisierten Mittelpunkte hatten bereits rund zweitausendfünfhundert Jahre vor den griechischen Städten eine viereckige Mauerumwallung und innerhalb eine netzförmige Anlage von Häusern, die sich an die Seiten des Fürstenpalastes und des Tempels des Schutzgotts drängten. Der Fürstenpalast war bereits mit hohen und senkrecht kannelierten viereckigen Türmen als Feste ausgebaut. Ursprünglich aus Rohziegeln errichtet, finden wir sie seit rund 2800 v. Chr. mit behauenen Steinen.

Die Wohnmittelpunkte des Deltas entwickeln sich als erste bis zu eigentlichen Handels- und Seefahrt-Städten. Statt sich in immer stärkere Festungsgürtel einzuschließen, öffnen sich diese Städte unmittelbar auf die langen Hafenmolen mit ihren Schiffswerften, zahlreichen Lagerhallen und großen Marktplätzen. Diese Städte erweitern sich beständig in Zeiten günstiger Entwicklung und werden praktisch von den Reedern beherrscht, die einen Warenaustausch bis hin zum fernen Schwarzen Meer betreiben. Auf den Molen und Hafendämmen drängen sich die großen und kleinen Handelsleute mit ihren Palästen, Banken, Lagerhallen und Geschäftsbauten. Rings um diese «City» von vor sechstausend Jahren breitet sich eine Flut von Reihenhäusern mit einem Erdgeschoß oder einstöckig für die Handwerker und Arbeiter aus, mit Räumen für kleine und große Industrieanlagen, die das Gold bearbeiten, Glas und Kosmetika, sowie zahllose andere Waren herstellen, die nach ganz Ägypten und in die bekannte Welt verschickt werden. Außerhalb der Städte entstehen ansehnliche Gartenstadt-Siedlungen für die Kaufleute und wohlhabende Persönlichkeiten.

Die Haupttempel bilden ein selbständiges Zentrum neben dem Palast des Fürsten oder entwickeln sich auch zu Heiligtümern und damit zu eigentlichen Heiligen Städten, die den politischen und handeltreibenden gegenüberstehn. Berühmte See- und Handels-Städte von uraltem Bestand waren Atribi, Mendes, Buto, Saïs, Tanis und schließlich Bubasti, an dem Verbindungskanal zwischen dem Mittelmeer und dem Roten Meer. Die Stadt Faro hatte bereits 1500 v. Chr., das heißt mehr als tausend Jahre früher, ehe an gleicher Stelle das große Alexandria entstand, einen Wellenbrecher (von 2100 m Länge und 50 m Breite), der im Meer errichtet wurde, um 60 Hektar von Binnenhäfen zu schützen, mit Anlegebrücken von 14 m und bei den Landpfeilern einem gewaltigen Netz von Lagerhallen und Marktzonen.

Die Städte von Ober- und Mittel-Ägypten nahmen im allgemeinen eine langsamere Entwicklung, die mehr von historischen Wechselfällen als von solchen des Handels abhing, so daß ihr Hauptanliegen war, den Mauergürtel höher und fester zu machen. Die Wälle wurden fast immer in Rohziegeln in einem Viereck aufgeführt, das manchmal an den Ecken abgeschrägt war. Sie waren zehn Meter und mehr hoch und auch von größerer Breite als Höhe. Lange Rampen führten von den inneren Straßen und den Haupttoren zu den Laufgängen, welche alle Mauern krönten. Die Stadt bildete ein großes Netzwerk, von dem fast die Hälfte für den Regierungspalast und den örtlichen Tempel bestimmt war; daran schlossen sich die Wohnsitze des Adels und weitere kleine Tempel an. Die andere Hälfte der Stadt bestand aus einer dichten Anhäufung von Wohnungen, Läden, Werkstätten, alle einstöckig und von wenigen Hauptstraßen zugänglich, von denen die Sackgassen abzweigten.

In den zu Hauptstädten des Königreichs entwickelten Orten fiel das Gelände für den Palast des Pharao sozusagen mit der Stadt selber zusammen in einer großen Anlage von Tempeln, Regierungsgebäuden und Wohnbauten des Hofs. Es blieb fast kein Spielraum für eine freie Betätigung in Landwirtschaft und Handel, da ja der gewaltige städtische Organismus einzig der Regierung und der göttlichen Majestät des Pharao diente. Von Memphis, der im dritten Jahrtausend entstandenen Hauptstadt, sind nur wenige Trümmer geblieben. Wir können uns aber bei eingehender Betrachtung der Nekropolen rings um die Großen Pyramiden und die monumentale Anlage um die Pyramide von Zoser eine Vorstellung davon verschaffen, wie die Wohnviertel des Adels, die monumentalen Plätze und die Palastfestung des Pharao ausgesehen haben.

Von Akhet-Aton (Horizont des Aton), der von dem «ketzerischen Pharao» Akhen-Aton (Echnaton) gewollten Hauptstadt, die nur wenig mehr als zwanzig Jahre bestand, geben uns die Trümmer einen näheren Begriff, die in den letzten Jahren in Tell-el-Amarna ans Licht gekommen sind. Wenn auch das ganze Stadtgebiet noch nicht erschlossen ist, sind doch die Funde ausreichend, um ein großes Interesse für die Stadtanlage zu erwecken, die von der herkömmlichen abweicht (nämlich der quadratisch rechteckigen). Die neue Stadt erstreckt sich frei wie ein großer, langer Streif, der den Windungen des Nils folgt.

Zur Zeit von Thutmosis III. (1505–1450) zählte die Bevölkerung von Ägypten sieben Millionen Einwohner, und im fünften Jahrhundert v. Chr. gab es ungefähr zwanzigtausend Wohnsiedlungen. Von all diesen Städten und Dörfern ist sehr wenig geblieben, und auch großartige Städte wie Theben und Memphis, sind besonders in den letzten Jahrhunderten mehr von den Menschen als von der Zeit zerstört worden. Wir können aber noch den Eindruck vom Leben in den bevölkertsten und betriebsamsten alten Städten gewinnen, wenn wir entweder in die Altstadtviertel der heutigen orientalischen Städte gehen, die fast wie in der Zeit stehen geblieben scheinen, oder wenn wir betrachten, wieviel uns von den für die Hand-

21

werker der Nekropolen gebauten Dörfern geblieben ist und wieviel wir davon wissen. In dieser Hinsicht ist das Dorf zwischen Akhet-Aton und Tell-el-Amarna recht aufschlußreich. Dieser Weiler ist im Gegensatz zur Stadt streng nach dem überlieferten Schema errichtet, das heißt in einem achteckigen Netz innerhalb eines vollkommen quadratischen Grundrisses. Das bringt auf den Gedanken, daß das Dorf als erstes in dem eigentlichen Gelände errichtet wurde, um diejenigen aufzunehmen, welche dann die Stadt nach den Plänen des Pharao errichtet hätten und dann die Nekropole. Das Dorf ist von einer Mauer aus Rohziegeln umschlossen und hat einen einzigen Zugang vom Süden her. Vom Eingang gelangt man auf einen rechteckigen Platz, von dem fünf Straßen ausgehen, die genau in einem Achteck und parallel angelegt sind. Die Straßen trennen sechs rechteckige, eingeschossige Wohnblöcke.

Die Wohnflächen sind einander fast gleich, als ob sie in Serien nach einem einzigen Bauplan-Typus gebaut worden wären. Tatsächlich ist das System sehr einfach: die langen rechteckigen Wandflächen werden von langen, geraden und parallelen Mauern in drei Streifen aufgeteilt, und an diesen Blöcken entfällt für jede Wohneinheit von drei Räumen mit einem einzigen Eingang von derselben Straße her ein gleicher Anteil. Es handelt sich um eine tatsächliche Modell-Einheit, das Grundelement der Planung und Ausführung des ganzen Weilers. Wenn man sich auch die Modell-Einheiten für die Tempelchen vor Augen hält, welche die Nekropole von Zoser bilden, sowie die zahlreichen aus dem Boden gestampften Städte und schließlich die gleichartige netzförmige Anlage, so ergibt sich, daß von 2700 v. Chr. ab die ägyptischen Städte das Ergebnis einer wohlüberlegten und rationalen städtebaulichen Planung waren, die auch an der Serienherstellung verschiedener Typen von Bauwerken interessiert war.

Das Dorf der Nekropolen von Theben in Deir-el-Medina, das vielleicht von Thutmosis I (1530–1520) begründet wurde, hatte ein herkömmliches achteckiges Schema mit Standard-Wohnungen in Serien, ähnlich dem von Tell-el-Amarna, aber danach eintretende Veränderungen und Erweiterungen haben es beträchtlich verändert, indem sie es zu einer langgestreckten Raute verändert haben, die von einem Hauptverkehrs- und Verbindungsweg durch ein Gewirr von Häusern verschiedener Größe und Ausführung durchzogen wird.

Sehr aufschlußreich ist die Sozialordnung von Deir-el-Medina, die sich von der anderer Siedlungen mit Handwerkern, Gewerbetreibenden und Bauern nur wenig unterschieden haben dürfte. Die Bevölkerung wird von zwei leitenden Bürgermeistern betreut, denen ein Rat von Handwerkern und Arbeitsgehilfen mit selbständiger Verwaltung zur Seite steht. Zu den Fachleuten für Architektur, Plastik, Malerei, Planzeichnung, gesellen sich Schreiber, Facharbeiter, Hilfsarbeiter, Erdarbeiter, kleine Unternehmer, Bauführer und schließlich das Personal der Dienstleistungen: Wasserträger, wenn das Wüstengebiet nur Wasserstellen hatte, Viehtreiber, welche die Tiere auf die Weiden im Tal brachten, die Jäger, die Wäscherei-Angestellten usw. Alle waren in kleinen gleichartigen Gemeinschaften zusammengeschlossen mit eigenen Priestern und besonderen Kapellen rings um die Zitadelle.

Auf den drei Seiten der Ortschaft, an bequemen, abschüssigen Plätzen gestattete sich diese Bevölkerung, mit ihrer wertvollen und hochbezahlten Arbeit reichere Gräber als die der Fürsten zu errichten.

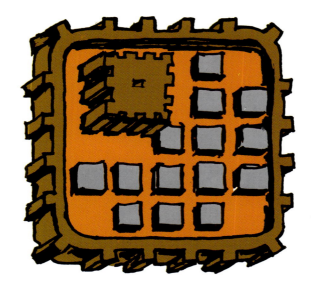

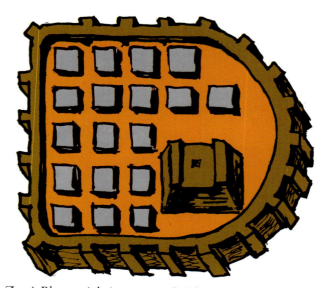

Zwei Planprojektionen von Städten wie sie um 3000 v. Chr. bestanden.
Man beachte die netzartige Anlage des Wohnbezirks, der sich im mehr oder weniger quadratischen Bereich der turmbewehrten Mauern befindet und auf sie bezogen, rings um die Festung des Königspalastes angelegt ist.

Ein in das felsige Wüstengebiet geschlagener Pfad, der mit Ruheplätzen und Wasserreservoiren versehen war, führte die Arbeiter zu den verschiedenen Nekropolen. Im Tal der Könige selbst wurde der Ruheplatz geradezu zu einem Hotel, das imstande war, Handwerkergruppen, die sich regelmäßig ablösten, im Fall dringlicher Aufträge unterzubringen.

Vertragsabschlüsse über die Arbeiten wurden von den leitenden Bürgermeistern mit Zuziehung des Rates und dem Besteller getätigt. Dabei wurden die Lieferzeiten und Löhne für auch hinsichtlich der Ausschmückung genau dargelegte Planungen festgelegt. Die Ausführung übernahmen dann die betroffenen Handwerker selber. Der Rat sorgte ferner für die Regelung der Durchführung mit Verteilung der Aufgaben und Vergütungen. Der Polier jeder Gruppe führte das Arbeitsbuch, in dem unter anderem auch die Gründe eines Fehlens verzeichnet sind,

Stadtplan von ILLAHUN.
Gründung durch Sesostris II. (1897–1878 v. Chr.) anläßlich der
Urbarmachung des Faijûm rings um den alten Moeris-See. Die
Stadt lag neben den großen Regulierungs-Anlagen der Gewässer, die von einem Nil-Becken – dem Bahr Yussef – aus den
großen See versorgten sowie das ganze Bewässerungsnetz für
2000 Quadratkilometer Land. Die Baugliederung der Stadt ist
im wesentlichen die gleiche wie ein Jahrtausend früher, mit
Verbesserungen und Anpassungen an die neuen Erfordernisse.
Der Mauerwall, ein Quadrat von 350 Meter Seitenlänge, verliert seinen Verteidigungszweck. Zwischen dem Königspalast
und dem Wohnbezirk der Handwerker und der mit der Regulierung beschäftigten Arbeiter entwickelt sich das Residenzgebiet
der Beamten des Faijûm.
Letzteres hat einen eigenen Zugang von außen und eine eigene
Umwallung und umfaßt etwa zehn Gebäude auf etwa 2500
Quadratmetern Fläche, untermischt mit Wohnungen von etwa
70 bis 80 qm.
Die königliche Residenz war befestigt und erhob sich auf einer
Anhöhe wie eine kleine Akropolis zwischen den beiden Zonen.
Die Zone der Handwerker hat ebenfalls einen eigenen Zugang
von außen. Eine etwa 9 Meter breite Hauptstraße, von der
nach beiden Seiten Nebenstraßen von etwa 4 Metern Breite
abzweigen, dient dem Verkehr. Die Sackgassen führen zu langgestreckten eingeschossigen Wohnungen eines einheitlichen
Typs. Diese Hauptstadt des Faijûm, die gewöhnlich höchstens
3000 Personen umfaßte, war sehr geringfügig gegenüber den
Städten im Delta mit 40–50 000 Einwohnern, aber sie entsprach
sicher dem Hauptplan.

Anlageplan des Dorfes Deir el-Medina,
das ausschließlich für die Handwerker der
Nekropole von Theben bestimmt war.
Der Plan zeigt eine geänderte Aufteilung insbesondere im Ortsinneren, die auf zahlreichen Neuverteilungen beruht, die sich
aus den Beanspruchungen durch neue Erfordernisse hinsichtlich
der Zahl und Bedeutung der Familiengruppen ergaben.
Das Ganze gibt uns eine Vorstellung davon, wie sich das Netz
der Ortsanlage nach jahrhundertelangen Entwicklungen zeigte,
und macht deutlich, wie unregelmäßige Anlagen von Wohngruppen aussahen gleich denen, wie wir sie noch heute in einigen
alten Vororten ägyptischer Städte vorfinden.

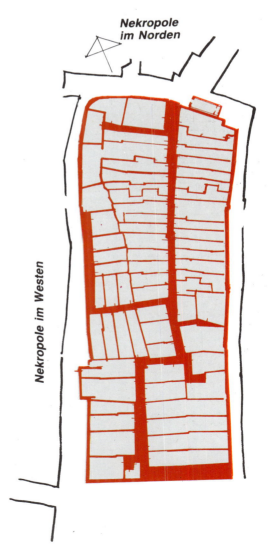

die auf Krankheit beruhen konnten, dem Geburtstag der
Mutter oder auch einem Streit mit der Frau! Freie Tage
waren zahlreich, da jede «Woche» (von damals zehn
Tagen) zwei Ruhetage vorsah. Hinzu trat Sonderurlaub,
beispielsweise anläßlich von «Königsfesten», die vier
Tage dauerten und allen erlaubten, entfernt wohnende
Eltern aufzusuchen.

Der Lohn wurde aus dem Grundwert eines «Liters»
Fett ermittelt, der in Lebensmittel und anderen Bedarf
umgesetzt werden konnte, wie Bier, Gemüse, Kleidung,
Sandalen und sogar Salben und Parfüm; und soweit er
nicht in Naturalien abgegolten wurde, geschah es durch
Kupfermünzen. Wenn die Unterkünfte nicht mehr ausreichten, «legten die Arbeiter sich hin», das heißt sie
streikten, und es besteht kein Zweifel, daß sie gleich
zufriedengestellt wurden angesichts des Wertes und auch
der Unersetzlichkeit ihrer Tätigkeit.

23

Streitigkeiten und gegebenenfalls Strafen wurden von einem Arbeitergericht unter Vorsitz des Poliers geregelt. Der Rechtsstreit wurde in erster Instanz beim Rat verhandelt, der im Namen des Königs Urteile fällte. Auch eine zweite und letzte Berufung beim Vizekönig oder dem Pharao selbst war möglich. Die letzteren schritten auch bei Fragen von großer Bedeutung und hohen Aufsichtspflichten ein.

Grundnahrungsmittel war das Fleisch: von Rind, Schwein, Gazelle, Antilope und auch Hyäne. (Das Vieh wurde aufgekauft oder gefangen und gemästet.) Es folgten dann gebratene oder gekochte Vögel, Zwiebeln, Bohnen, Linsen, Früchte wie Datteln, Feigen, Aprikosen, Granatäpfel und Johannisbrot. Die Süßigkeiten hatten Honig als Grundstoff. Getränke waren Buttermilch, Wein und vor allem Bier.

DIE PALASTFESTUNG

Der erste Gebäudekomplex für die Unterbringung und Ausübung der Zentralgewalt, das heißt der Palast des Pharao oder Fürsten, gewinnt gegen Ende des vierten Jahrtausends v. Chr. eine besondere architektonische Gestaltung und behält sie für einen guten Teil des dritten bei. Höchst wirkungsvoll und sehr schön sind die Darstellungen dieser monumentalen Anlagen, wie sie sich auf den Sarkophagwänden vom Ende der vierten Dynastie finden (2620–2500 v. Chr.).

Eine Vorstellung von der Abfolge der Räume und Innenhöfe finden wir sogar in den Bauten der ersten Dynastie, wie in dem Grab von Haha und mehr noch in dem von Udimo (um 2900 v. Chr.).

Dieses Urmodell eines Palastes, das rund fünfhundert Jahre so bleibt, hat die kennzeichnenden Ausmaße eines rechtwinkligen Parallelepipedons dessen Außenwände von einer durchlaufenden Reihe dicht angeordneter Türme gegliedert sind, wobei Vorsprünge und Einzüge gleich sind. Die innere Baumasse ist von achteckig angeordneten Höfen und Räumlichkeiten gegliedert. Die Außenwände sind ferner durch hohe, dicht stehende Pfeiler bereichert, die oben verbunden und oft von einem reichen Kranzgesims und Paneelwerk geschmückt sind.

Es ist bemerkenswert, wie diese besondere architektonische Gestaltung in den Gebäuden von Ugarit, Uruk und Mari in Mesopotamien wiederkehrt und in den Ziggurat in Stufen wie in den Palästen von Babylon. Ausgesprochen eindrucksvoll sind die Übereinstimmungen der ersten sumerischen Palast-Tempel mit dem Grab von Udimu und des riesigen Palastes von Khorsabab mit dem ältesten Baukomplex von Zoser in Sakkara, Analogien, die an ein gemeinsames Modell über viertausend v. Chr. hinaus denken lassen.

Der Palast des Pharao, Gipfelpunkt der Stadt und des Königreichs, mußte nicht nur den königlichen Erfordernissen entsprechen, sondern auch denen der Verwaltung. Infolgedessen waren die Räumlichkeiten auf zwei große Bezirke verteilt. Der erste umfaßte die für die Amtswohnung des Königs und seiner Angehörigen bestimmten Räume, den großen Audienzsaal, den Thronsaal, schließlich die Räume zur Verwendung des «Haushofmeisters», des «Wächters der Krone», des «Meisters der beiden Throne» und des «königlichen Zeremonien-Meisters» (zuständig für diese Aufgabe und den ganzen königlichen Hof, einschließlich zahlreicher Hofdamen und des Ha-

Rekonstruktion des Königspalastes im Alten Reich (drittes Jahrtausend v. Chr.).

Die Rekonstruktion beruht auf antiken Basreliefs und auf den Gebäudedarstellungen auf einigen prächtigen Sarkophagen der IV. und V. Dynastie. Von größtem Interesse ist die Bauweise aus Mauerflächen mit Vorsprüngen und Einzügen, die durch mächtige senkrechte Pfeilerordnungen im Vorbau gegliedert sind, mit einem regelmäßigen und fortlaufenden Geflecht von vertikalem und horizontalem Balkenwerk auf den dahinter liegenden Wänden.

rems des Pharao, wozu sich ein Heer von Dienern, Palastarbeitern, Handwerkern, Ärzten und Friseuren gesellte). In direktem Zusammenhang mit dem repräsentativen Teil stand das «Königliche Gericht» und das «Haus der Arbeiten», an dessen Spitze der «Palast-Architekt und Erbauer der Königlichen Flotte» stand.

Der zweite Bezirk umfaßte das «Weiße Haus» (Finanzministerium), das «Rote Haus» oder das «der Ewigkeit» (Ministerium des königlichen und nationalen Kultus), das «Spiegelhaus» (Steueramt) mit höchst entwickeltem Kataster und nationalem Verzeichnis des Grundbesitzes, das Haus des «Leiters des Heerwesens» mit den zugehörigen Kasernen des königlichen Heers.

Das Königliche Gericht verfügt über Kanzlei und Archive. Das Prozeßverfahren war in drei Abschnitte geteilt: schriftlicher Antrag mit Unterlagen, Voruntersuchung, Urteilsspruch auf Grund der Beschlußfassung der Parteien. Die Strafen bestanden in Haftzeiten, Auspeitschungen und ausnahmsweise Todesurteilen durch Köpfen oder Erhängen.

Mit wachsender Macht vergrößert sich natürlich der Palast durch Räumlichkeiten und auch Nebengebäude. Häufig sind mehrere Ämter auf die gleiche Person vereinigt. Zur Zeit von Zoser haben wir zum Beispiel den Hohenpriester Himotep, einen außergewöhnlichen Mann, der die Aufgaben des Arztes, königlichen Baumeisters und Vizekönigs auf sich vereint.

Mit der IV. Dynastie erreicht die Palastfestung den höchsten Glanz. Dabei ist zu beachten, daß diese monumentalen Bauwerke sich unter technischen und künstlerischen Bedingungen architektonischer Versuche entwickelt haben, die in der übrigen Welt völlig unbekannt sind. Insbesondere die zentrale Verteilung erfordert ein Spiel von Fülle und Leere, vertikalen Gegenständen und Geschoßkennzeichnungen, die im Vergleich mit den Mauern des Mausoleums von Zoser eine ungewöhnliche architektonische und technisch-konstruktive Entwicklung offenbaren, die in weniger als zweihundert Jahren vollzogen wurde.

DER TEMPEL-PALAST

Am Ende des dritten Jahrtausends v. Chr. verlieren sich die Spuren der prächtigen Palast-Festung sowohl als ästhetisch-architektonische Lösung wie auch als Raumlösung mit dem einzigen Gebäudeblock mit allen Amtsräumen für die Residenz und die Regierung des Pharao. Mit dem zweiten Jahrtausend werden die Anforderungen immer umfangreicher. Das immer weitere Reich bedingt größeren Aufwand und mehr Einrichtungen der Verwaltungsführung. Der ganze Palast wird nun zum Amtssitz des Königs und seines Hofes. Als Sitz des mächtigen Herrschers der Welt, des Gottes auf Erden, wird der Bau nun tempelartig. Der Saal in der Mitte ist nun eine Säulenhalle mit riesigen Säulenreihen, die zum ebenfalls mit Säulen ausgestatteten Thronsaal führt. Nebenan

Ideal-Rekonstruktion des Repräsentationshofs im Königlichen Palast von Akhet-Aton (1360 v. Chr.).
Die Rekonstruktion beruht auf Basreliefs und zahlreichen Malereien der antonianischen Periode (zweite Hälfte des XIV. Jh. v. Chr.). Wir sehen einen der größten Höfe des Königspalastes von Aket-Aton, der von bemalten hölzernen Säulen umstanden ist, mit der großen Staats-Loge, über der die Sonnenscheibe Aton schwebt.

Beispiele für die Möbelausstattung im Palast und vornehmen Haus:

1) *Thronsitz. In den Darstellungen in Skulptur und Malerei erscheint er seit dem dritten Jahrtausend und ist unterschiedslos für Götter und Pharaonen bestimmt. Er besteht aus einem Würfel auf einem Gestell mit Fußsockel. Ein flaches, langes Kissen bedeckt vollständig die Sitzfläche und die niedrige Rückenlehne.*
2) *Kleiner Tisch. Die Platte ist rund und wird von einer glockenförmigen Säule getragen.*
3) *Stuhl. Sitzfläche und Rückenlehne sind mit einem Kissen bedeckt. Die Beine sind wie Löwentatzen gestaltet. Im allgemeinen steht ein Fußbänkchen dabei.*
4) *Faltsitz. Er entspricht dem bis in unsere Tage üblich gebliebenen Zangentyp. Das hier wiedergegebene Beispiel hat Löwenfüße, und der Sitz ist mit einem platten langen Kissen aus einem einzigen Lederstreifen bedeckt.*
5) *Kleiner rechteckiger Tisch. Er ruht auf einem Gestell mit vier Beinen. Er wurde für Brettspiele in Art des Dame- und Schachspiels benutzt und war wahrscheinlich mit kleinen Fächern versehen.*
6) *Niedriger Ständer als Untersatz für Vasen und Amphoren.*
7) *Hoher Ständer als Amphoren-Untersatz.*
8) *Kopfstütze. Sie wird seit 3000 v. Chr. abwechselnd mit dem Kissen zum Schlafen benutzt.*
9) *Bett. Es besteht aus einem horizontal gespannten Netz von Leder- oder Leinenstreifen, das von Seitenstreben gehalten wird. In dem hier gebotenen Beispiel bestehen die Seitenteile aus zwei ziemlich stilisierten Löwenprofilen, ein im zweiten Jahrtausend sehr verbreitetes Modell.*
10) *Truhe zur Ablage von Schmuck und anderen persönlichen Gegenständen.*
11) *Koffer für Kleidungsstücke. Manchmal ist er über einen Meter hoch, und die Beine sind mit Gleitholmen versehen, um die Beförderung von einem Raum in den anderen zu erleichtern.*

Der Garten des ägyptischen Hauses.

Ein wesentlicher Bestandteil der ägyptischen Wohnung war der Garten, und darin das Wasserbecken.
Zahlreich sind die bildlichen Darstellungen des im Freien gelegenen Teils des Hauses, und das wiedergegebene Beispiel ist dem Grabmal von Rekhmara in Gurnah entnommen. In diesem Abschnitt ist der Garten wie von oben gesehen dargestellt: in der Mitte das große Becken mit seiner vom Wind gekräuselten Wasseroberfläche und einer Fülle von Blumen und Fischen. Auf zwei Seiten Schatten spendende blühende Pflanzen, ringsum eine Sitzbank, die von einer rechteckigen Reihe von Früchte tragenden Gewächsen und weiter einem breiten Grünstreifen begrenzt ist, den hohe schattige Pflanzen im Wechsel mit blühenden Büschen abschließen. Auf einer Schmalseite zeigt sich die Haus-Ansicht. Es ist mit einem starken Kranzgesims gekrönt und hat ein weites Portal, das sich zwischen dem Gartengrün öffnet.

haben wir die «Festhalle» und die zugehörigen Räume für den Hof und die Bedienung, vorne ein weites Atrium mit Kolonnaden oder Pfeiler-Reihen. Der ganze Reichtum und die Monumentalität des Bauwerks ist entlang der Achse verteilt, die von der Eingangshalle zum Thronsaal führt. Im wesentlichen ist alles so wie ein Tempel, in welchem die Kapelle des Gottes statt des Thronsaals ist.

Auch von den Palästen des zweiten Jahrtausends verblieben nur sehr wenig Spuren, von denen Trümmer der Königspaläste besonders bemerkenswert sind, die mit den Totentempeln in Verbindung stehn, wie in Medinet Habu und im Ramesseum. Einen wirkungsvollen Eindruck von der Großartigkeit und dem Reichtum, den die riesigen Wohnsitze der Herren der Welt um zweitausend v. Chr. bergen mußten, vermitteln jedoch die Tempel, die sie in allen Teilen Ägyptens erbauten. Infolgedessen können wir die mit einem Säulengang versehene Fassade des Palastes im Tempel von Sethos I. in Abydos wiederfinden, die inneren und äußeren Säulenhallen im Hof von Amenophis III. in Luxor, den von Säulen getragenen Audienzsaal, den Fest- und Thronsaal im Tempel von Karnak.

Eine Vorstellung von dem mächtigen Mauerring, der das Zentrum der Weltmacht umschloß, außer dem der Außenfassaden der Paläste, können wir im Mauergürtel und dem Großen Tor von Medinet Habu gewinnen.

In der für die Kunst und Religion außergewöhnlichen Periode, welche die Herrschaft von Echnaton (1372–1354) bestimmt, finden wir ebenfalls eine Revolution des architektonischen Ausdrucks für das Regierungszentrum und die Residenzen des Pharao. In der Stadt Akhet-Aton in Tell-el-Amarna erscheint der Palast nicht mehr als eine in eine rechteckige Einfassung gedrängte Masse oder als ein mit riesigen Säulen beladener Tempel. Er wird dagegen zu einem großen Villenbau inmitten von anderen Gebäuden, die von weitem, offenem Gelände umgeben sind. Zwischen der Hauptverkehrsstraße (der «Straße des Königs») und dem Nil erstreckt sich die lange, vom Amtssitz eingenommene Zone, eine Anlage, die sich aus einem weiten Säulengang mit Thronsaal mit einer Reihe von Höfen und Gärten zwischen dem Gästehaus, dem Harem, den königlichen Amtszimmern und den Gesinderäumen entwickelt. Eine Galerie, welche die Straße des Königs umgeht, verbindet den Palast mit der Wohnung des Pharao und seiner Familie. Eine in ihren Ausmaßen bescheidene Wohnstatt, die jedoch reich an erlesenen Malereien mit der Darstellung von Blumen und Vögeln auch auf dem Fußboden ist, und die Bogengänge mit Säulen oder kleinen Pfeilern in bemaltem Holz umgeben und die hängende Gärten schmücken, die zu der Hauptstraße abfallen. Ringsum die Regierungsgebäude und seitlich der private Tempel und die Ausbildungsstätte für die künftigen Mitarbeiter.

Im Norden der Stadt liegt der Palast von Hat-Aton («Kastell von Aton»), wahrscheinlich der erste in der neuen Hauptstadt errichtete Palastbau, insofern als der Grundriß noch eine quadratische Begrenzung aufweist, in der sechs achteckige und symmetrische Felder liegen. Zwei große Höfe nehmen die mittleren Räume ein, die mit dem einzigen Zugang verbunden sind. Der erste Hof gibt das private Sanctuarium frei, das links liegt, und rechts davon die Gesinde- und Lagerzone, der zweite Hof – das Herz der ganzen Anlage – ist als Garten mit Bäumen angelegt mit den Wohnräumen des Königs und der Familie rechts, und links dem zoologischen Garten mit einer langen Reihe von Zwingern für die Tiere aus den entfernten Gebieten des Königreichs. Im Hintergrund ist in der Mitte die Säulenhalle mit dem Thronsaal beherrschend, rechts davon liegt der Festsaal, links der Privatgarten mit Blumen und Springbrunnen und ringsum Käfige für exotische Vögel.

Im Süden der Stadt entwickelt sich Maru-Aton, die große Sommerresidenz des Pharao. Diese Anlage umfaßt seitlich zwei große rechtwinklige Gehege. Das kleinere ist der religiösen Meditation bestimmt: An den Seiten erheben sich zahlreiche Kapellen und kleine Zellen, ein kleiner überdachter Tempel und ein heiliger Hag oder Tempel im Freien: mitten darin das Wäldchen mit dem von Pavillons und Altären umstellten heiligen See. Das größere Gehege umfaßt ebenfalls Baulichkeiten, die überwiegend auf die Schmalseiten verteilt sind, um in der Mitte eine weite Fläche freizulassen.

Rechts haben wir die eigentliche Residenz mit drei Tempelchen und einem Garten mit Laubengängen, Springbrunnen, Kanälen und Wasserspielen; links die großen Pferdeställe, den Schuppen für die Wagen und Hunde des Königs. Der Zentralpark enthielt einen weiten, schiffbaren See mit Anlegesteg, Inselchen und Pavillons.

Dennoch waren die Paläste und hängenden Gärten und schmuckreichen Parkanlagen von Akhen-Aton, wenn auch glanzvoll und voller Eigenart, geringfügig gegenüber der Monumentalität und Ausdehnung derjenigen, die weniger als hundert Jahre später mit Ramses II. und Ramses III. aufkamen, den Beherrschern der ganzen bekannten Welt und großen Bauherren. Sicher mußte der Ruhm ihrer riesigen Wohnsitze und ihrer unermeßlichen Gärten noch im ersten Jahrtausend strahlen, als Nebukadnezar – fünfhundert und mehr Jahre danach – in Babylon seinen Palast und die so berühmten hängenden Gärten schaffen ließ.

Halten wir schließlich noch fest, daß wenn im dritten Jahrtausend der Palast mit dem «Haus des Jenseits» für den Pharao wetteiferte, im zweiten Jahrtausend die Grabanlage gegenüber dem Totentempel und dem Palast bedeutungslos wird, in dem der Pharao die Mächtigen der ganzen Welt empfing.

DAS PALAST-HAUS

Das Wohnhaus der Adligen und des Großbürgertums war in der Regel in Ausmaß und reicher Ausstattung weit bescheidener als die Wohnstatt des Pharaos.

In den reichen Städten des Deltas besaßen die Reeder und Großkaufleute fürstliche Häuser, während in den Städten Ober-Ägyptens die ansehnlichsten Behausungen den Fürsten und Regierungsbeamten gehörten.

Im Lauf des dritten Jahrtausends v. Chr. entspricht die fürstliche Wohnung der Lebenden völlig jener der Toten, so daß die Häuser der Notabeln des antiken Memphis, der Hauptstadt von Ober- und Unter-Ägypten, im wesentlichen den «Mastabas» glichen, die noch heute rings um die Großen Gräber der Pharaonen selbst, in den Nekropolen von Gise und Sakkara zu sehen sind.

Diese Palast-Häuser boten den Anblick eines Parallelepipedons, waren mehr oder weniger rechtwinklig und besaßen ein einziges Geschoß mit einem einzigen Eingang. Davor erstreckte sich zuweilen ein kleiner Garten mit einer niedrigen Einfassungsmauer. Der Eingang konnte nach rückwärts versetzt sein und so ein gedecktes Atrium bilden, das in den reicheren Gebäuden ein oder zwei Pfeiler hatte. Das massive rechtwinklige Steinviereck war durch zahlreiche Kammern verschiedener Größe und von einem oder zwei offenen Höfen «ausgehöhlt». Luft und Licht erhielten die Räume gewöhnlich nicht von draußen, sondern aus den Höfen und Innenhöfen.

Die Verteilung der Räume folgte keiner axialen oder symmetrischen Anordnung, sondern ergab sich als eine von den Erfordernissen und Möglichkeiten der Familie bestimmte Abfolge. In der Regel öffnete sich nach der Eingangshalle ein kleines Türhüter-Zimmerchen. Nach rechts verliefen die Repräsentationsräume, das Wohnzimmer der Familie, das Arbeitszimmer und die Privaträume des Hausherrn, die alle um den Säulengang des Haupthofes angeordnet waren. Nach links verteilten sich die Sälchen und Kammern der Kinder und die Privaträume der Hausfrau mit einem eigenen kleinen Hof. Dazwischen lagen die verschiedenen Bedienungsräume: die Küche, die Speisekammer, der Vorratsraum. Entsprechend den Verpflichtungen des Eigentümers hatte der Empfangsraum hinten eine Nische, in der Gatte und Gattin auf zwei kleinen Thronsitzen die Gäste und Untergebenen empfingen und den Festen beiwohnten. Ein Zisternenbrunnen sammelte das von Saumtieren oder der Dienerschaft herbeigetragene Wasser. Verschiedene Kellerräume wurden unter der Küche oder anderen Räumen angelegt, um die Lebensmittel aufzubewahren oder um Gegenstände und Hausgerät unterzubringen.

Gegen Ende des dritten Jahrtausends und durchgängig im zweiten Jahrtausend v. Chr. gewinnt das Palasthaus immer größere Bedeutung und Selbständigkeit mit dem Bestreben, wenn auch in entschieden kleinerem Maße, den Palast des Fürsten nachzuahmen. Die Anzahl der Räumlichkeiten nimmt zu, und ihre Anordnung wird geordneter und achsenbezogen. Das Gebäude bereichert sich an Säulen, wenn auch in bemaltem Holz, in den Vorhöfen, den Säulengängen und im Inneren der Säle. Der Garten gewinnt an beträchtlicher Ausdehnung und Bedeutung, angereichert mit Schwimmbecken, Springbrunnen, Laubengängen, Bäumen, Blumen und schließlich Pavillons für den Aufenthalt und Mahlzeiten im Freien.

In der Stadt Akhet-Aton entwickeln sich zu Seiten des Stadtzentrums – das heißt vom Größten Tempel und dem Palast von Echnaton – zwei kleine Gartenstädte, die sich aus gleichgroßen, rechtwinkligen Grundstücken zusammensetzen, jedes mit seinem Villenhaus und Ziergarten, lauter ähnliche Anlagen, die sicher auf einen einzigen Musterplan zurückgehn. Es sind Häuser mit kleinen aber zahlreichen Räumlichkeiten, die auch auf zwei Geschosse verteilt sind, mit zierlichen Vorhöfen, Veranden und in Holz ausgeführten Säulengängen mit Balkonen. Reich bemalte Häuser, selbst an Decken und Fußböden. Dazu Gärten bescheidenen Ausmaßes, aber alle reich an blühenden Treibhäusern, Vogelkäfigen, schattigen Lauben, Pavillons, kleinen Weihern und außerhalb des Hauses die allgegenwärtige kleine Kapelle für Aton-Râ, Sonne und Leben des Alls.

Nach Akhet-Aton kehren die Gebäude des Adels zu riesiger Ausdehnung rings um die Paläste von Theben oder die steinreichen Städte des Deltas zurück. Die für die Hausbesitzer bestimmten Räumlichkeiten werden immer zahlreicher mit Vorzimmern, Badezimmern, Massage- und Salbräumen und Toilette-Zimmern. Das Ehebett befindet sich in einem Baldachin-Umbau mit doppelter Fütterung, um das Innere frischer zu halten. Eine entsprechende Anzahl von Zimmern mit Nebenräumen ist für Gäste vorgesehen. Jedes Familienmitglied hat eine eigene Dienerschaft und entsprechende Räume zur Verfügung.

Es gab keine Sklaven als Diener im Palast-Haus und ebensowenig im Palast des Pharao. Die Kriegsgefangenen wurden für Feldarbeiten auf den Staatsgütern eingesetzt, und erst nach 1500 v. Chr. werden sie Offizieren des Heeres als Belohnung übergeben und werden Privateigentum. Der Kriegsgefangene wurde jedoch als Sklave nicht wie ein Arbeitstier behandelt. Im Gegenteil kennen wir Fälle wie den eines reichen Friseurs, der nach Erwerbung eines solchen Sklaven, ihn sein Handwerk lehrt, ihm eine Nichte zur Frau gibt und ihn schließlich aller Fesseln entledigt, indem er ihn zum Teilhaber seines eigenen Besitzes macht.

Das ägyptische Haus war mit Möbeln geringen Ausmaßes versehen, die sich auf das Unerläßliche beschränkten, da sperrige Gegenstände in den Kellerräumen untergebracht wurden, und Kleidungsstücke fanden ihren Platz auf verschiedenen Regalen in Wandnischen entsprechender Räume oder auch in zahlreichen Körben sowie Sitzbänkchen. Schmuck und Toilettengeräte wurden in wertvollen Kästchen aufbewahrt. Es gab eine Fülle von Tischchen jeder Art und für jeden Zweck: mit einer oder mehreren Platten, mit einem glockenförmigen Untersatz oder mit vier Beinen, kleine Tische als Untersatz für Blumen, Vasen und Speisen sowie besondere Anfertigungen für Schachspiele. Zahlreich waren die Sessel, Armstühle, Schemel, Trag- oder Klappsessel. Alle Möbel zierlich, leicht, in oft kostbarer Ausführung und immer vorzüglich, ohne wesentlichen Unterschied zu denen des Pharao, der Notabeln und Kunsttischler, die ihre Erfinder und Hersteller waren. Im Schlafzimmer war seit dreitausend v. Chr. ein Alkoven aus bemaltem und goldlackiertem Holz üblich, der ein Himmelbett mit Seitenverkleidung und ausgearbeiteten Füßen barg. Unterhalb des Alkovens der Königinnen befand sich auch ein kleiner Salon. Die reicheren Familien benutzten auch eine abgeschrägte Kopfstütze, um besser zu schlafen.

Zahlreich auch die Kissen für Sessel, Fußschemel und um auf dem Boden zu sitzen. Im Überfluß Wandbehänge, Tierfelle, gestickte Stoffe. Die durch Schiebeschalter geschlossenen Fenster waren durch Vorhänge geschützt. In der Frühzeit gab es auch Vorhänge an den Türöffnungen. Sie wurden durch auf dem Tragbalken angebrachte Laufwalzen an Griffen bewegt.

Sehr feines Geschirr aus Keramik, Kupfer und später Bronze mit Schalen zum Händewaschen, kleinen Vasen und Ampullen für parfümierte Öle, Spiegel und Handtücher. Man gebrauchte Messer mit großer Klinge und gebogenem Griff, Löffel verschiedener Größe und Form, die Verzierungen hatten. Reichere Speisenfolgen umfaßten zehn Gänge verschiedener Fleischsorten, fünf Geflügelarten, zehn Obstsorten, fünfzehn Brotarten, Käse, Kringel und Brötchen, sechs Wein- und Biersorten, zahllose Süßigkeiten aus Honig.

Männer sowohl als auch Frauen gingen in einigen Zeitabschnitten vollständig kahl rasiert und trugen Perücken. Nicht einmal der Pharao trug einen Bart, da der, welcher ihn unterschied (im Anblick der Götter), ein künstlicher war.

Üblicherweise trugen die Männer ein Schurzfell um die Hüften (bis zu den Knien mehr oder weniger lang) und die Frauen ein eng anliegendes Gewand, das bis zu den Knöcheln reichte und von einem Tragband gehalten wurde. Bei festlichen Gelegenheiten schmückten sich Männer und Frauen mit reichem Geschmeide, Armreifen und Halsbändern zu weiten, gefälteten, halb durchsichtigen Gewändern. Die Kinder waren fast immer nackt, auch wenn sie Armreifen und Ohrringe trugen. Ihre Lieblings-Spielsachen waren Puppen aus bemaltem Holz mit Kleidern in lebhaften Farben und manchmal mit an Fäden bewegten losen Armen.

Feste und Empfänge waren vielfach üblich, so daß sehr bald «Anstandsbücher» entstanden, die auf das höfliche Verhalten aller Zeiten eingewirkt haben. Aus dem «Weisheitsbuch» des Vizekönigs Ptahhotep (um 2500 v. Chr.), das ein Vorbild für das ganze alte Ägypten war, entnehmen wir: «Wenn du von einem Standesherrn zum Essen eingeladen wirst, sollst du annehmen, was er dir bietet und ihm herzlich danken. Wende dich an ihn, aber ohne zu drängen, und nicht zu oft. Sprich nur dann mit ihm, wenn er das Wort an dich richtet. Da du noch nicht weißt, was ihm mißfallen könnte, sprich so oft er dich dazu auffordert. Dann wird ihm dein Reden angenehm sein... Widersprich nicht und erst, wenn du ihm Zeit zum Nachdenken gelassen hast. Wenn er seine Unkenntnis zeigt und er dir dazu Gelegenheit gibt, sollst du ihn nicht beschämen sondern ihn mit Zartgefühl behandeln. Sprich nicht zuviel, schneide ihm nicht das Wort ab, greife ihn nicht mit deiner Rede an und ermüde ihn nicht, damit er nicht ein anderes Mal deine Unterhaltung meidet...»

Gartenfest in der Villa eines hohen Beamten des mittleren Reichs (zweites Jahrtausend).
Das Fest spielt sich um das Schwimmbecken im Garten ab. Im Hintergrund ist die Fassade des großen Hauses mit ihrem Säulengang sichtbar. Links der hölzerne Pavillon, in dem sich der Besitzer mit seiner Gattin, den kleinen Kindern und persönlichen Beratern unterhält. Am Beckenrand führen zwei Mädchengruppen akrobatische Tänze vor, zu denen eine dritte Gruppe den Rhythmus mit den Händen klatscht, der von einem kleinen Orchester neben dem Pavillon gegeben wird. Die verschiedenen Szenen stammen aus Grabmälern von Adligen in Theben, das Tanzmotiv aus Grabstätten von Sakkara, der von Ankhma-Hor und von Kagemmt.

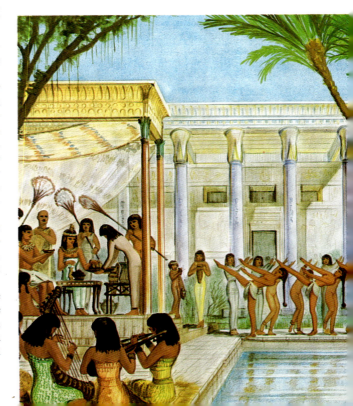

DAS EINZELHAUS

Wie es einen Abstand zwischen dem Palast des Pharao und dem Haus des Adligen oder des Großbürgertums gibt, besteht ein noch weiterer Abstand zwischen dem letzteren und dem Haus des Mittelstands und Kleinbürgertums, dem der Handwerker, der kleinen Unternehmer und Kaufleute, die außerhalb des Königspalasts in voller wirtschaftlicher Selbständigkeit hausen.

Als Ausgangsmodell der ganzen städtischen Entwicklung besonders im Anfang der Stadtgründung bekannt, ist das Einzelhaus ein Bestandteil von etwa achtzig Quadratmetern Größe für eine Familien-Einheit, und es ist in drei Bereiche hintereinander aufgeteilt: Eingang, Aufenthaltsraum, Küche. Der erste Bereich kann in zwei unterschiedliche Räume gegliedert sein: Flur und Wohnraum, und manchmal befindet sich dort auch der Alkoven der Eltern. Der zweite Bereich kann auch die Werkstatt enthalten, der dritte umfaßt die Speisekammer sowie den Vorrats- und Geräte-Raum. Die Küche ist oft mit einem Herd mit Kamin in einer Ecke ausgestattet oder mit einer Steinplatte für das Kohlenfeuer in der Mitte. Keller sind unter der Küche und anderswo ausgehoben zur Aufbewahrung von Lebensmitteln, für den Wasserbehälter und die Unterbringung von Gegenständen. Oft gibt es einen kleinen Hof oder ein Atrium im Innern mit einer Leiter, die auf das flache Dach führt, das für den Aufenthalt im Freien gedacht ist. Die einzige Tür geht zur Straße, Öffnungen für Licht und Luft sind auf dem Atrium oder in der Decke. Im Eingangsflur ist stets die Nische für den religiösen Kult der Familie.

In den wohlhabenderen Häusern hatte der Mittelraum einen oder zwei Pfeiler, auf denen der Name des Besitzers

Das Innere des Hauses eines reichen Kunsthandwerkers

Der Ausschnitt verweist auf die Abfolge der Räume von der Straße bis zur Grenzmauer oder zu einer anderen symmetrischen Reihe von Häusern
Zunächst erblicken wir den Eingangsraum mit dem Alkoven der Eheleute, in dessen Wand die Nische für den Schutzgott ist. Darauf folgen der Wohnraum, der durch eine Mittelsäule bereichert ist, auf welcher der Name des Hausbesitzers steht, die Werkstatt und dann die Treppe für den Zugang zur Terrasse, wo ein Pavillon mit Schutzdach den Aufenthalt im Freien erlaubt. Schließlich kommt die Küche mit dem Vorratsraum, der Ofen und der steinerne Glutherd. Unterirdische Kellerräume verbanden Küche und Werkstatt. (Das Modell beruht auf den Reihenhäuschen von Illahun und dem Dorf von Deir el-Medina.)

in die Augen fiel. Die Wände aus Rohziegeln waren innen und außen getüncht und vom Besitzer selbst mehr oder weniger ausgeschmückt. Der Fußboden bestand aus gestampftem Lehm, der zuweilen getüncht und rot bemalt war. Man nimmt an, daß jede Wohneinheit einer einzigen Familiengruppe diente. Selten sind die Fälle von Häusern mit doppeltem Ausmaßen der Wohnfläche, was wohl den Zweck hatte, eine weitere Einheit einzubeziehen, was annehmen läßt, daß das Leben im Hause sehr beengt war. Im übrigen waren die Ansprüche sehr bescheiden, auch als die Lebensbedingungen sich verbesserten, Ansprüche, die sich auf wenige Kleidungsstücke, Möbel, Geräte und auch Speisen beschränkten. Infolge der besonderen moralischen und religiösen Erziehung der alten Ägypter richtete sich der Ehrgeiz vorwiegend auf das schöne große Haus für das Jenseits, wie wir beim Handwerkerdorf in Deir el Medina sehn.

DIE FAMILIE

Wenn es wesentliche Unterschiede zwischen dem Haus des Großbürgertums und dem Haus des Kleinbürgertums gab, gilt das nicht hinsichtlich der Familie.

Für die Familie des alten Ägypten gilt die Einehe. Nur der Pharao gestattet sich einen oder mehrere Harems (wie es sich auch die Fürsten und Machthaber der letzten Jahrhunderte erlauben werden), aber ohne daß das im geringsten die Beziehungen zwischen Gatte und Gattin berührt.

Das tief empfundene Familienband ist die gemeinsame Grundlage, auch wenn die väterliche Autorität einer Gleichheit von Rechten und Pflichten aller Familienmitglieder weicht. Als zum ersten Mal in der Tat zwischen 2700 und 2500 v. Chr. in der Geschichte der väterlichen Gewalt und des Rechtes der Erstgeburt die Gleichberechtigung aller beginnt, bleibt die Mutter immer noch die Göttin des häuslichen Herdes, das heißt die «Göttin Isis des Hauses», und die gegenseitige Achtung, «die Achtung des Vaters» und die kindliche Zuneigung zur Mutter sind die Haupttugenden, die für alle folgenden Jahrhunderte bleiben.

Abgesehen von der Unvollkommenheit und den moralischen Mängeln von Einzelpersonen – Mängel, die in allen Zeiten zur Menschheit gehören – waren das die Ideale und moralischen Prinzipien, die allen gemeinsam waren, gültig auch für den Pharao, Grundsätze, über die alle im Jenseits Rechenschaft geben mußten im Seelengericht, an das alle fest glaubten.

Der Ehemann wird gemahnt: *«wenn du klug bist, bleibe im Hause, liebe deine Gattin zärtlich, ernähre und kleide sie gut, überhäufe sie mit Liebkosungen und erfülle ihre Wünsche. Wenn du sie fern hältst, wird deine Familie sich auflösen, öffne lieber deine Arme, rufe sie, zeige ihr all deine Zuneigung.»*

Von 2400 v. Chr. ab finden wir gemalte Szenen, in denen die Ehefrau stets mit allen Kindern an der Seite des Mannes ist, auch wenn der Herr seine Untergebenen empfängt, wenn er Festen und Tänzen beiwohnt, und wenn er mit der Harpune zum Fischen am Nil entlang geht oder zur Jagd mit dem Bumerang in den Sümpfen oder am Rand der Wüste. Am Ende des Tages sehen wir das Ehepaar zusammen Schach spielen. Auch da, wo die Stammesmacht die Überhand gewinnt und die Gattin weniger einflußreich ist, verbindet sie weiterhin fest zärtliche Neigung mit ihrem Mann in der Teilhabe an der großen Liebe, die Isis zu Osiris treibt.

Diese heilige Familien-Einheit erreicht Gipfelpunkte höchster Menschlichkeit mit der Offenbarung von Echnaton (1372–1354), der selber mit seiner vorbildlichen Familie ein Beispiel für alle wird, sichtbares Zeugnis der universalen Liebe Atons im Schoß der Familie. Ein göttliches Band mithin, das alle Familien untereinander verknüpft und mit der des Pharao.

Fünfhundert Jahre später schwächt sich eine derartige Geistigkeit ab und die Familien-Einheit beruht nur noch auf ökonomischen und zweckgebundenen Interessen. Die Ehe wird zum einfachen Kontrakt des Vaters der Gattin mit dem künftigen Ehemann und dann zwischen den Betroffenen. Eine vorläufige Abmachung, in der auch die Klauseln für eine Entschädigung im Fall der Scheidung

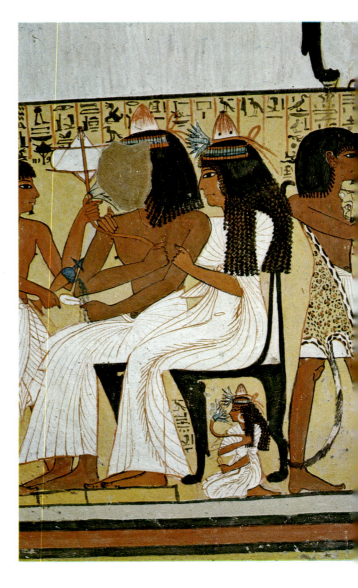

In der zweiten Hälfte des zweiten Jahrtausends vor Christus sind die Ehepaare oft in gleicher Größe und fast übereinstimmend dargestellt, umgeben von ihren Kindern. Wir stellen zwei Beispiele einander gegenüber, die aus Malereien dieser Zeit stammen, und zwar aus der Grabstätte von Sennedjen (etwa 2700 v. Chr.) und der von Inherka (etwa 2600 v. Chr.).
Im ersten Bild sieht man den Mann mit nacktem Oberkörper. Die Eheleute haben die Blumenkrone und Scheitel. Die Tochter ist verkleinert dargestellt; sie ist wie die Mutter gekleidet und geschmückt. Ein Diener trägt einen Fächer in Segelform und versprüht duftende Öle. Alle Männer haben einen kurzen Bart, was bei der alten Kleidung selten ist.
Im zweiten Bild tragen die Eheleute gleiche Gewänder (der Gatte eines von schwerer Form). Die Kinder erscheinen in natürlicher Größe, vollkommen nackt mit der kennzeichnenden Frisur von Zopf und seitlicher Locke. Davor befindet sich ein runder Tisch (vielleicht mit dem Dame-Spiel). Auch die Kinder spielen mit zahmen Vögeln. Ein Diener bringt einen Schrein und eine kleine Osiris-Statue.
Offenbar werden zwei Szenen aus dem Leben im Hause gezeigt. Die erste ist zeremoniell, die zweite zeigt die Vergnügungen im Kreis der Familie.

festgelegt sind. Der Ehemann legt in der Tat seinerseits fest: *«Ich habe dich zur Frau genommen, du hast mir Silbergeld gebracht. Wenn ich dich verlassen sollte und dich hassen würde, werde ich dir das Geld zurückerstatten mitsamt dem Drittel von dem, was ich mit dir gewonnen haben sollte.»* Die Frau antwortet: *«Du hast mich zu deiner Gattin gemacht, hast mir Geld gegeben. Falls ich dich verlassen und einen anderen Mann lieben sollte, erstatte ich dir zurück, was ich empfangen habe und erhebe keinen Anspruch auf das, was ich mit dir verdient haben sollte.»*

Nunmehr liegen die Zeiten weit zurück, in denen die Ehefrau für den Mann *«ein fruchtbarer Acker, der Segen des Hauses»* war (Ptahhotep 2500 v. Chr.). Es bleiben Achtung und Höflichkeit, aber die belebende Liebe von Isis und Osiris wird immer unverständlicher und auch im Lande des Nils unvollziehbar.

Alle in der kurzen Periode des Atonkults ausgeführten Gemälde stellen Szenen aus dem Familienleben des «ketzerischen Pharao» dar. Beständig finden wir ihn mit seiner Gattin Nofretete, der «Schönen, die hierher kommt», und den Kindern. (Es sind nach dem Geburtsalter: Merit-Aton, Maket-Aton, Ankh-Senpa-Aton, Nefer-Aton, Nefer-Râ, Setepen-Râ.)

Nicht mehr die beherrschende Gestalt des Pharaos, sondern das Königspaar als Träger der gleichen Göttlichkeit ist mit der Familie durch beständige Zärtlichkeit verbunden. Derartige Gefühle werden von dem unbekümmerten Realismus der neuen Kunst offenbart. Wir sehen sie bei Gesprächen, Empfängen, Spielen, Wagenfahrten, der Verehrung des Einzigen Gottes, immer gemeinsam. Solche Zuneigung überträgt sich auf alle, und wenn die Erste Familie auf dem Balkon erscheint, um Geschenke auszuteilen, verkörpert sie die Botschaft der göttlichen Liebe zu der universalen Familie, die jedes Geschöpf mit dem Gott verbindet.

Nachdem ihr Prophet kaum verstorben war, verschwindet diese universale Bindung bald. Die Person des Königs wird wiederum unerreichbar und selbst von den Angehörigen getrennt. Mit den ersten Zeichen des schließlichen Zusammenbruchs wirken ausländische Sitten, sowie soziale und religiöse Krisen zusammen, um das gefühlsmäßige und religiöse Band der Familie zu lockern.

DAS LAND UND DAS MEER

Die Haupttätigkeiten, die dem antiken Ägypten das Leben ermöglichten, sind zweifellos diejenigen, welche sich auf die fruchtbare Erde, den Fluß und das Meer erstrecken, so daß Land und Wasser wahrhaft Fleisch und Blut Ägyptens waren.

Mit Sicherheit beschäftigt die Landwirtschaft den größten Teil der Bevölkerung, und der Landbesitz ist immer die wichtigste Grundlage sowohl der politischen als auch der religiösen Macht.

Die ersten Pharaonen waren Ackerbauer-Könige. Amon-hemat (1991–1962 v. Chr.) rühmt sich gegenüber seinem Sohn mit den Worten: «*ich baute Getreide an und verehrte den Gott des Korns in jedem Tal des Nils. Niemand hat während meiner Herrschaft Hunger oder Durst gelitten.*» Die Adligen erinnern vor dem göttlichen Gericht zum Einlaß in den Himmel des Osiris an die vollbrachten Bewässerungsmaßnahmen zur Verbesserung der Felder und zum Wohle der Bauern. Das Wesen der ägyptischen Ethik und ihres höchsten geistigen Aufschwungs, wie sie im Mythus von Tod und Auferstehung des Osiris enthalten sind, geht auf die Welt der Landwirtschaft zurück. Der gleiche Antrieb, der die ungewöhnliche Geisteskraft dieses Volkes in Bewegung setzt, fällt zusammen mit der Hauptursache der Fruchtbarkeit der Felder, das heißt mit den alljährlichen Überschwemmungen des Nils.

Wenn der Winter der alten Ägypter vorüber war (der mit den für das Gedeihen der Felder nachteiligen Monaten der Trockenheit zusammenfiel) und wenn am Horizont der Stern Sirius erschien – die ursprüngliche Muttergottheit – erhebt sich der Nordwind, und aus dem Himmel rinnt eine große Träne der Isis, welche den Nil in seinen unbekannten Quellgebieten, also jenseits der Pfeiler der Welt, anschwellen läßt. Dann ergießt sich vier Tage lang der schlammbeladene «grüne Nil» und für weitere vierzehn Tage folgt der mit fruchtbarem Schlamm beladene «rote Nil». Zu Beginn des Monats August ist alles Land überschwemmt; nur die Städte und Weiler ragen wie Inseln in einem unermeßlichen grenzenlosen Sumpf hervor. Zur Zeit unserer Wintersonnenwende zieht sich die riesige Lagune zurück und verschwindet. Die Menschen kehren zur guten Erde zurück. Die Arbeit vollzieht sich mit unsäglicher Fröhlichkeit; weil das Leben wiedererwacht, wo die Verwüstung vorüberging. Auch nach dem Tode erinnert der Mensch sich dieser Augenblicke wie eines paradiesischen Lebens, in dem er die zarte schwarze Erde mit dem Holzpflug durchfurchte, den kleine Rinder mit langen Hörnern zogen, wo er mit Körben am Arm Saatgut verstreute, wo er mit gezahnten Sicheln erntete, wo er das Getreide auf der Tenne sammelte, um es von drei Ochsen dreschen zu lassen, die im Kreis gingen, und schließlich das Korn in die Luft schaufelte, um es von der Spelz zu trennen. Unvergeßliche Stunden der Arbeit, die wie ein Fest erlebt wurde mit Spielen, Liedern, Scherzen und vor allem dem Geplauder glücklicher Menschen in der Berührung mit der ergiebigen Erde, die neu ersteht und Zukunftssicherheit gibt.

Die Augenblicke solchen Lebens, die für Millionen von Menschen vor viertausend Jahren zu den schönsten zählten, sind «wie im Film» festgehalten und verewigt in fast allen besonders bemerkenswerten Gräbern von Ägypten.

Außer dem des Getreides gab es ein anderes großes Fest bei der Weinlese und dem Zerstampfen der Trauben mit den Füßen in großen gemauerten Keltern. Ein Fest war auch der Weideauftrieb des Viehs in der schönen Jahreszeit. Dann kam auch die Ernte von Gerste und Hirse, die wild wuchsen und die der wertvollen Papyrusstauden. Letztere wurden nämlich gebraucht um Seile, Sandalen und Barken herzustellen, und in kleine Streifen zerlegt, wurden sie gewebt und geklopft, um Papier und Stifte zum Schreiben und Malen herzustellen.

*Zwei Details aus der großen Szene vom Leben im Königreich Ialu (das ägyptische Paradies). Malereien im Grabmal von Sennedjen in Deir el-Medina.
In beiden Szenen sehen wir Mann und Frau gemeinsam beim Pflügen, bei der Saat, dem Mähen und schließlich der Ährenlese des Getreides.*

Weit vielschichtiger und zwingender waren die Maßnahmen zur Regelung der Überschwemmungen und zum Bestellen der Felder. Solche Arbeiten erforderten eine für jene Zeiten einzigartige Erfahrung, die Kenntnisse auf vielen Gebieten bezeugt: dem der Astronomie, der Feldmeßkunst, der Hydraulik, der Baukunst und nicht minder außergewöhnliche Planungs- und Organisationsfähigkeiten, die sich auf tausend und abertausende Hektar Land erstreckten. Dabei ist zu beachten, daß diese Kenntnisse auf viertausend Jahre v. Chr. zurückgehen, als andere Völker noch versuchten, aus der Steinzeit herauszukommen. Das betrifft den astronomischen Kalender und das Instrumentarium zum Messen, Nivellieren und Kanalbau wie dem Bau von Dämmen, Schleusen, Brücken und der Regulierung des Wassers. Das bedingte eine Kette von Zusammenarbeit den ganzen Lauf des Nils entlang, die sicher immer das Rückgrat der Vereinigung von Unter- und Oberägypten gewesen ist.

Die Kenntnis des astronomischen Kalenders war das Ergebnis uralter Beobachtungen und Nachprüfungen des Laufs der Sonne in bezug auf die Fixsterne. Jedes Jahr war in drei Zeitabschnitte geteilt: die Zeit der Überschwemmung Akhet (vom 15. Juni bis 15. Oktober), die Saatzeit Peret (vom 15. Oktober bis 15. Februar), die Zeit der Ernte und großen Hitze Shema (vom 15. Februar bis 15. Juni, dem ägyptischen Jahresende).

In der Mathematik kannten die Ägypter die Hauptrechnungsarten, eine Art Bruchrechnung, die Berechnung von Oberflächen und Rauminhalten und auch jene Prinzipien der Trigonometrie, die ihnen erlaubten, große Kanalisationsnetze und Flurauteilungen anzulegen. Offensichtlich hatten sie ein so entwickeltes Instrumentarium, daß sie damit später den Bau der Großen Pyramiden unternehmen konnten.

Von maschinellen Hilfsmitteln sehen wir in einem Grab von Deir el Medina die Abbildung einer Vorrichtung, die noch heute auf dem Land in Ägypten benutzt wird und «Shaduf» heißt. Sie besteht aus einer langen Stange im Gleichgewicht auf einem Haltepunkt aus Holzbalken oder Mauerwerk, die mit der Hand bedient wird. Die Stange dient als großer Waagebalken mit dem Eimer, um Wasser hochzuheben, an einem Ende und dem Gegengewicht aus einem Schlammbrocken oder Steinen am anderen. Die Nützlichkeit dieser Maschine für die Flurbewässerung und das Heben beliebiger Gewichtsmassen ist einleuchtend; sie ist damit ein höchst vorteilhaftes Instrument, um auch die Blöcke der Pyramiden und Tempel in Ermangelung von Rollen und Winden hochzuheben.

Der Fortschritt der Kenntnisse in der Landwirtschaft bewirkt, daß im Jahre 2000 v. Chr. die große Urbarmachung des Fayum im Süden vom Memphis aufgenommen wird, womit ein weites Gebiet rings um den See von Meris (zu jener Zeit fünfmal größer als heute) dem Landbau erschlossen wird. Dabei wurden Tausende von Hektar einst unfruchtbaren Sumpflands kanalisiert und entwässert. Das große Unternehmen erstreckte sich auch auf die Erstellung von Dörfern und die Bildung ganzer Genossenschaften: im Dorf hatte in der Tat jeder Landarbeiter ein eigenes Haus mit einem Garten von rund 1500 m² und gehörte zu einer Gruppe von fünf Mann mit eigenem Oberaufseher. Mit diesem bildeten sie feste Gemeinschaften, die alljährlich die Vorhaben mit den Vertretern der Staatsdomäne besprachen und die Ablieferung der Erträge sowie die Lohnregelung festlegten.

Besonders von der Natur begünstigt war auch die Schiffahrt auf dem Nil: während die Strömung hilft, ihn von Süden nach Norden zum Meer hin zu befahren, hilft

Detail eines Schiffes mit Kommandobrücke am Bug, dem Grabmal von Usirat in Gurnah entnommen.

eine fast beständige Windströmung von Norden nach Süden zurückzufahren aus Unter-Ägypten nach Ober-Ägypten. So bringt der Nil nicht nur Fruchtbarkeit des Landes, sondern wird auch Motor des Wegenetzes von ganz Ägypten. Dieser riesige Strom verbindet es im Süden mit dem Sudan, somit mit dem Lande von Gold und Elfenbein, im Norden mit dem Mittelmeer und damit dem Libanon, dem Land der kostbaren Zedernhölzer. In der Mitte trifft auf ihn die Karawanenstraße, die aus dem Koptengebiet über die Oase Ham Mamat zum Roten Meer führt und damit zum geheimnisvollen Lande Punt (Abessinien? Pakistan?), woher Myrrhen, Weihrauch, Gewürze, Elektron (Bernstein) und Weißgold kommen, lauter für das alte Ägypten sehr wichtige Produkte, so daß Sahu-Râ (2500 v. Chr.) eine große Expedition unternimmt, wobei er die für die Durchquerung des Roten Meers nötigen Schiffe zusammensetzen und auseinandernehmen läßt. In der Folge wird die Piste längs der Wüste mit Schutzräumen für Ruhezeiten, beständig nachgefüllten Wasservorräten und einer Schiffswerft am Roten Meer ausgestattet.

Mit der VI. Dynastie (2350–2180 v. Chr.) wird der Vorläufer des Suezkanals gebaut, der das Rote Meer mit der Stadt Bubasti und damit mit dem Mittelmeer verbindet. Es hat den Anschein, daß während der XXVI. Dynastie (604–524 v. Chr.), das heißt als Rom und Athen kaum entstanden waren, die ägyptischen Schiffe um Afrika fuhren, die Säulen des Herkules überwanden und durch den Kanal von Bubasti heimkehrten.

Auf dem Nil segelten Schiffe aller möglichen Größen: von den aus Papyrusstauden oder Palmenwedeln gebauten Barken, bis zu den Ruderschiffen von zehn Meter Länge und riesigen Flößen, die imstande waren, schwere Obelisken von über dreißig Metern Länge Hunderte von Kilometern zu befördern.

Besonders gebaute Schiffe großen Ausmaßes waren diejenigen, welche schon 2620 v. Chr. unter Snofru, dem Stammvater der IV. Dynastie, Biblos mit Memphis verbanden: eine Flotte von gut vierzig Schiffen von 50 Meter Länge und weiteren sechzig kleineren, um gewaltige Lasten von Zedernholz zu befördern.

Sicher mußte zu Beginn von 3000 v. Chr. die Schiffsbautechnik schon jahrhundertelange Erfahrungen erworben haben. Wir haben Zeugnisse über Segelbarken schon vor den Pharaonen, und uralt ist die Darstellung vom Sonnen-Râ in den «beiden Barken des Himmels». Mit der Technik des Bootsbaus entwickelt sich gleichfalls die so wichtige für die Segel. Segel aus hochgeschätztem Leinen in großen Ausmaßen, die von zahlreichen Tauen ausgerichtet wurden, erlaubten bereits im dritten Jahrtausend die Seefahrt im Mittelmeer für fünfzig Meter lange Schiffe mit voller Ladung.

Der Mast selbst war ein hoher Dreifuß von Stämmen, und eine große Kajüte ragte mittschiffs. Die Ruder waren lanzenförmig und die Steuer glichen großen Schaufeln, die auf den Seiten oder einem besonderen Gestell die Waage hielten. Der Steuermann war oft von einem Schutzdach gesichert. Lebhafte Farben und Ausschmückkungen waren überall angebracht.

Als wesentliches Werkzeug des täglichen Lebens war die Barke auch bei jedem religiösen Fest zugegen und wurde deshalb im Tempelinneren sorgfältig gehütet. Sie war das Fahrzeug schlechthin in dieser Welt und im Jenseits, sowohl für die Menschen als auch für die Götter: das Beförderungsmittel des Lebens zu Seiten eines unendlichen Nils.

5000 JAHRE KUNST
Das Ägyptische Museum in Kairo

Das mächtige Gebäude, in dem das Ägyptische Museum in Kairo am Midan el-Tahrir untergebracht ist, wurde von dem französischen Architekten Marcel Dourgnon entworfen. In dem Museum ist heute die bedeutendste und umfassendste ägyptische Kunstsammlung der Welt aufbewahrt.
Europa hatte schon seit dem XVIII. Jahrhundert sein Interesse auf die ägyptischen Altertümer gerichtet: der Feldzug Napoleons im Jahr 1798, die Entdeckung des Steins von Rosette im darauffolgenden Jahr, und vor allem die Veröffentlichung der achtzehn Bände der «Description de l'Egypte» zwischen 1809 und 1816 gaben einerseits dem Studium der ägyptischen Kultur eine streng systematische Richtung, andererseits aber wuchs der Appetit derjenigen, die schon angefangen hatten, Altertümer zu sammeln. An erster Stelle waren es die Konsuln der europäischen Länder, die Antiquitäten einheimsten. Die Sammlungen, die auf diese Art und Weise entstanden, wurden später in Europa verkauft, und sie bildeten den ursprünglichen Kern ägyptischer Kunstschätze in den verschiedenen europäischen Museen, wie Turin, Paris, London und Berlin. Für den künstlerischen und archäologischen Bestand des Landes war das ein großer Schaden, und schon 1830 ersuchte ein Gelehrter wie Champollion den Pascha Mohammed Alì darum, einen Wachdienst zu bilden, der sich um die Erhaltung der Denkmäler kümmern sollte. So gründete man 1834 an den Ufern des Ezbekiahsees das erste Museum, und die Gegenstände wurden allmählich katalogisiert. Dieser Anfangsbestand wurde bald an einer geeigneteren Stelle untergebracht, und zwar in der Zitadelle in Kairo: die Funde waren damals noch dermaßen geringfügig, daß sie alle in einem einzigen Raum Platz fanden! Hier sah sie im Jahr 1855 der Erzherzog Maximilian von Österreich, der auf der Durchreise durch Kairo war, und er bat den Pascha Abbas, ihm einige Stücke zu schenken: der Pascha hingegen gab ihm alles, was sich in jenem Raum befand, und so ist das erste, ursprüngliche Ägyptische Museum Kairos heute... in Wien zu sehen! Glücklicherweise war es Auguste Mariette, einem der Leiter des Louvre, der auch nach Ägypten gesandt worden war, um Altertümer za sammeln, am 1. Juni 1858 gelungen, sich als «Mamour» ernennen zu lassen, d.h. als Leiter der Ausgrabungen. Dank des Drucks, den man zur Erhaltung der ägyptischen Denkmäler auf den Khediven Saïd ausübte und nicht zuletzt dank der einflußreichen Unterstützung des Generalkonsuls und französicher Geschäftsleute überließ man Mariette den alten Sitz einer Flußschiffahrtsgesellschaft in Boulak, einem kleinen Hafen in der Nähe Kairos. Mariette zog dorthin und rief das erste Nationalmuseum im Gebiet des Mittleren Orients ins Leben: die offizielle Einweihung fand am 18. Oktober 1863 statt. 1891 wurden die Sammlungen in den Palast in Gizeh verlegt, und 1902 kamen sie endlich an ihren jetzigen Ort.

Kolossalgruppe des Amenophis III. mit seiner Gattin Teje: das mehr als zehn Meter hohe Werk stammt aus Medinet Habu.

35

1. Statue aus schwarzem Diorit, Chefren darstellend, im Nacken den Horusfalken.

2. Holzstatue des Ka-Aper, des «ersten Lektor-Priesters», der in Memphis gelebt hat: das Standbild wird auch Cheil El-Beled genannt, das heißt Dorfschulze.

3. Sitzender Schreiber: die bemalte Kalksteinstatue mit inkrustierten Augen stammt aus einem Grab in Sakkara und wurde in der 4. Dynastie ausgeführt.

4. Granitstatue der Königin Hatschepsut, als Pharao in männlicher Kleidung und mit falschem Bart dargestellt (aus Deir el-Bahari).

5. Gruppe mit Rahotep und Nofret, gefunden in Medûm, unweit der Pyramide des Generals und Hohepriesters Snefru.

6. Opfernde weibliche Figur, stuckierte und bemalte Holzstatue aus Deir el-Bahari (11. Dynastie).

7. Der Zwerg Seneb und seine Familie, eine kleine hervorragend gearbeitete Gruppe aus bemaltem Kalkstein der 6. Dynastie.

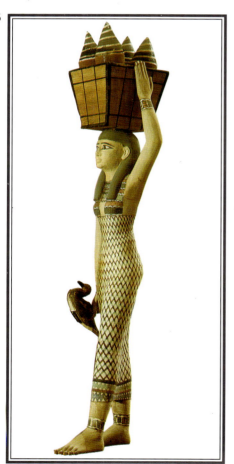

Senmut mit der Prinzessin Nofrure, Würfelhocker aus schwarzem Granit, Fundort Karnak (18. Dynastie).

Die Statue des Montuhotep I. aus bemaltem grauem Sandstein stammt aus dem Grabkomplex von Deir el-Bahari (11. Dynastie).

In Vierergruppen marschierende Soldaten aus Assiut (Mittleres Reich).

Der aus Quarzit gearbeitete Kopf der Nofretete, Gemahlin des Königs Echnaton, aus der Werkstatt des Thutmosis in Tell el-Amarna.

Der Echnaton-Koloß, gefunden in Karnak.

Hausaltar mit der Familie des Echnaton, gefunden in Karnak.

Der Schatz des Tutanchamun.
«Naos der Kanopen», Gesamtansicht der vergoldeten Holzkapelle mit den Göttinnen Isis und Selket, deren Aufgabe es war, die Kanopengefäße im Inneren zu beschützen.

Detail der Göttin Isis mit markant gezeichneten schwarzen Augen und Augenbrauen.

Das sogenannte Jagdkästchen. Auf beiden Seiten sind Schlachtenszenen gemalt, in denen Tutanchamun auf einem Wagen stehend, feindliche asiatische und afrikanische Horden angreift und besiegt.

Gesamtansicht und Detail des vergoldeten Throns: er besteht aus vergoldetem Holz und ist mit Halbedelsteinen und polychromer Glaspaste besetzt. Im Detail die Gemahlin des Herrschers, Anchesenamun, die ihren Gatten einsalbt.

Der königliche «Ka» Tutanchamun, etwa 1,73 Meter hoch, stellte den «doppelten» Pharao dar, der sich im Augenblick des Todes vom Körper trennte, um ihm ins Jenseits zu folgen.

Totenbett mit Seitenteilen in Form von stilisierten Kühen; zwischen den Hörnern erscheint die Sonnenscheibe.

Der Gott Anubis, mit schwarzem Gips bemaltes Holz: Ohren, Augen und Kragen sind mit Gold überzogen.

Detail des dritten Sarkophags in Gestalt eines Menschenaffen aus massivem Gold: der Herrscher hält die Geißel und das Zepter in den Händen.

Einige Kommandostäbe des Pharaos.

Pektoral mit Sonnen- und Mondemblemen: der Mittelteil des Schmuckstücks besteht aus einem Skarabäus aus Chalzedon, der zugleich den Körper eines Falken mit ausgebreiteten Flügeln bildet.

Totenmaske des Tutanchamun aus Gold und Edelsteinen, eine fast getreue Nachbildung der Gesichtszüge des Herrschers. Von großer Eleganz ist der schwere blaugoldgestreifte Nemes mit den königlichen Symbolen auf der Stirn, die mit Lapislazuli, Türkisen und Karneol verziert sind.

Die Statue von Ramses II.

Eine Kolossalstatue von Ramses II. aus rosa Granit wurde in Memphis gefunden und dann im Jahre 1954 nach Kairo gebracht, um am Bahnhofsplatz aufgestellt zu werden. Sie ist 10 m hoch und ihre doppelte Krone stellt die Einheit zwischen dem Nord- und Südreich dar. Auf der Rückseite der Statue befindet sich ein Pfosten mit den Titeln des Pharaos, von denen einer «Der starke Ochs» lautet, das Symbol der Fruchtbarkeit. Zwischen den Beinen der Statue sieht man ein Relief der Gattin von Ramses (Bent-Anath). Eine Kopie dieser Statue befindet sich auf dem Weg zum Flughafen von Kairo.

Das Tor Bab el-Muzaijinin («Tor der Barbiere») ist der Haupteingang der El-Ashar-Moschee, in die weitere sieben Tore führen.

44

DIE NEUE HAUPTSTADT
Die grossen Monumente in Kairo

In der prädynastischen Zeit gab es in Ägypten verschiedene Gauverbände mit politischen Oberhäuptern oder Herrschern, die in einer Hauptstadt residierten. Die Hauptstadt von Unterägypten war Buto, die von Oberägypten Nekhet. Mit der Zusammenlegung der beiden Reiche unter König Narmer wurde Memphis Hauptstadt des vereinigten Ägypten. Im Verlauf der Jahrhunderte wechselte die Hauptstadt mehrmals ihren Standort, bis sie 332 v. Chr. mit der Ankunft Alexanders d. Großen westlich des Deltas nach Alexandria verlegt wurde, wo sie während der gesamten ptolemäischen und römischen Epoche verblieb. Nach der Einführung des Islam in Ägypten entstanden nach und nach mehrere Hauptstädte, alle mit deutlichem Militärcharakter, die sich im Laufe der Zeit zu einer einzigen Stadt zusammenschlossen. 969 wurde die neue Stadt El-Kahira — das heutige Kairo — gegründet, deren Name die Siegreiche bedeutet und die seitdem Hauptstadt von Ägypten und Zentrum des Islams ist. Die neue Stadt entfaltete sich sehr rasch. In der Dynastie der Aijubiden wurde die Zitadelle errichtet, und man begann mit dem Bau einer großen Umfassungsmauer. Zur Zeit der Mamelucken (von 1250 bis 1517) kam es in Kairo zu einer beachtlichen Bauentwicklung und Urbanisation, die von den Ottomanen fortgesetzt wurde, einem Volk, das außerdem wichtige Handelsbeziehungen knüpfte. Auch unter Mohammed Ali und seinen Nachfolgern entfaltete sich die Stadt weiter. Nach der Revolution von 1952 brachte der wirtschaftliche Aufschwung in den 60er Jahren ein beachtliches demographisches Wachstum mit sich. Kairo ist heute eine Großstadt mit über 12 Millionen Einwohnern, die bevölkerungsreichste Stadt Afrikas und auch ein bedeutendes politisches, kulturelles und wirtschaftliches Zentrum im Mittleren Orient.

Die Sultan-Hassan-Moschee (links) und die El-Rifai-Moschee (rechts). Erstere ist eine der berühmtesten und schönsten Monumentalmoscheen von Kairo, die zwischen 1356 und 1363 erbaut wurde. Es handelt sich um eines der Hauptwerke der islamischen Baukunst, mit einer Fläche von fast achttausend Quadratmetern.
Die El-Rifai-Moschee wurde von einer Frau erbaut, der Prinzessin Khoshiar Hanem, und 1912 fertiggestellt. Im Inneren sind die Mitglieder der Königsfamilie von Ägypten beigesetzt, von dem Khediven Ismail Pascha bis Faruk.

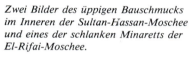

Zwei Bilder des üppigen Bauschmucks im Inneren der Sultan-Hassan-Moschee und eines der schlanken Minaretts der El-Rifai-Moschee.

Mohammed-Ali-Moschee.
Diese 1830 erbaute Moschee ist das Wahrzeichen von Kairo. Sie besteht aus zwei Teilen: der eigentlichen Moschee und dem Hof, in dessen Mitte der schöne Reinigungsbrunnen steht. Die Moschee ist ein Werk des griechischen Architekten Youssef Bochna, der in der Türkei lebte und die Hagia Sophia in Istanbul als Vorbild nahm. Die im Quadrat angelegte Moschee wird von einer Hauptkuppel (Durchmesser 21 Meter und Höhe 52 Meter) gekrönt, die auf vier quadratischen Pfeilern ruht. Das Innere besticht durch seine Fülle an Alabasterschmuck und wird von zahlreichen Kristallampen beleuchtet, die an Ketten aufgehängt sind.

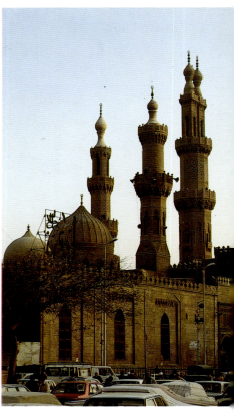

Ibn-Tulun-Moschee, erbaut zwischen 876 und 879; der Entwurf inspiriert sich an den Plänen der Moschee in Samarra im Irak.

Die Minaretts der El-Ashar-Moschee.

Der moderne Turm von Kairo auf der Insel Gesira.

Die Sultan-Barkuk-Moschee.

Blick vom Nile Hilton auf den Nil.

Ein Saal in dem 1903 eröffneten Museum für Islamische Kunst und, rechts, eine Ansicht des Koptischen Museums mit einem Brunnen, dessen Holzkuppel auf vier Marmorsäulen ruht; in der Mitte des Gewölbes hängt ein Leuchter, dessen 366 Lampen die Anzahl der Tage im Jahr darstellen.

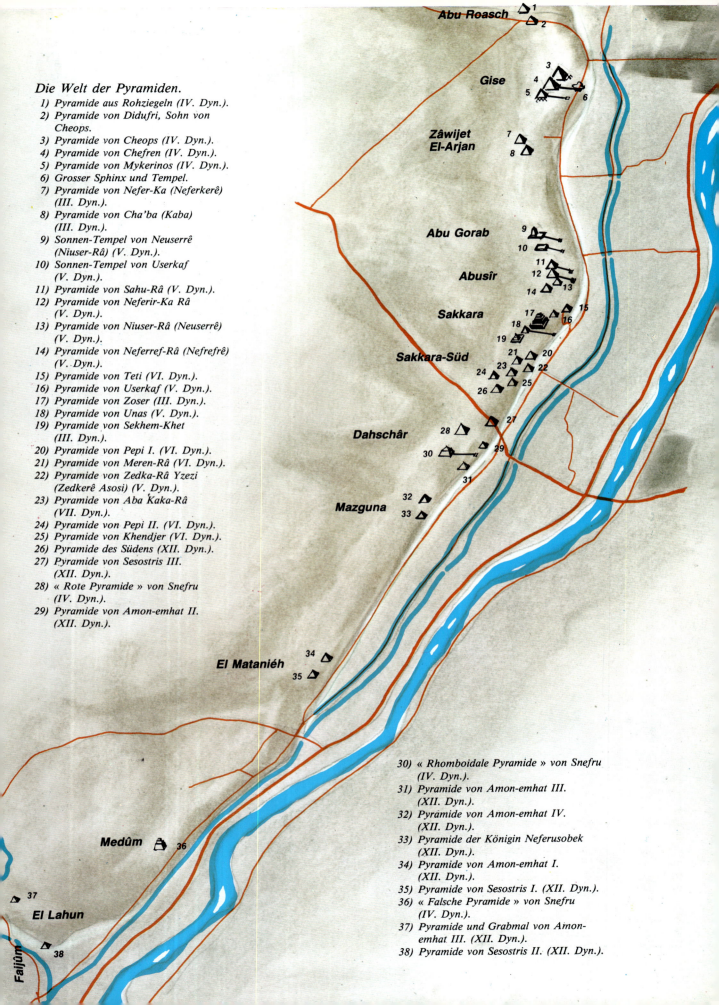

DER AUFSTIEG ZUR EWIGKEIT

«Die Welt der Pyramiden» könnte sich genauer eine Reihe von Nekropolen auf dem Westufer des Nils nennen, die von der antiken Stadt Leopolis aus fast Herakleopolis erreicht.

Im Norden und Süden von Memphis bilden mehr als achtzig Pyramiden eine fortlaufende Kette von fünfzig Kilometern Länge. Einige sind in Stufen angelegt und sehr viele mit glatten Oberflächen. Sie sind von einer Myriade von «Mastabas» umgeben, das heißt Gräbern in Gestalt eines Parallelepipedons und leicht stumpfpyramidenhaft. Wie an der Spitze dieser Reihen von Denkmalen ragen beherrschend die Pyramiden von Gise.

Die ältesten Pharaonengräber gleichen der Palast-Festung der ersten Dynastie, danach kommen die Stufenpyramiden und schließlich die mit glatten Seitenflächen. Wenn es für uns leicht zu verstehen ist, wie der Palast des lebenden Pharao zum «Palast» des verstorbenen wird (so wie das Haus des lebenden Fürsten mit der «Mastaba» das Haus des verblichenen wird), ist es nicht ebenso leicht, die Beziehung zwischen der Pyramide zu der Welt der Lebenden und zu dem Jenseits zu erfassen.

Der Palast – die turmbewehrte Residenz des Königs – hat, wie wir bereits gesehen haben, Ursprünge, die auf vor 3000 v. Chr. zurückgehn, und vielleicht bewahrte das Königsgrab zu jener Zeit die gleichen formalen Kennzeichen. Überzeugende Beispiele dafür haben wir mit dem Grab von Haha (um 2900 v. Chr.) und dem von Udim, das kurz danach kommt. Und festzustellen ist, daß während das erstere dem Leer-Typus entspricht – insofern es einer königlichen Behausung gleicht, in welcher der Mittelsaal als Grabkapelle dient (das heißt als «Königskammer») –, entspricht das zweite dem massiven Typus und hat damit die Aufgabe eines großartigen Behälters als Bild des Königspalastes, der die in den Felsen gehöhlte Grabkammer schützt. In beiden Fällen findet sich der prähistorische Ritus wieder, bei dem der Tote von den Verwandten im eigenen Hause oder darunter beigesetzt wird.

Mit dem Aufkommen der Pyramide wird auch das Bild des Hauses beseitigt, und jegliche Verbindung mit der wirklichen Welt und der Überlieferung ist aufgehoben. Der offenbar unerklärliche Sprung bezeugt sich zur Zeit von Zoser (2700 v. Chr.) und mit Bau-Entwürfen des großen Architekten Himotep. In der Tat finden wir in der wunderbaren Gebäudeanlage, die sich im Zentrum von Sakkara befindet, drei Arten von Bauwerken mit wesentlich verschiedenen Merkmalen: den sehr schönen Mauerring, der die traditionelle Bauweise der Königspaläste wiederholt, die einmal massiven und dann wieder mit Säulen ausgestatteten Bauten, die für die ganze antike Welt völlig neue Perspektiven eröffnen, sowie die hermetische Ausdruckskraft des Volumens der großen Stufen-Pyramide im Zentrum der Anlage, riesig aufragend, ein Bauwerk, das in keinerlei Beziehung zur traditionellen Architektur steht und auch nicht zu der vom Architekten Himotep selbst erfundenen. Wie soll man den Abgrund der Auffassung erklären, der das Hauptwerk von Himotep von den übrigen trennt und jede Form architektonischer Gestaltung verleugnet, die von dem Planer selbst erprobt und erfunden wurde? Im Bauwerk der Pyramide erscheint uns deutlich «eingeschrieben» die Umwälzung der Tradition. Anfänglich ist der Bau eine «Mastaba» mit quadratischem Grundriß (etwa doppelt so groß wie das Grab von Udimu). Unter der massiven «Mastaba» ist die Totengruft des Pharao ausgehoben. Das Totenhaus erfährt zwei Erweiterungen, aber alles geschieht der Tradition gemäß. Während die zweite Erweiterung vorgenommen wird, wird ohne ersichtlichen Grund das Bauprogramm fallengelassen, und über der «Mastaba» erscheint – wie eine große Schutzglocke – die erste vierstufige Pyramide, die ihrerseits auf drei Seiten unter der endgültigen sechsstufigen Pyramide verschwindet.

Warum, müssen wir uns nochmals fragen, wird das herkömmliche Grab, das Bild des Hauses der Lebenden, von einer Form «verschlungen», die auch für den Erfinder selbst völlig neu war? Die Fragen verstärken sich, wenn man erwägt, daß kaum hundert Jahre später die Stufenpyramide durch die mit glatten Flächen ersetzt wird. Tatsächlich können wir die Form der Stufenpyramide noch wie die Summierung übereinanderliegender «Mastabas» von immer kleineren Oberflächen begreifen, eine Form, die wir wenige Jahrhunderte später architektonisch in den «Ziggurat» genannten Stufentempeln der Sumerer verwirklicht sehen, und die in denen von Babylon zweitausend Jahre später vervollkommnet ist. Im Wesen sehr verschiedene Ausdrucksformen, die jedoch einen wenn auch verlarvten architektonischen Hinweis auf die Pyramide von Himotep geben können. Welche Beziehung können wir dagegen für die Pyramiden mit glatten Flächen finden, die erst hundertundzwanzig Jahre später als Zoser begonnen wurden?

Der Sprung von der Stufenpyramide zu der mit glatten Flächen ist wie «eingetragen» in den ursprünglichen Aufbau der Pyramide in Meydum von Snofru, dem Begründer der IV. Dynastie. Anlagemäßig ist der Sprung gering. In der Tat ist sozusagen in Rechnung gestellt, daß eine Stufenpyramide am Ende durch einen Überzug mit fortlaufender Oberfläche geschützt werden müsse, um dem Verschleiß der Zeit besser zu widerstehen. Zudem ist die Vorstellung einer durchlaufenden Fläche in allen großen Pyramiden enthalten, begonnen mit der von Zoser, bei welcher die Bauweise sich mit einer Reihe von abfallendem Mauerwerk mit glatten Flächen rings um den Mittelkern entwickelt. (Der Kern der Cheopspyramide scheint ein riesiger Obelisk von 146 Metern Länge ohne die Spitze zu sein.) Von ganz anderer Tragweite ist dagegen der formale Sprung, da man von einer Schablone, die einen wenn auch nur schwachen Zusammenhang mit der architektonischen Auffassung der Zeit hat, zu einer anderen übergeht, die jeden Kontakt mit der

Wirklichkeit verliert. Erwägen wir zudem, daß diese letzte «Neuheit» nicht einer Laune des Augenblicks zu verdanken ist, sondern bis an das Ende der VI. Dynastie bestehen bleibt. Dafür finden wir ein rühmliches Beispiel am Ende des dritten Jahrtausends. Das goldene Zeitalter der Stufenpyramide dauert wenig mehr als ein Jahrhundert, das der geometrischen Pyramide dauert fünfhundert Jahre.

Offenbar muß die Ursache sehr tief und mächtig gewesen sein, die Cheops veranlaßte, ein äußerst kostspieliges Werk zu unternehmen, an der Grenze des menschlich Möglichen, um schließlich eine «architektonische Absurdität», das heißt eine makrokosmische, geometrische Pyramide zu erstellen, noch mehr von der Wirklichkeit und den Menschen entfernt als es die Pyramide von Zoser war. Da diese triftige Ursache, dieses außergewöhnliche «Modell» im praktischen Leben unerforschlich ist, in den von den Ägyptern bereits geleisteten Werken, ist es notwendig, die Erforschung auf die religiöse Welt und die Erfahrungen, die über die geschichtlichen hinausgehn, auszudehnen.

«Geistige Pyramiden» finden wir in der Technologie und Kosmogonie der Ägypter, das heißt in jenem «Wissen» um die Welt vor und nach der «Erde des Nils». Diese

Monumentaler Gesamtkomplex der Pyramide.
Plan und Einteilung des Muster-Schemas.
A) *In schrägen Bauabschnitten mit Steinmaterial errichtete Pyramide, die mit feinen und genau bemessenen Quadern aus den Steinbrüchen von Tura vollendet wurde.*
B) *Zugehörige Pyramiden für die Prinzessinnen des Pharao.*
C) *Grabtempel in der Höhe für den Kult des vergöttlichten Pharao.*
D) *Verbindungs-Gang.*
E) *Grabtempel im Tal für die Reinigung und Einweihung.*
1) *Einfriedung der Pyramide.*
2) *Gang zum Einlaß ins Innere der Pyramide mit Öffnung nach Osten.*
3) *Schatzkammer und Gruftkapelle des unterirdischen Sarkophags.*
4) *Heiligtum mit sieben Kapellen für die Götter und Vorhalle für die Verehrung des Gott-Königs.*
5) *Säulenhof für die Priesterschaft und die eingeweihten Angehörigen.*
6) *Lagerräume für die Opfergaben und Zellen für die Priester.*
7) *Tempelchen für Opfergaben und Gebete für die Königin.*
8) *Vorhalle des Totentempels.*
9) *Rings um den Tempel und den Gang vergrabene heilige Barken.*
10) *Wächter der «Schwelle».*
11) *Lagerräume und Zellen der Priester.*
12) *Weiheraum der «Öffnung der Augen und des Mundes».*
13) *Vorhof der Vollendung und Reinigung der Mumie.*
14) *Landeplatz am vom Nil herbeiführenden Kanal.*

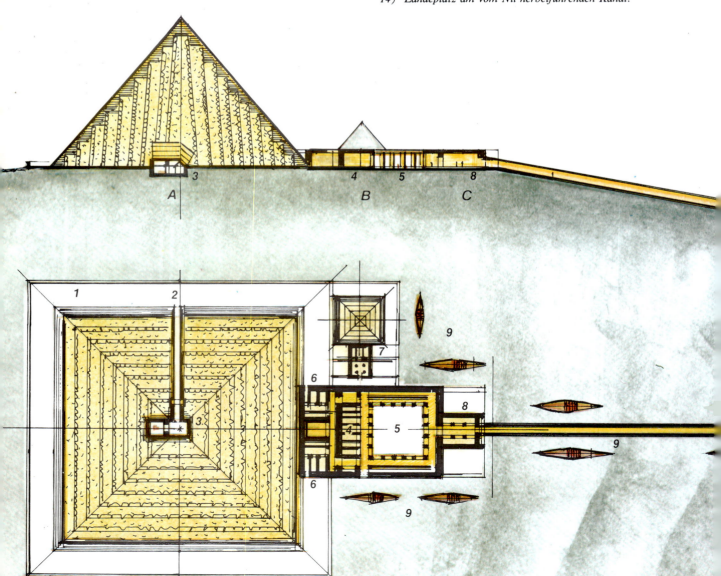

geheimnisvollen Pyramiden-Gebilde haben eine mächtige Entsprechung in dem Urhügel, der aus dem Chaos aufsteigt und aus dem das große Lotus-Ei hervorgeht, das sich auftut, um die Sonne zu gebären. Ein mächtiger Widerschein von substanzieller formaler Analogie geht aus der Pyramide von Lichtstrahlen hervor, welche die Erwählten auf einen großen Weg bringt, der sich im Unendlichen zu einem Punkt verkleinert, ein echtes ägyptisches Nirwana, das erreicht wird, wenn man über die Brücke eilt, die Himmel und Erde verbindet.

Echnaton, der prophetische Pharao der offenbarten Religion, stellt beständig diese Pyramide wieder her, die aus unendlichen Armen entsteht, die von der Sonne hinabreichen, um alle Menschen ohne Ausnahme zu segnen, ausgestreckte Arme, die gleichsam die ganze Menschheit umfassen, um sie in den Himmel zurückzubringen. Die «Pyramidentexte» selbst, die über die Geschichte hinausgehn, sagen uns: «*Ich bin auf deinen Strahlen wie auf einer Rampe von Licht gegangen, um zum Anblick des Râ aufzusteigen... Der Himmel hat den Sonnenstrahlen Festigkeit verliehen, damit ich mich bis zu den Augen des Râ erheben könnte... Sie haben eine Treppe zum Himmel erbaut, damit ich mit ihrer Hilfe den Himmel erreichen könne.*»

So kommt uns die große Pyramide vor, und dasselbe gilt von der Sphinx, nämlich wie ein riesiges Ideogramm, das Vergangenes beschwört, in dem wir die Treppe schlechthin «ablesen», die zur Ewigkeit führt. Es ist das Wort, das sich offenbart, die erste Stimme des Ewigen, die aufklingt, als er im Beginn der Zeit zu seinem Bilde sagt: «Komme zu mir.»

Dieser riesige Talisman aus Stein erscheint, um Zeugnis und konkrete Gewißheit zu geben über die Wiedergeburt der Mumien-Chrysalide, den Anfang und das Ende des Aufstiegs zum Paradiese.

Für das «Modell» dieses riesigen Talismans, das in allen vorhergehenden Jahrhunderten nicht aufzufinden ist, bietet es sich von selbst an, noch einmal auf jenes geheimnisvolle Reservoir der Ursprünge zurückzukommen, das Plato Atlantis nennt. Deshalb erwähnen wir, daß die Erinnerung an Atlantis laut Plato durch einen Priester von Saïs – der uralten Stadt Ober-Ägyptens – zu Solon (600 v. Chr.) gelangt war, daß in dieser Erinnerung Atlantis als ein ideales Königreich geschildert wird, das vor neuntausend Jahren von Poseidon, dem Gott des Meeres, gegründet worden sei. (Auch für die Ägypter entsteht die Erde ursprünglich aus dem Wasser.) Das Reich von Atlantis hätte sich bis nach Ägypten erstreckt, ein Reich weiser und guter Menschen, das aber späterhin, durch Korruption verfallen, bestraft und von demselben Meere verschlungen worden sei, das es hervorgebracht hatte.

Erwähnen wir schließlich noch, daß ein berühmter Vorgänger dieser ägyptischen Priester, die laut Plato das Gedächtnis an Atlantis bewahrten, Himotop war, derselbe große Priester, der mit der ersten großen Stufenpyramide den Weg zum Aufstieg in den Himmel gewiesen hatte.

DIE FUNKTIONEN DER PYRAMIDE

Die städtebauliche Gesamtplanung der Pyramide von glatten Flächen ist tief verschieden von jener der Stufenpyramide, wie man leicht erkennen kann, wenn man die architektonische Gesamtauffassung von Gise und Abusir mit der des Mausoleums von Zoser vergleicht. Die Flächenpyramide entwickelt sich nach Osten mit einem beständigen Gesamt von drei Denkmalen: dem Totentempel, der zu ihren Füßen angelehnt ist, dem Tal-Tempel am Ufer des Kanals, dem langen Rampen-Gang, der beide Tempel verbindet. Diese ganze Anlage trat in Funktion mit dem Zeitpunkt der Leichenfeier des Verstorbenen.

Beim Tode des Pharao setzte sich der Leichenzug an der Tempelwohnung des Pharao für den langen Ritus seiner «Einbalsamierung» und Beisetzung in Bewegung. Wenn der Leichnam mit dem Gefolge der heiligen Barken am

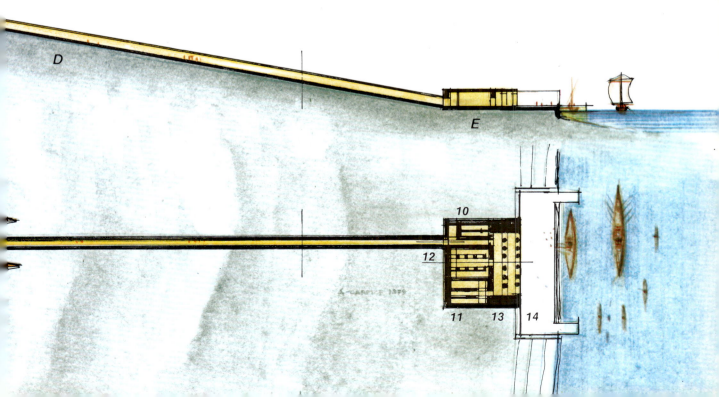

Tal-Tempel angekommen war, begannen die Feierlichkeiten zur «Reinigung» und auch die Vorbereitung der Mumie wurde vervollständigt. Die Hauptzeremonie war die reinigende Waschung, ähnlich jener der Sonne, die jeden Morgen aus dem «Liliensee» aufsteigt. Rein geworden und mit Sühne-Amuletten bedeckt, kam die Mumie dann am «Hüter der Schwelle» vorüber und begann so den Aufstieg in dem profanen Blicken verdeckten Gang und erreichte den oben gelegenen Tempel für die «Einweihung». Eine immer kleinere Zahl von Geweihten und Gereinigten (zu welchen Priester und Verwandte gehörten) begleitete die irdische Hülle in die Abfolge der Säulenhallen und schließlich in den großen Mittelhof. Von hier aus begaben sich nur noch die Höchstgeweihten und der Erbe des Pharao in das «Allerheiligste» des Grabtempels, wo die maßgebende Zeremonie der «Öffnung des Mundes und der Augen» vollzogen wurde. Bei diesem Ritus, der die Verbindung des Toten mit dem Jenseits «eröffnete», verharrte der königliche Erbe vor den fünf Kapellen, das heißt vor den fünf Statuen des Gottkönigs, von denen jede einem Attribut entsprach, das der Pharao bei seiner Königs-Krönung empfangen hatte.

Offiziell mit den Göttern vereint, wurde der Verblichene auf geheimen Wegen in die unterirdische Kapelle gebracht. Einmal versiegelt, wurde der kostbare Sarkophag inmitten der Schätze und Lieblingsgegenstände aufgestellt, wonach dann die priesterlichen Arbeiter den Rückweg antraten, die marmornen Riegel vorschoben und jeden Zugang verschlossen, so daß niemand das Warten des Pharao auf den endlichen Aufstieg zur Sonne stören konnte.

Eine letzte geheime Zeremonie war die Aufrichtung der Statue des Pharao in der «Sirdab», das heißt in dem im Herzen des Grabtempels errichteten Gewölbe, wo das Bild des Königs für alle kommenden Zeiten die Zeremonie und Opfer zu seinen Ehren «gesehen» hätte.

Lebens» durchgeführt. Die «Reinigung» vollzog sich im äußeren Vorhof und wurde unter einem provisorischen Pavillon fortgesetzt, der auf dem Dach der Mastaba errichtet war. Dann wurde der Sarkophag in den Schacht hinabgelassen, der vom Dach zu der unterirdischen Gruft führte. Sobald der Sarkophag zwischen den Schätzen und Andenken aufgestellt war, wurde die Grabkammer versiegelt, der Schacht mit Steinen und Sand ausgefüllt und oben zugemauert. Die Trauerfeierlichkeiten und die Aufstellung der Opfergaben wurden in dem kleinen äußeren Vorhof vor der Scheintür fortgesetzt, auf welcher der Verstorbene dargestellt war, als ob er an den zu seinen Ehren vollzogenen Riten teilnähme.

In der «leeren» Mastaba war eine Reihe von Räumen ausgehöhlt, die mehr oder weniger denen im Hause des Verstorbenen entsprachen, also Räume für den Verblichenen und Räume für die Angehörigen. Mithin konnten die Zeremonien der Reinigung und Öffnung von Augen und Mund bequem im Innern des Grabhauses vorgenommen werden, ehe der Sarkophag in den unter dem Fußboden geöffneten Schacht herabgelassen und endgültig versiegelt wurde. Mehr Bewegungsfreiheit bestand auch für die Riten und Trauer-Bankette, die anschließend in den verschiedenen Innenräumen stattfanden und an denen der Verstorbene mit seinem an der Scheintür befindlichen Bild teilnehmen konnte oder auch in magischer Anwesenheit für alle Blutsverwandten vom Inneren des eigenen «Sirbad» aus, so daß der Familienkreis zwischen Erde und Himmel noch geschlossen blieb.

DIE MASTABA-GRÄBER

Im allgemeinen haben die Gräber der Würdenträger und Adligen rings um die Pyramide die Form einer «Mastaba», ein arabisches Wort, das «Bank» bedeutet. Sie haben einen rechtwinkligen Grundriß und leicht geneigte Wände, ein ringsum laufendes oberes Gesims und ein einziges Eingangstor oder «Schein-Tor» und nicht immer eine äußere Vorhalle. Wie der Palast des toten Pharao dem Palast des lebenden entsprach, so glich auch die Mastaba dem Haus, das der Eigentümer des Grabes im Leben bewohnt hatte. Aber der Typus des Mastaba-Grabes wandelt sich in einer umgekehrten Entwicklung wie die des Palast-Grabes, insofern als die Mastaba ursprünglich «voll» ist und dann «leer» wird. Wahrscheinlich hängt das mit dem beständigen Unterschied der wirtschaftlichen und sozialen Lage zusammen, wegen dessen die Hofleute anfänglich in einfachen Grüften rings um die Königskapelle beigesetzt waren, die durch Steinhügel bezeichnet wurden. Mit der Entwicklung der königlichen Kapelle wird dann der Grabhügel in Stein gebaut, bis er zu einem eigentlichen Palast-Haus im Umfeld der großen Pyramiden wird. Da auf der Oberfläche der «vollen» Mastaba keine Räume zur Verfügung standen, wurde die Mumifizierung ganz in der Stadt im «Palast des

Ideale Rekonstruktion eines Teils der Nekropole in der Mitte des dritten Jahrtausends.

Die netzförmig angeordneten «Mastabas» sind kennzeichnend für das Residenzviertel des Adels und der hohen Beamten, das sich rings um den Königspalast erstreckt. Der Ausschnitt veranschaulicht das Innere zweier Mastabas verschiedenen Typs.
Oben die des ältesten Typs, bei dem die Gestalt des Hauses nur nach außen gewahrt ist, während das Innere massiv ist, wie es die rings um die Pyramide von Zoser erbauten sehr schönen «Häuser» waren.

Mastaba mit massivem Baukörper.
1) Vorhallen-Kapelle mit Stele im Hintergrund. Auf der Stele befindet sich gelegentlich die «Scheintür» mit der «Erscheinung» des Verstorbenen.
2) Schacht, der von der Terrasse zu den unterirdischen Kammern führt.
3) Vorraum des «Schatzes», vor dem Eingang errichtet.
4) Gruft des Sarkophags.

Mastaba als Abbild des Hauses.
a) Vorhalle.
b) Eingangsraum und Zugänge zu den Innenräumen (Eltern und Kinder).
c) Innenhof oder zentraler bedeckter Säulengang.
d) Zugang zu den Lagerräumen.
e) Wohnraum für die Riten und Gastmähler bei der Bestattung.
f) «Scheintür» und geschlossener Zellenraum (Heb-Sed) mit dem Bildnis des Verstorbenen (auf der Westseite der Mastaba).
g) Schacht, der zu den unterirdischen Kammern führt.
h) Kammer der Gaben und der Ausstattung des Verstorbenen, am Eingang errichtet.
i) Gruft des Sarkophags.

GISE

Rekonstruktion der Nekropole des Jahres 2500 v. Chr.

Gise ist der jetzige Name der riesigen Nekropole des antiken Letopolis (heute Kairo).
Die Hauptdenkmäler sind der Abu el-Hol (das heißt «Vater des Schreckens») genannte Sphinx, die Großen Pyramiden, das einzige der von den Griechen des II. Jh. v. Chr. gepriesenen Weltwunder, das noch Bestand hat. (Die anderen sechs, die fast ganz verschwunden sind, waren der Leuchtturm von Alexandria in Ägypten, das Mausoleum von Halikarnass, der Artemis-Tempel in Ephesus, der Koloß des Hafens von Rhodos, die Hängenden Gärten von Babylon, die Zeus-Statue von Phidias im Tempel von Olympia).
Die Pyramiden sind diagonal erstellt (die von Cheops und Chefren auf der gleichen Diagonale der Grundfläche) von Nordosten nach Südwesten, so daß keine jemals der anderen die Sonne nimmt. Die beiden ersten erreichen fast die gleiche senkrechte Höhe, da die von Chefren, wenn sie auch niedriger ist, die Grundmauer höher hat. Alle drei haben die Grabkammer in den Felsen gehöhlt und fast in der Mitte des Baukörpers. Die Cheops-Pyramide und die von Mykerinos weisen andere, darüberliegende Kammern auf. Alle haben die vollständige monumentale Anlage aus Totentempel in der Höhe, Verbindungsgang und Tempel im Tal; die von Chefren ist weitgehend erhalten, die von Cheops ist fast ganz zerstört worden. Von den drei Anlagen ist die eine axial auf die Pyramide ausgerichtete die von Mykerinos. Die Anlage von Chefren weicht stark nach Süden ab (über den Sphinx hinaus), die von Cheops dagegen weicht stark nach Norden ab. Cheops und Mykerinos haben drei Nebenpyramiden, der erstere im Osten, der letzere im Süden. Chefren hatte wahrscheinlich eine einzige Nebenpyramide nach Westen. Die rings um die Höhentempel von Cheops und Chefren vergrabenen heiligen Barken dürften zahlreich gewesen sein.

A — Grabanlage von Mykerinos.
 1) Pyramide (66 m × 108 m).
 2) Drei Nebenpyramiden.
 3) Heilige Einfriedung.
 4) Totentempel auf der Höhe.
 5) Rampen-Gang.
 6) Taltempel.

B — Grabanlage von Chefren.
 7) Pyramide (136,50 m × 210,50 m).
 8) Eine Nebenpyramide.
 9) Heilige Einfriedung und Felsenkammern mit der Bestimmung von Lagerräumen und Zuflucht der Priester-Arbeiter.
 10) Totentempel und Sonnenbarken.
 11) Rampen-Gang.
 12) Taltempel.

C — Grabanlage von Cheops.
 13) Pyramide (146 m × 233 m).
 14) Drei Nebenpyramiden und Sonnenbarken.
 15) Totentempel.
 16) Rampen-Gang.

D — Nekropole im Osten und Felsengräber.
E — Nekropole im Süden.
F — Nekropole im Westen.
G — Der aus dem Felsen geschlagene große Sphinx (21 m × 73,5 m).
H — Sphinx-Tempel.

Die Cheops-Pyramide.

Von unten gesehen gibt die größte Pyramide den reinen Eindruck einer gewaltigen Staffel, die ins Unendliche aufbricht. Der Eindruck verstärkt sich durch das völlige Fehlen der Steinverkleidung, womit die inneren Blöcke freiliegen, die wie eine Riesentreppe angelegt sind. Von der ursprünglichen Höhe von 146 Metern sind heute noch 137 geblieben, und statt der Spitze gibt es einen 10 Meter breiten Platz. Der Rauminhalt von 2 500 000 Kubikmetern ist auf 2 350 000 verkleinert, das heißt um etwa 150 000 Kubikmeter wertvollen behauenen Materials, das bis zum Jahre 1800 v. Chr. für die Bauten von Kairo fortgeschleppt wurde.
Die Vollkommenheit des verschwundenen Parameters können wir bei den Innenwänden der Großen Galerie wiederfinden, die mit einer Länge von 46 Metern und einer Maximalhöhe von achteinhalb Metern im Inneren der Pyramide zur «Königskammer» führt.

Die Großen Pyramiden von Gise.

Von der Pyramide von Chefren bemerken wir in erster Linie die fast unversehrte Spitze aus dem Kalkstein der Steinbrüche von Tura. Rechts sehen wir die Ruinen des großen Totentempels. Die beiden Pyramiden weisen keine bedeutenden Unterschiede in ihren Ausmaßen auf. (Ursprünglich überragte die von Cheops jene von Chefren um 9,50 m.) Beachtlich sind dagegen die der Innen-Anlage. Während die von Chefren in der Tat eine als riesiger «Tumulus» über der Grabkammer gedachte normale Pyramide ist, scheint die von Cheops, abgesehen davon, daß die tief im Felsen ausgehobene Grabkammer die der Königin ist und nur wenige Meter über den Fundamenten liegt, den monumentalen Bereich schützen zu wollen, der sich im Herzen der Pyramide selbst erhebt («die Königs-Kammer») und der mit einer Rampen-Galerie von großen Ausmaßen in feinster Ausfüllung verbunden ist. Dieses Pseudomonument erhebt sich für etwa 20 Meter bis zu 40 Metern von der Grundfläche der Pyramide. Es ist ein Turm aus Granitblöcken von 40 bis 60 Tonnen Gewicht, der im Querschnitt außerordentlich an das Zed erinnert, nämlich das «Rückgrat des Osiris», ein Bild prähistorischen Ursprungs. (Lesenswert ist dazu die sehr bemerkenswerte Hypothese des Ing. M. Pincherle: «Die Groß Pyramide» Filelfo 1977).

Die Pyramide von Chefren von Süden gesehen.
Im Vordergrund erblickt man die Granitblöcke, welche die Pyramide des Mykerinos am Sockel und bis etwa zu einem Viertel der Höhe verkleideten. Im Mittelgrund die Pyramide von Chefren mit der kennzeichnenden oberen Haube, dem letzten verbliebenen Stück der Außenverkleidung. Die Pyramide ist 136,50 Meter hoch, bei einer Breitenlänge von 210,50 Metern. Die Seiten haben eine Neigung von etwa 50°, und ihre Baumasse beläuft sich auf rund 1 660 000 Kubikmeter. Die Verkleidung war an der Basis in rosa Granit. Zwei von der Pyramide und der ebenen Fläche im Norden ausgehende Gänge führen zu der halb in den Felsen gehöhlten Grabkammer. Auch diese Pyramide wurde wie alle anderen erbrochen, und zwar genau im Jahre 1200 n. Chr. durch den Sohn Saladins: Ali Mohammed.

Portal des Totentempels und Ausschnitt der Pyramide von Mykerinos.

Sie ist wesentlich kleiner als die beiden anderen Riesenbauten: kaum 66 Meter hoch und 108 Meter breit. Im Jahr 1500 hatte sie noch ihre schöne Verkleidung, heute ist fast alles fortgetragen. Vom Totentempel, der noch im Jahre 1700 intakt war und aus Blöcken von einem Gewicht bis zu 200 Tonnen errichtet wurde, bleiben nur noch wenig Ruinen. Der herrliche Basalt-Sarkophag, der mit den typischen «Palast-Fassaden» verziert war, ist auf See verlorengegangen, als er nach England verbracht wurde. Auch zu seiner Zeit stand die Anlage von Mykerinos nicht unter einem guten Stern: vorzüglich erbaut, mußte sie in Eile vollendet werden, so daß verschiedene Teile mit Rohziegeln vervollständigt wurden und sehr bald verfielen.

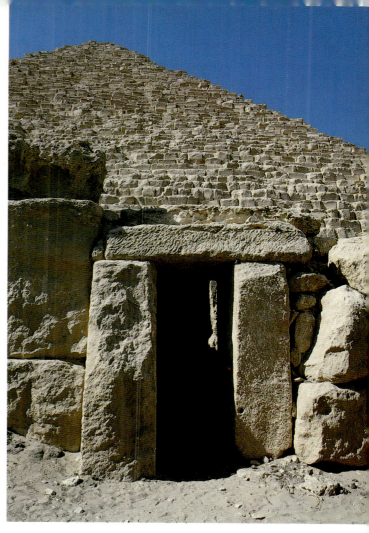

Die drei Nebenpyramiden südlich von der Pyramide des Mykerinos.

Mit höchster Wahrscheinlichkeit war nur die erste Pyramide glatt mit rosa Granit verkleidet. Vielleicht war diese Pyramide für die Königin Kharmer-nehty II. bestimmt, die Gattin des Mykerinos.

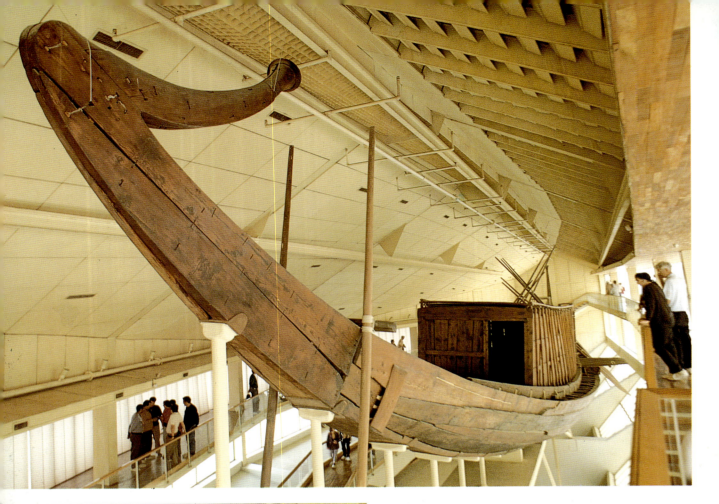

Die Sonnenbarke.

Im Mai 1954 brachte der ägyptische Archäologe Kamal el Mallak nach fast 5000 Jahren südlich der Cheopspyramide eine «Sonnenbarke» ans Licht, mit der möglicherweise der Leichnam des Pharaos nach Giseh begleitet worden war. Die Barke aus Zedernholz, Sykomore und Jujube ist 46 Meter lang und in der Mitte etwa sechs Meter breit; am Bug und Heck schließt sie mit papyrusförmigen Pfählen ab. In der Mitte der Barke befindet sich eine neun Meter lange, geschlossene Kabine. Das Schiff war darüber hinaus mit sechs Ruderpaaren ausgestattet.
In der Idealrekonstrukuion sieht man die große Barke, die an einem von Ochsen gezogenen Schlitten befestigt ist, während eine Prozession mit Priestern und Priesterinnen die heiligen Opfergaben tragen.

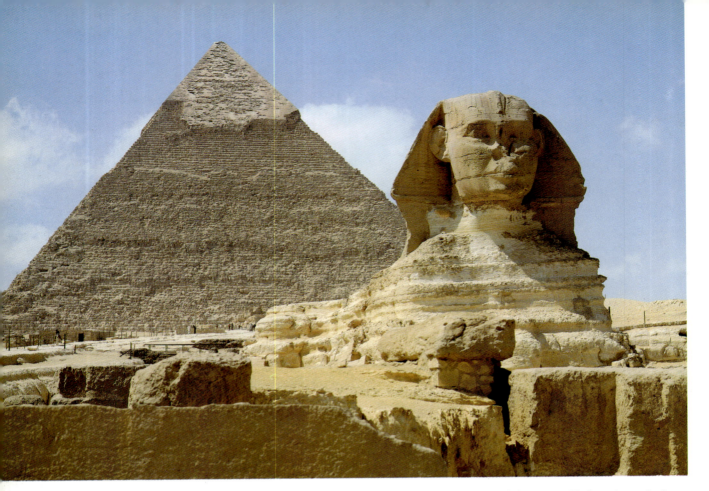

Der Sphinx mit dem Kopf des Königs Chefren, dessen Grab sich majestätisch vom Hintergrund abhebt, und eine Ansicht des Sphinxtempels, der durch sechs Granitpfeiler in zwei Schiffe geteilt wird.

Rekonstruktion des Sphinx-Tempels (drittes Jahrtausend v. Chr.).

Der Tempel ist wesentlich anders als die Tempel der IV. Dynastie und der darauffolgenden. Es genügt, den Plan des Sphinxtempels mit dem daneben befindlichen Tempel von Chefren zu vergleichen, um sich darüber klar zu werden, daß sie auf zwei völlig verschiedenen Auffassungen beruhen. Der Tempel von Chefren entwickelt sich in der Tat wie alle folgenden symmetrisch entlang der vertikalen Achse, die vom Eingang ausgeht. In ihm sind weiter die Räume in den massiven Baukörper «eingehöhlt».
Der Sphinxtempel dagegen ist im Mittelpunkt symmetrisch, das heißt entsprechend der vertikalen Achse und der durch die Mitte verlaufenden Längsachse; er weist keine ebenso festen Mauern auf. Die letztere Anlage kommt den königlichen Mastabas der ersten Dynastie näher als den Tempeln der IV. und der darauffolgenden Dynastien. Auch hinsichtlich des Materials und der Bearbeitung ist zu bemerken, daß dieser Tempel ältere Ursprünge als der von Chefren hat.
In der Rekonstruktion des Inneren des uralten Tempels geben wir einen Begriff davon, wie er nach der von Thutmosis IV. (1505–1450) veranlaßten Wiederherstellung hätte aussehen können.

Seitenansicht des Großen Sphinx von Gise.
Dieser riesige Löwe mit Menschenantlitz, der ganz aus dem Felsen geschlagen ist, hat eine Höhe von 20 Metern und eine Länge von ungefähr 74 Metern.
Nach den Angaben des Griechen Herodot befindet sich unter dem Sphinx ein Felsentempel, der durch einen langen unterirdischen Gang mit dem See und der Insel des Sarkophags verbunden ist, die im Inneren des Felsens verborgen sind, der die Cheopspyramide trägt.
Das Denkmal ist mehrfach restauriert worden, und der Sand hat es immer wieder bis zum Halse zugedeckt. Die berühmteste Wiederherstellung geht auf Thutmosis IV. zurück, dem, als er im Schatten des Kolosses ruhte, der Gott des Sphinx Harmakis, das heißt die «Sonne am Horizont», im Traum erschien, um ihn zu dem frommen Unterfangen zu drängen – wie es auf der Stele zwischen den Tatzen des Löwen berichtet wird.

Profil des Sphinx.
Die Verunstaltungen sind sichtbar, die auch in diesem Fall mehr den Menschen als der Zeit zuzuschreiben sind. In der Tat wurde das aus dem Sand aufragende Haupt sogar eine Zielscheibe für Kanonen der Mamelukken. Das Antlitz ist 5 Meter hoch, der Nasenstumpf fast 2 Meter. Der von Thutmosis IV. angebrachte Zeremonialbart befindet sich im Museum von Kairo.

Die Sphinx in den Zeichnungen von Roberts

ARCHITEKTUR UND INGENIEURWESEN IM ALTEN ÄGYPTEN
Die Erbauung der Pyramiden

Wenn es schwierig ist, das Problem jener «architektonischen Absurdität», welche die Pyramide darstellt, zu lösen, ist es nicht weniger verwickelt, die Bautechnik zu erforschen, die sie geschaffen hat. Gewöhnlich beziehen wir uns immer auf die Pyramiden von Gise und insbesondere die von Cheops.

Wenn wir uns diesen steinernen Sauriern nähern, empfinden wir trotz ihrer völligen Ferne von unserer Welt eine grenzenlose Bezauberung. Uns überkommt eine unbestimmbare wachsende Erregung, nicht so sehr wegen dem übermenschlichen Ausmaß dieser Bauten, als wegen des Aufruhrs von Fragen, die sie hervorrufen: wie soll man einem Gebirge einen einleuchtenden Halt finden, das sich aufs Leere stützt, einer erdrückenden Wirklichkeit, die keine sichtbaren Wurzeln hat, wenn nicht durch die Beschwörung von Riesen und Halbgöttern?

Seit über hundert Jahren versucht man, das «Geheimnis der Pyramiden» zu lüften, und Tintenströme wurden vergossen über die Erbauung der Pyramiden, das heißt, um zu erklären, wie ein unmögliches Werk Wirklichkeit geworden sein könnte.

Das Hauptproblem ist folgendes: durch welches System sind fast drei Millionen Steinblöcke von zwei Tonnen Gewicht und mehr bis zu einer Höhe von fast einhundertfünfzig Metern befördert und in vollkommener Weise angeordnet worden in einer Epoche, in der man noch keineswegs das Eisen kannte, noch das Rad und noch viel weniger Rolle und Winde?

Die meist angenommene Theorie ist die von einer großen Rampe, die auf einer Seite der Pyramide provisorisch gebaut wurde, und die mit dem Wachstum der Pyramide selbst anwuchs, um die Blöcke einen nach dem anderen, von Hunderten von Sklaven gezogen, bis zur Höhe zu befördern. Es ist sonderbar, daß diese Theorie immer noch von vielen hingenommen wird. Sonderbar deshalb, weil wenige Überlegungen genügen, um ihre Unhaltbarkeit zu beweisen. Vor allem muß gesagt werden, daß für die Beförderung so vieler schwerer Blöcke bis in so beachtliche Höhen eine in Stein gebaute Rampe erforderlich wäre, die entsprechend der fugenlosen Anordnung des Mauerwerks, Böschungen mit fast gleichen Neigungswinkeln wie die der Pyramide haben müßte. Außerdem ist in Betracht zu ziehen, daß die Rampe, um für Gruppen von fünfundzwanzig bis dreißig Mann brauchbar zu sein, einer möglichst geringen Neigung und einer Spurbreite von mindestens drei bis vier Metern bedürfte. Angesichts von alledem ist die Theorie von der Rampe nur dann annehmbar, wenn man sich auf Höhen von wenig Metern bezieht. Es ist in der Tat einleuchtend, daß man, um eine noch «bequeme», das heißt für den Transport des Baumaterials bis zu einer Höhe von einhundertvierzig Metern, geeignete Rampe zu haben, nach allen «Regeln der Kunst» eine etwa einen Kilometer lange Mauermasse haben müßte, die zur Erreichung des angestrebten Verhältnisses das gleiche Ausmaß wie die Pyramide haben müßte, an welche sie sich anlehnt. Mit anderen Worten: um die Hypothese von der Außenrampe «möglich» zu machen, müßte man eine Mauermasse aufführen, die dreimal größer als die der Pyramide selbst wäre, ohne in Betracht zu ziehen, daß mit immer wachsenden Dimensionen die Arbeit immer schwerer und langsamer und damit fast unnütz würde.

Bei letzter Abwägung ist die beachtlichste und vollständigste Hypothese jene, welche aus den ältesten Aufzeichnungen hervorgeht, die uns in dieser Hinsicht überkommen sind, und die wir nachstehend wiedergeben, indem wir sie aus den «Geschichtsbüchern» von Herodot aus dem Jahre 455 v. Chr. übernehmen: «*Einige waren beauftragt, den Transport der Steine aus den Steinbrüchen bis zum Nil durchzuführen... andere den Transport den Strom entlang mit den großen Flößen... Es arbeiteten daran im Schichtwechsel von je drei Monaten ununterbrochen 100 000 Mann... Zehn Jahre wurden gebraucht, um die Straße zu bauen, auf der die Steinblöcke herangeschleift wurden, eine gewiß nicht kleinere Leistung als der Pyramidenbau. Sie wurde in Steinquadern gebaut, die figürliche und tierische Darstellungen schmückten. Zehn Jahre wurden gebraucht, um diese Straße anzulegen und die in den Felsen gehöhlten Kammern, die den Pyramiden als Basis dienen... Zwanzig Jahre wurden gebraucht, um die Große Pyramide zu errichten... Sie war mit behauenen, geglätteten und vollendet gefügten Steinblöcken abgedeckt.*

Die Pyramide wurde folgendermaßen hergestellt: zuerst wie ein Stufenbau mit einer Reihe von Absätzen... Wenn die Absätze hergestellt waren, wurden die verbleibenden Steine durch Maschinen aus kleinen Balken (kurze Stangen) hochgehoben.

Die Maschinen beförderten die Steine vom Boden zur ersten Stufe. Dort wurden sie auf andere, schon bereitstehende Maschinen umgeladen und auf die zweite Stufe gehoben und von dieser wiederum auf die dritte und so fort, denn der Zahl der Stufen entsprach jeweils die der Maschinen. Es konnte auch eine winzige Maschine von leichter Handhabung sein, die von einer Stufe zur anderen gehoben wurde, wenn man den Steinblock abgeladen hatte...

Zuerst wurden die höchsten Stellen der Pyramide geglättet, dann die folgenden und zuletzt die untersten und die der Basis.»

Herodot konnte zweitausend Jahre nach der Erbauung nicht klarer sein, und es macht deshalb Mühe zu glauben, daß soviele Hypothesen von einem solchen Zeugnis abgeleitet wurden bis zu seiner völligen Verkennung. Herodot spricht von Pyramiden, die zunächst in Stufen angelegt wurden, und wir wissen, daß unter der festen Bekleidung die Pyramide in Stufen aufgeführt war. Herodot spricht von Maschinen, mit denen die Steine von der einen zur anderen gehoben wurden, und wir sehen in einem Grab von Deir el Medina Waagebalkenmaschinen, um Gewichte ohne Stützleisten und Winden hochzuheben. «Maschinen», die noch heute im Gebrauch sind und es sicher auch zu Zeiten von Cheops waren, um die Steine von einer Stufe zur anderen zu heben.

Provisorische Rampen zum Herbeischleifen des Baumaterials wurden mit Sicherheit bis zu bescheidenen Höhen gebaut, höchstens zehn oder zwanzig Meter, und davon wurden Spuren in der unvollendeten Stufenpyramide von Sekhem Khef (Schepseskef) in Sakkara gefunden, die älter als die von Cheops ist. Aber für außergewöhnliche Verhältnisse und Bauleistungen anderer Art, wie bei den Größen Pyramiden, mußte die ägyptische Technik sicher weit entwickeltere Hilfsmittel besessen haben, als ihr von zahlreichen Gelehrten unserer Zeit zugesprochen werden.

DIE BAUMASCHINE

Herodot erwähnt als erster jene «wunderbare» Maschine, den Vorläufer unserer Kräne, die vor fast 5000 Jahren dazu diente, das Baumaterial von einer Stufe der Großen Pyramide zur anderen zu heben.

Wie bereits erwähnt, können wir noch heute auf den Kanälen Ägyptens eine Waagebalken-Maschine sehen, die auf arabisch «Shaduf» heißt und dazu dient, Wasser hochzuheben, und wesentlich mit jenen übereinstimmt, die vor viertausend Jahren in den Gräbern von Deir el Medina dargestellt wurden. Es gibt keinen Grund, anzuzweifeln, daß diese Art von Maschine schon zur Zeit der ersten Dynastien gebraucht wurde, und daß nach den gleichen Prinzipien die Maschinen zur Hebung des Baumaterials entstanden.

Übrigens ein Prinzip, das auch heute noch in einfachster Weise in vielen Ländern angewandt wird. In ihrer antiken Ausführung erscheint sie wie ein großer Waagebalken im Gleichgewicht auf einem sattelförmigen Pfeiler oder einem Balkengestell, wo er horizontal oder diagonal frei bewegt werden kann. An einem Ende ist der Eimer oder die last-tragende Vorrichtung angehakt und am anderen Ende ist das Gegengewicht von Schlamm oder Steinen befestigt. In meiner Rekonstruktion hat das System den größten Drehkreis, wobei der sattelförmige Stützpunkt in einen Kegel-Zapfen verändert ist, der in den Drehpunkt der Waagearme eindringt, so daß diese eine vollständige Drehung um den Stützpunkt ausführen können. Die ganze Maschine ist aus kurzen verbundenen Stämmen zusammengesetzt. Am Fuß der Stütze befindet sich ein rundes, mit Ballast gefülltes Gefäß, um die Standfestigkeit der Maschine während der Bewegung der Arme zu sichern. An einem Ende der Waage befindet sich schließlich ein Netz, um das Beladen und Entladen des Ballasts zu erleichtern, und am anderen Ende ein weiteres Netz, um die Kalksteinblöcke abzusichern.

In der Abbildung haben wir im Aufriß und Grundriß die Hauptstellungen gezeigt, welche die Maschine bei der Arbeit einnehmen konnte. In der Stellung A-B ist das Gegengewicht auf der höheren Stufe vervollständigt, und die Last wird auf der Stufe darunter abgesichert. In der Stellung C-D befindet sich die Waage im Gleichgewicht und parallel zu den Stufen. In der Stellung E-F wird das Gegengewicht zur unteren Stufe herabgelassen, und der Block wird zur höheren Stufe gehoben. Die Maschine wird beständig mit Seilen und Hebeln gelenkt. Sobald die Last oben angekommen und frei gemacht ist, wird unten der Ballast ausgeladen und mit der Hand und auf Maulesein zur höheren Stufe gebracht. Danach ist ein neuer Block unten zur Befestigung bereit, und der Vorgang wiederholt sich.

Ansicht und Plan der «Waagebalken-Maschine» im Betrieb.

A–B Ausgangsstellung des Waagebalkens: A) Befestigung des aufzuhebenden Blocks, B) Befestigung des Netzes mit kleinen Steinen zum Gegengewicht.
C–D Stellung des Balkens auf halbem Wege.
E–F Stellung des Balkens am Endpunkt: E) Abladen des Blocks, F) Abladen und Entleeren des Gegengewichts.
Der Vorgang wurde mit Hebebäumen ins Werk gesetzt und durch Seile von unten und oben gelenkt.
Die Maschine wurde mit eng verbundenen Holzbalken und Palmstämmen hergestellt. Der schwingende Arm war mit einem mittleren Loch versehen, um sich um den Haltepunkt aus Holz oder Stein drehen zu können. Das Stützgestell war unten verankert oder mit Ballast beschwert, um während des Arbeitsvorgangs nicht in Schwingung zu geraten.
Die Maschine war so zusammengesetzt, daß sie in transportable Teile zerlegt und wieder montiert werden konnte. Das Beispiel rekonstruiert eine «Waagebalken-Maschine», die imstande war, Blöcke von 200 bis 300 Doppelzentnern Gewicht bis zu einer Höhe von zehn Metern über der Basis zu heben.

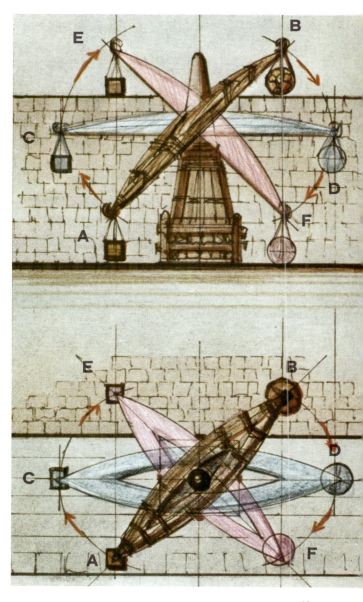

69

Offensichtlich waren die Maschinen verschieden gebaut je nach dem zu überwindenden Höhenunterschied und dem zu hebenden Gewicht. Um die an zwei Tonnen schweren Blöcke auf Höhenunterschiede von sechs Metern zu heben, konnte eine höchstens acht Meter hohe Maschine wenig mehr als eine halbe Stunde gebrauchen, so daß ein Block auf der Baustelle binnen sechs Stunden 100 Meter hoch gebracht werden konnte. Von den Maschinenketten auf den vier Seiten konnten bei hoher Beteiligung etwa 200 Blöcke täglich entladen werden.

Für die Monolithe von vierzig und fünfzig Tonnen Gewicht, deren Anzahl beschränkt war, benutzte man keine Maschinenkette, sondern ein oder zwei besonders konstruierte Waagen, die mit Hebeln und Gegengewichten unterstützt wurden mit ähnlichen Systemen wie sie später für die Aufrichtung der Obeliske benutzt wurden.

Diese besonderen Waagen für schwere Lasten hatten sicher entsprechend Einteilungen und Ausmaße. Für ihre Herstellung wurden, wie beim Bau großer Schiffe, Zedernstämme aus dem Libanon von 50 Metern Höhe verwandt.

DIE BAUSTELLE DER PYRAMIDE

Wenn man die genaue Beschreibung Herodots mit der Kenntnis des Aufbaus der Großen Pyramiden verbindet, ist es möglich, eine gültige Rekonstruktion der großen Baustelle vorzunehmen, die aus den Steinbrüchen auf der Hochfläche von Gise im Jahre 2600 v. Chr. entsteht.

Insbesondere haben wir für die große Cheopspyramide zwei sehr unterschiedliche Arten von Baumaterial: Granit- und Kalksteinblöcke. Wegen ihrer Zahl und ihres Gewichts lassen die beiden Materialien zwei Arten von Baustellen entstehen, die wir die der «Monolithen» und die der «Kalksteine» nennen wollen. Erinnern wir uns noch einmal, daß fugenlos gebaut wurde, mithin ohne Mörtel oder sonst einem Bindemittel, sondern mit einfach aufgelegten Blöcken, die einer auf den anderen ruhten.

Die «monolithische Baustelle» erstreckte sich über mehr als 800 km von Gise zu den Granitbrüchen der Insel von Elephantina, die bei Assuan noch sichtbar sind. Der Stein ist bei weitem fester als Kalkstein, die Blöcke wiegen bis zu 50 und 60 Tonnen. Zum Ausgleich beschränkt sich ihre Zahl auf etwa siebzig, und der Montage-Anteil erstreckt sich auf etwa 40 bis 60 m am Fuß der Pyramide.

Der Granit in den Steinbrüchen von Assuan verwittert auf der Oberfläche, und um die Felskruste zu beseitigen und zu dem festeren Kern zu gelangen, wurde die Technik angewandt, die Oberfläche mit großen Feuern zu erhitzen und dann mit kaltem Wasser abzukühlen, so daß sie durch den Temperaturwechsel Risse bekam und leicht entfernt werden konnte. Durch den beständigen Schlag von großen Doleritsteinen (ein schwärzliches kristallinisches Gestein, härter als Granit, das im Roten Meer aufzufinden ist), entweder mit Stampfern oder Hämmern, machte man den oberen Teil und die abfallende Seite des Monolithen frei. Dann machte man sich an die Zerlegung der Innenseite und des unteren Teils, wobei man breite Spalten schuf, die den Einsatz von Meißeln für die endgültige Loslösung und die Bearbeitung ermöglichen. Die Meißel aus Dolerit waren an Keulen oder Holzgriffen befestigt oder bestanden auch vielleicht aus uns unbekannten Kupferlegierungen. In die Einkerbungen oder in die Risse wurden Holzkeile eingetrieben, die angefeuchtet eine gewisse Sprengkraft auslösten. Der überlegte Einsatz dieser Kraft trug zur Loslösung des Monoliths vom Felsen bei. Der Block wurde vorsorglich mit einem geeigneten Gleitschlitten gesichert, und einmal freigelegt, mit Seilen und Gegengewichten entlang der vorgesehenen Rampe bis zum Nil herabgelassen. Es ist wahrscheinlich, daß man die Überschwemmung ausnutzte, um die Entfernung zwischen dem Steinbruch und dem Strom zu verringern. Jedoch dienten besondere Stützbalken der großen Barke beim Ein- und Ausladen dazu, den Schwimmkörper auf der Höhe der Mole zu halten, bis der Vorgang beendet war, um – insbesondere im Fall der langen und äußerst schweren Obeliske – zu vermeiden, daß der Monolith zerbrach.

Mit der gewaltigen Last wurde die Barke von der Strömung des Nils fortgetragen und von Schleppschiffen und mit langen Seilen vom Land aus gelenkt. Im Gebiet von Memphis nahm das große Fahrzeug mit seinen Lenkern den Kanal, der es nach Gise brachte. Hier waren die Mole des Tempels abwärts und das Pflaster der langen Galerie schon bereit. Ausgeladen und mit heiligem Wasser gereinigt, begann dann der Monolith den mühsamen Aufstieg zu der vierzig Meter höher gelegenen Pyramide. Zahlreiche Ochsengespanne wurden am Block angeschirrt; und viele Männer dazwischen oder vornweg oder an den Seiten lenkten den Zug der Tiere und schmierten die Walzen mit Buttermilch. Eine genaue Organisation und vollkommene Führung bewirkten, daß alle Bewegungen wie von einem einzigen Organismus ausgeführt wurden.

Am höchsten Punkt der Rampe fand die dichte Gruppe, welche den granitenen Monolith hinaufzog, die inneren Stufen der Pyramide bereits bis zur Anlage-Ebene der «Königskammer» errichtet vor, das heißt bis zu 40 Metern über dem Bauplatz, und im Norden die schräge Steinbepflasterung von dem, was der Große Gang werden sollte. Diese neue Rampe hatte eine Neigung von 25°, kürzer, aber steiler als die erste. Deshalb wurden weitere Ochsengespanne den ersten zugesellt, und auf den Seiten wirkten Maschinen und Leute mit den Kräften der Tiere zusammen, und Gleichgewichtshebel schoben an der Basis und verhinderten ein Zurückgleiten des Monoliths. Für die Aufstellung der senkrechten und höheren Monolithe dienten provisorische Rampen und Maschinen, die geeignet waren, Blöcke von einigen Tonnen Gewicht in einer Höhe von weiteren zwanzig Metern aufzustellen.

Die «Kalkstein-Baustelle» bot keine schweren Probleme hinsichtlich des Gewichts (zwei Tonnen gegenüber vierzig und mehr der Monolithe) sowie der Raumverhältnisse. Sie hatte jedoch das recht schwierige der Anzahl der Bestandteile (fast drei Millionen) und der Einteilung der Arbeitsvorgänge, wenn man bedenkt, daß für den einzigen Bauabschnitt in sechzig Meter Höhe über der Basis etwa zwanzigtausend Blöcke in die Höhe befördert und genau aufgesetzt werden mußten. Verhältnismäßig leicht war der Abbau und Transport in den Kalksteinbrüchen von Mokkatan und Tura gegenüber Memphis und die konzentrische Mauerausfüllung aus Brüchen in der Nähe der Pyramiden selbst. Aber das Hauptproblem bestand darin, so schnell wie möglich den größten Teil des Baumaterials herbeizuschaffen und infolgedessen in der Organisation von Hunderten von Facharbeitern in den Steinbrüchen, beim Transport und bei der Baudurchführung. Mithin also ein Hand-in-Hand-Arbeiten in den

Steinbrüchen, auf der Straße und auf den Kanälen, um die Teilstücke zum Bauplatz am Fuß der Pyramide zu befördern.

Damit sind wir zu der wichtigsten Phase, nämlich zum eigentlichen Bau gekommen. Die von Herodot erwähnte Pyramide hat ursprünglich Stufen, das heißt sie wird zunächst einmal ohne Außenverkleidung errichtet, und jede neue Stufe wird zum Ausgangspunkt, auf dem Menschen und Maschinen zusammenwirken, um das Material auf die nächste Stufe zu heben. Die Pyramide dient alles in allem der Baustelle mithin als Stützfläche für ihre eigene Erbauung (was sich übrigens bei jedem beliebigen Gebäude von mehreren Stockwerken bewahrheitet).

Das tragende Gerüst der Cheops-Pyramide hat etwa zwanzig Stufen mit einer Breite von fünf Metern und einer Höhe von sechs. Sehr günstige Abmessungen, weil eine Waagebalken-Maschine nicht großen Ausmaßes dabei bequem arbeiten kann, um Blöcke von etwa einem Kubikmeter aufzunehmen und hochzuheben.

Auf jeder Seite der im Bau befindlichen Pyramide arbeiten kettenweise Maschinen: etwa zehn an der Basis, deren Zahl sich verringert, wenn der Bau allmählich schmaler wird, bis sie auf der zehnten Stufe auf fünf kommt und auf der letzten auf eine einzige von großem Ausmaß.

Rings um die Gruppen des Maschinenpersonals wimmelt eine Menge von Männern, Frauen, Kindern, Eseln, die Wasser, Essen, Steine für Gegengewichte, Hölzer und Sand zum Einebnen, Rollen zum Hochschleifen und Balken zum Hochheben bringen. Zwischen einer Stufe und der nächsten erlauben Kragsteine oder steile Rampen, die hineingeschlagen sind, diesem ganzen Heer, sich beständig von der Basis bis zur letzten Stufe zu bewegen. (Noch heute gibt es gelenkige Jungen, welche die Cheopspyramide in wenig mehr als einer Viertelstunde erklimmen.) Auf dem jeweils höchsten Absatz wiederholt sich beständig die äußerst wichtige Anpassung und tadellose Vorbereitung des gesamten Materials, um die nächste Stufe zu errichten. Der Vorgang erfordert eine hochentwickelte Technik und Genauigkeit, da Blöcke von mehreren zehn Doppelzentnern auf Entfernungen von Hunderten von Metern in der Ebene und nach oben zu dirigieren und tadellos herzurichten waren. Bei solchen Operationen ist von genau festgelegten Punkten nach den Himmelsrichtungen auszugehen, wobei Werkzeuge gebraucht werden wie das Senkblei, Winkelmaße mit Seitenlängen im Verhältnis 3-4-5, Schnüre, Meßstäbe, geodätische Stangen, kurzum ein ganzes Instrumentarium, das in jahrhundertelanger Feldmessungs-Erfahrung vervollkommnet worden war. In die Durchführung jeden Planes greifen die größten Sachkenner unter Leitung des Priester-Architekten und bei direkter Überwachung durch den Pharao ein. Alle streben zusammen danach, so zu verfahren, daß diese Saurier aus fugenlosem Mauerwerk, die von schrägen Flächen eingeschlossen sind, in Vollendung gestaltet werden. (Nach 4500 Jahren hat man Fehler in Millimetergröße und von Zehntelmillimetern entdeckt.)

Die äußere Verkleidung, für welche das beste Steinmaterial aus den Brüchen von Tura verwendet wird, beginnt sobald der Spitzenblock aufgesetzt ist. Das ist der einzige Stein der Pyramide, der mit einem Zapfen auf die darunter befindlichen eingesetzt wird. Mit Gold bedeckt und den eingeritzten heiligen Zeichen, gelangt er auf den höchsten Punkt. Die Verkleidung wird durch Ausfüllung jeder Stufe durchgeführt, bis sie mit der darüber liegenden in Berührung kommt. So schreitet die glatte Fläche der Pyramide fort mit behauenen und vollkommen polierten Steinen, deren Verbindungsstellen nicht über einen halben Millimeter getrennt sind. Für die letzten Feinheiten benutzen erprobte Steinmetze Holzmodelle, die auf der Stufe darunter aufliegen und nach unten zu immer wieder auseinandergenommen und neu zusammengefügt werden. Am vollendeten Werk haben wir vier dreieckige Flächen von ungefähr je 20 000 Quadratmetern, die vollkommen glatt und nach den vier Himmelsrichtungen georted sind.

Bei der Pyramide des Chefren, die fast ebenso groß wie die Cheopspyramide ist, sind die Probleme der Kalkstein-Baustelle im ganzen die gleichen und die der Monolithen-Baustelle sind dort erschwert durch Transporte entlang der Rampen in dem herrlichen Taltempel aus rosa Granit.

Mit der Pyramide von Mykerinos ist das Bauwerk auf fast ein Drittel hinsichtlich der Höhe verkleinert. Infolgedessen sind alle Schwierigkeiten nunmehr weitgehend verringert.

Die Nebenpyramiden von Gise in Stufen, Hochstufen und mit glatten Flächen sind von bescheidenen Ausmaßen, und das gleiche gilt für all die anderen Pyramiden, die von Gise bis Fayum verstreut sind. (Die berühmte von Unas in Sakkara kommt nicht an 20 Meter heran.) Für diese hat man nicht auf eine umfassende und spezialisierte Technik wie für die Großen Pyramiden zurückgegriffen, und die Anlage einer provisorischen Außenrampe dürfte sich in diesen Fällen als nützlich erwiesen haben.

In jedem Fall handelt es sich dabei um bescheidene Bauten auch hinsichtlich der Ausführung, so daß sie den Unbilden der Zeit nicht widerstanden haben.

Die Großen Pyramiden erscheinen immer mehr wie eine seltene Parenthese der Baukunst, Saurier, die Menschen zu verdanken sind vom letzten Arbeiter bis zum obersten Priester und Architekten, dem Planer und Bauleiter, Menschen, die mit ungewöhnlichen Eigenschaften und Erfahrungen begabt waren. Sie waren so ungewöhnlich, daß nach den Generationen von 2700 bis ungefähr 2500 das Wunder sich nicht mehr wiederholte, so als ob der große magische Antrieb, der aus der Vergangenheit hervorbrach, sich in diesem letzten großartigen Zeugnis erschöpft hätte.

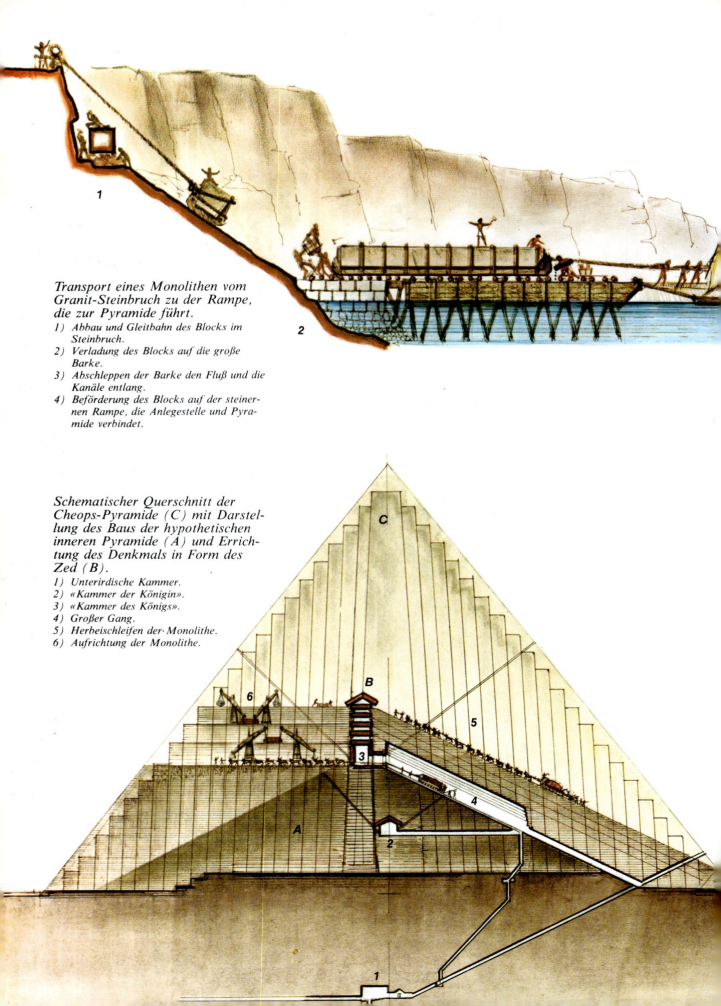

Transport eines Monolithen vom Granit-Steinbruch zu der Rampe, die zur Pyramide führt.
1) Abbau und Gleitbahn des Blocks im Steinbruch.
2) Verladung des Blocks auf die große Barke.
3) Abschleppen der Barke den Fluß und die Kanäle entlang.
4) Beförderung des Blocks auf der steinernen Rampe, die Anlegestelle und Pyramide verbindet.

Schematischer Querschnitt der Cheops-Pyramide (C) mit Darstellung des Baus der hypothetischen inneren Pyramide (A) und Errichtung des Denkmals in Form des Zed (B).
1) Unterirdische Kammer.
2) «Kammer der Königin».
3) «Kammer des Königs».
4) Großer Gang.
5) Herbeischleifen der Monolithe.
6) Aufrichtung der Monolithe.

Ansicht der ihrer Verkleidung beraubten Pyramide mit Darstellung der stufenweisen Errichtung.
Verschiedene Reihen von «Waagebalken» heben die Steinblöcke von einer Ebene auf die andere.
Auf der Höhe ist ein riesiger Waagebalken dabei, die Abschlußarbeiten für die auf der rechten Seite sichtbare äußere Verkleidung durchzuführen.

SAKKARA

Rekonstruktion der großen Nekropole in ihrer ganzen Entwicklung.
Die Nekropole ist etwa 8 Kilometer lang und 1 Kilometer breit. In ihr sind alle wesentlichen Dynastien vertreten: von der I. (mit dem berühmten Grab von Aha) bis zu der saïtischen, persischen und ptolemäischen Epoche.
Der ideologische Mittelpunkt ist der Grabbereich von Zoser, der sich wie eine Stadtfeste erhob, an die sich Pyramiden und Mastabas aller Epochen anschließen. Im Norden entwickelt sich ein Strahlenkranz herrlicher Gräber, die von der Pyramide von Teti bis zum Serapeum gehen. Im Süden sind die bedeutenden Reste der Grabanlage von Sekhem-Khet, der versuchte, Zoser zu übertreffen, dem es aber nicht einmal gelang, die allgemeine Anlage zu vervollständigen.

S – Serapeum: Grabstätte der Apis-Stiere, der dem Ptah, dem Gott von Memphis, heiligen Tiere.
E – Hemicyclus: Halbkreis-Anlage mit Statuen von Dichtern und Philosophen (darunter Plato, Heraklit, Protagoras, Homer, Pindar), die Ptolemäus I. errichten ließ.
 1) Mastaba von Ptah-hotep und Akhu-hotep;
 2) Mastaba von Ti;
 3) Gang der Paviane;
 4) Gang der Ibis-Reiher;
 5) Hesi-Ra;
 6) Horus Udimu;
 7) Horus Aha;
 8) Horus Zed;
 9) Königin Mernith (die letzteren sind Gräber in Gestalt des Palastes der I. Dynastie);
10) Mastaba von Aukh-ma-Hor;
11) Mastaba von Kagemmi;
12) Mastaba von Mereuka;
13) Mastaba von Ka-em-Heset;
T – Pyramide von Teti (Gründer der VI. Dynastie) mit Grabtempel und Nebenpyramide.
O – Pyramide von Userkaf (Gründer der V. Dynastie) mit Grabtempel und zwei Nebenpyramiden.
Z – Grabanlage von Zoser (Gründer der III. Dynastie).
14) Platz im Norden mit Altar, Lagerräumen und Priesterwohnungen;
15) Grabtempel von Sirdab, der die Statue des Pharaos birgt;
16) «Haus des Nordens»;
17) «Haus des Südens»;
18) Platz mit Gebäuden und Altar der Heb-shed;
19) Kleiner Tempel und Tempel der kannelierten Säulen;
20) Tor des Heiligtums und Eingangs-Säulenhalle;
21) Fassade des «Palastes der Kobra-Schlangen»;
22) Grabmal von den Mauern im Süden;
23) Lagerräume und Säulengang;
24) Platz vor der Großen Stufen-Pyramide und die drei Hauptaltäre;
U – Pyramide von Unas.
25) Totentempel;
26) Monumentaler Rampengang;
27) In großen steinernen Becken vergrabene heilige Barken;
28) Tal-Tempel und Anlegestelle;
29) Erste Reihe von Mastabas südlich der Mauer von Zoser: Ha-ishu-ef, Wesir Unefert, Unas-Ankh, Prinzessin Idut, Wesir Mehu. Zweite Reihe: Königin Kenut, Königin Nebet;
30) Mastaba von Mehu-ka-irer;
31) Mastaba von Nefer-her-Ptah;
32) Grab von Ptah-iru-Ka;
K – Toten-Anlage von Horus Sekhem-Khet, Nachfolger von Zoser (rekonstruiert, als wenn sie vollendet worden wäre).

Die Toten-Feste von Zoser.
Rechts: die Mauer der Südseite. Unten: die Große Stufen-Pyramide und die Gebäude auf dem Platz der Heb-Shed. Die Pyramide von Zoser ist der erste mit behauenen Steinen verfeinerte Großbau (Höhe 62,50 m, Basis 125 × 109 m). Die Pyramide wurde in drei Hauptabschnitten errichtet: der erste beschränkte sich darauf, eine große Mastaba aufzuführen; der zweite entwickelte auf dieser eine Vierstufen-Pyramide; der dritte schloß an die Westfassade der Mastaba die endgültige Sechsstufen-Pyramide an.
Unter der Pyramide wurde eine ungewöhnliche Anzahl von Gängen, Stollen und Räumen entdeckt. Am Boden des riesigen Mittelschachts befindet sich, ringsum isoliert, die granitene Königsgruft, die sehr schöne Stelen in bläulicher Majolika umgeben. Mit eigenen, tiefer gelegenen Eingängen findet man die Hallen mit den Gräbern der königlichen Familie.

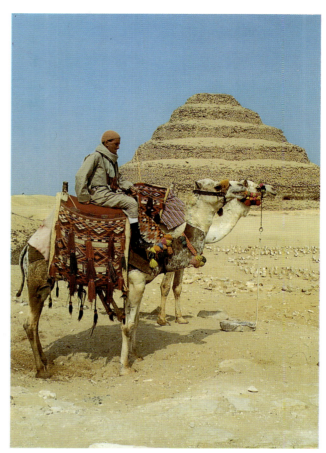

Die Pyramide von Unas.
Die Grabanlage des letzten Pharaos der V. Dynastie umfaßte die Pyramide, den Tempel und den zum Taltempel führenden Gang. Die Pyramide hat bescheidene Ausmaße und war bereits im Jahre 2000 v. Chr. verfallen, als Ramses II. sie wiederherstellen ließ.

Mastaba von Mereruka.
Wahrscheinlich Nachbildung der Fürstenwohnung von Mereruka, der auch Meri genannt wird. Vollständiger Wohnbereich des Hausherrn, seiner Frau Uatet-Khetor und der Kinder sowie außerdem der Repräsentationsraum.
Besonders schön ist die Ausschmückung, die sich auf gewöhnliche Themen bezieht, aber Einzelheiten aufweist, die eigenständige Szenen und Lösungen schaffen. Oben links haben wir die Reihe der Opfergaben-Träger. Unten ein Detail einer Jagd- und Fischerei-Szene mit der zaubervollen Atmosphäre voller Tiere und Pflanzen.

Mastaba von Ti.

Sie gehört zu den schönsten Grabanlagen, sowohl hinsichtlich des erreichten künstlerischen Ausdrucks, als auch der sehr feinfühligen Synthese der Gestaltung und dem Gleichgewicht der Komposition. Ti war eine hohe Persönlichkeit der V. Dynastie: «einziger Freund», «Hüter der Geheimnisse», «Leiter der Arbeiten des Königs», «Vorsteher der Pyramiden» von Nefer-Ka-Râ und Niuser-Râ. Seine Gattin Nefer-hetep war eine Prinzessin. Unter den Szenen, welche den großen Hof mit zwölf Pfeilern und der Kapelle ausschmücken, sind die aus dem Familienleben, die von der Jagd und vom Fischfang äußerst lebendig. Werke ungewöhnlicher Künstler, wie aus den beiden Wiedergaben zu ersehen ist. Oben: Ausschnitt aus dem Leichenzug der Männer mit Opfergaben. Unten: Ausschnitt aus dem Frauengeleit, ebenfalls mit Opfergaben. Die Gestalten sind mit Feierlichkeit und unnachahmlicher Feinheit behandelt, und die Reihe zieht an unseren Augen so vorüber, daß sie deutlich das Gefühl der Bewegung und des langsamen Schreitens dieser edlen Geschöpfe des menschlichen Genies hervorrufen.

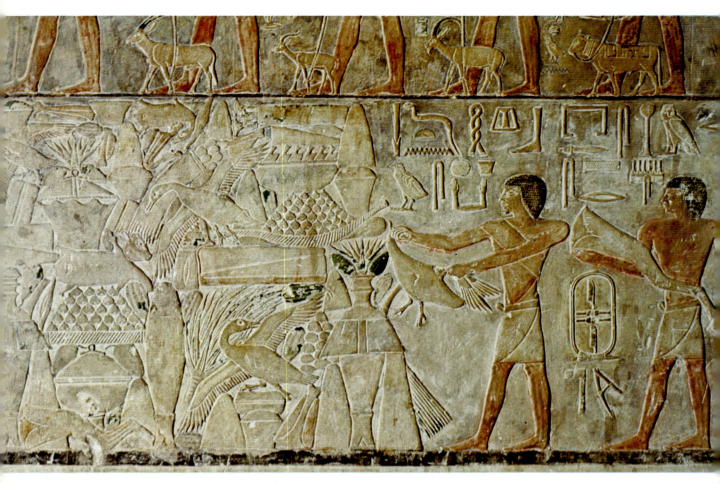

80

Mastaba von Ptah-Hotep.

Die Grabanlage steht in Verbindung mit dem Sohn Akhu-hotep, der die Räume rechts von dem Viersäulen-Saal hinzufügte. Besonders in der Kapelle von Ptah-hotep haben wir eine weitere Reihe von vorzüglichen bemalten Basreliefs, auf denen sich die Opferszenen wiederholen, bei denen originelle Einzelheiten zu bemerken sind (wie die Windhunde unter dem Sessel des Herrn und der Diener, welcher ihm die Beine massiert). In den Szenen der Spiele auf dem Wasser haben wir das Bild von Ankhen-Ptah, wahrscheinlich dem Hauptkünstler und Schöpfer des Werks.

Daneben bringen wir Einzelheiten von den Opferszenen und den bewegten Szenen von Ruderern, die auf den Barken zu tanzen scheinen.

Mastaba von Kagemmi.

Sie ist das Grab eines weiteren mächtigen und weisen Hohenpriesters von Teti, der auch die Aufgabe des Oberaufsehers der Pyramide des Pharao wahrnahm. Der Bau ist zur Hälfte massiv wie die ursprüngliche Mastaba und zur anderen Hälfte von Säulenhallen, Kammern und Lagerräumen eingenommen. Die Ausschmückung der Eingangsräume ist noch kostbarer als die der den Grabkammern vorbehaltenen, die zum Sirdah führen. Besonders schön sind die Fischerei-Szenen und die der Opfergaben am Eingang und die Basreliefs der Säulenhalle, die Spiele und Tänze, Verwaltungsarbeiten und ein im Gericht von Teti gefälltes Urteil darstellen.

Detail: ein Diener, der Futter in eine Voliere streut. Interessant die Darstellung der Voliere im Aufriß, während Tiere und Mensch aufrecht gezeigt werden.

Detail einer Jagd- und Fischerei-Szene am Schilfufer eines Sees. Wie immer wimmelt das Wasser von dicken Fischen. Die Männer sind mit Netzen, Harpunen und Keulen ausgerüstet, mit denen sie Nilpferde fangen und töten.

Basrelief mit einer Reihe tanzender Mädchen. Die Tänzerinnen mit kurzen Haaren und einem Umhang am Hals biegen den Leib zurück, als ob sie einen Salto mortale ausführen wollten. Der gleiche Tanz findet sich in der Grabanlage von Ank-ma-Hur, wenn sich die Tänzerinnen dort auch unterscheiden. Sie tragen verschiedene Gewänder und haben die Haare in einem langen Zopf zusammengefaßt, der in einer Kugel endet.

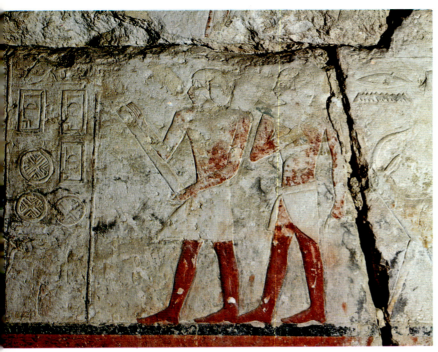

Mastaba der Prinzessin Idut.

Diese Prinzessin der VI. Dynastie befindet sich im Grabe eines unbekannten Eigentümers der V. Dynastie. Zahlreich sind die mit den üblichen Szenen ausgeschmückten Räume, Darstellungen des Lebens auf den Kanälen und Flüssen und Wassersport-Szenen, die zwei ganze Kammern füllen. Auf dieser Seite geben wir Einzelheiten des Abschlusses der Gabenspenden. Oben nimmt ein Kontrolleur das Inventar der Besitztümer auf. Unten verzeichnen zwei auf der Erde sitzende Schreiber die Vorräte. Man beachte die Etuis für Pinsel und Farben, die Pergamentrollen und den Schreiber mit zwei Reserve-Pinseln hinterm Ohr.

Daneben: das Schlachten eines Stiers. Zwei mit langen Messern ausgerüstete Gehilfen schicken sich an, das Tier zu zerlegen. Unten: eine Barke, die Ruderer, Gabenträger und Hirten aufnimmt. Ihr folgt eine Herde von Kühen und Stieren, die den Fluß durchwaten. Das Wasser ist voller Fische, und ein Krokodil lauert am Ufer. Besonders schön ist die Szene des von einem Schiffer hochgehobenen Kälbchens, das sich nach der liebevollen Mutter umwendet.

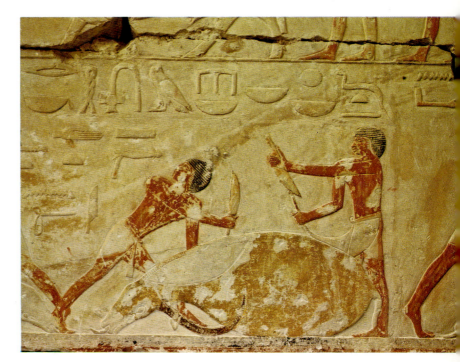

Der Koloß von Ramses II.
Vor einem Pylon des Tempels von Ptah ragten Kolossalstatuen von Ramses II. Von diesen Gestalten – ursprünglich 13 m hoch – sind zwei übriggeblieben. Eine davon befindet sich heute auf dem Bahnhofplatz von Kairo.
In der Nähe des Pylon sind zahlreiche Bruchstücke von zwei weiteren sitzenden Kolossalstatuen gefunden worden.

MEMPHIS

Es ist die uralte Hauptstadt Mennof-Râ, die von den Griechen Memphis genannt wurde. Sie erstreckte sich über 15 km von Gise bis Sakkara; in ihrer Mitte die Stadtfeste mit den «weißen Mauern», die vielleicht von dem großen Architekten Imhotep begonnen wurde. Sie war reich an unzähligen Tempeln und Heiligtümern für alle Götter der antiken Welt. Von der Stadt, in welcher Phöniker, Juden, Armenier, Griechen, Libyer und Sudanesen eigene Viertel hatten, bleiben heute nur noch geringe Spuren.
Der Verfall beginnt mit der Gründung von Alexandria. Im IV. Jh. n. Chr. ist sie bereits ein Trümmerfeld. Die wenigen noch stehenden Tempel, da sie als christliche Kirchen Verwendung fanden, wurden mit der Entstehung von Kairo zerstört, und alles wird ein Steinbruch für die neue Stadt.
Heute bleiben nur noch einige Trümmer, die durch die Ausgrabungen wieder ans Licht gebracht wurden, die im 19. Jh. begannen. Die wichtigsten sind die des berühmten Tempels von Ptah, in dem die Pharaonen gekrönt wurden, und die einer Kapelle von Seti I., alle in der Nähe des heutigen Dorfes von Sakkara.

Alabaster-Sphinx von Amenophis II.
Es ist die größte, aus einem einzigen Block geschlagene Sphinx (4,50 m hoch, 8 m lang). Sie flankierte einmal den Eingang zum Tempel von Ptah.

84

DASHUR

Der Bereich liegt in 2 km Entfernung von den Pyramiden von Sakkara Süd und umfaßt fünf Pyramiden. Die erste von Sesostris III. (1840 v. Chr.) besteht aus Rohziegeln und war einmal mit behauenen Steinen aus Tura abgedeckt. Weiter südlich folgt die Steinpyramide von Amon-emhat II. (etwa 1900 v. Chr.) auf die in Rohziegeln von Amon-emhat III. Danach die beiden Pyramiden von Snefru, dem Vorgänger von Cheops. Eine, die sogenannte «rote Pyramide», ist doppelt so breit wie hoch (100 m × 215 m Breite). Die andere ist die berühmte «rhomboidale Pyramide», von der wir ein Bild geben. Sie ist die am besten erhaltene der Nekropole; ihren Namen verdankt sie ihrer eigentümlichen Gestalt. Die Seitenflächen gehen fast in der Mitte von der Neigung von 50° 40' über zu einer solchen von 43°. Eine weitere Besonderheit beruht auf zwei Eingängen, die zu zwei in Stufen bedeckten Kammern führen, so wie der große Gang in der Cheopspyramide. Die «rhomboidale Pyramide» hatte südlich eine Nebenpyramide von ursprünglich 26 Metern Höhe, und nordöstlich einen kleinen Nebenbau mit der Bestimmung eines Totentempels, sowie einer Rampe, die ihn mit dem Tal-Tempel verband.

MEDÛM

Fast in der Höhe des Faijum, nach dem Nil zu, befindet sich die «falsche Pyramide», ein weiteres sehr eigentümliches Werk von Snefru, dem Beginner der IV. Dynastie. Gegenwärtig zeigt sie sich als eine hohe Stufe, auf der zwei kleinere Stufen aufragen. In ihrer heutigen Gestalt kann sie die Ansicht eines Sonnentempels bieten; ursprünglich sah sie aber anders aus, worauf die gewaltige Schuttmenge an der Basis verweist. Weitere Stufen sollten die Fläche der jetzigen Basis ausfüllen, so daß das Ganze sich als eine sehr spitze Pyramide von acht Stufen darstellte, und die Endform nahm vielleicht den Anblick des dritten Obelisken vorweg, der aus dem Pyramiden-Stumpf herausragt, wie er hundert Jahre später in den Sonnentempeln von Abu-Gorab verwirklicht wurde. Man beachte, daß auch eine allmähliche Verkleidung begonnen wurde, um das Ganze in eine Pyramide mit glatten Flächen einzuschließen, und daß diese Spielart in den Anfängen eingestellt wurde.

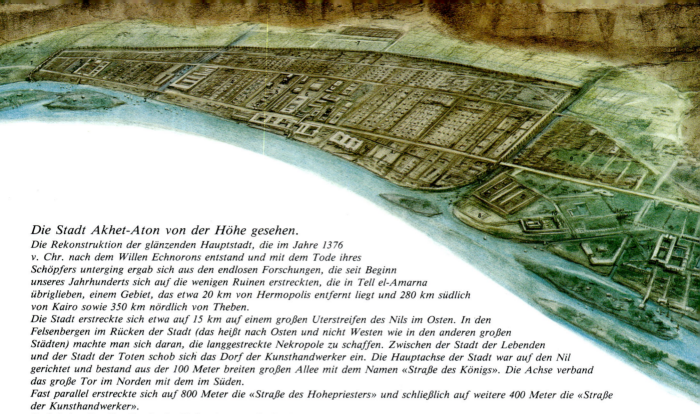

Die Stadt Akhet-Aton von der Höhe gesehen.
Die Rekonstruktion der glänzenden Hauptstadt, die im Jahre 1376 v. Chr. nach dem Willen Echnorons entstand und mit dem Tode ihres Schöpfers unterging ergab sich aus den endlosen Forschungen, die seit Beginn unseres Jahrhunderts sich auf die wenigen Ruinen erstreckten, die in Tell el-Amarna übriglieben, einem Gebiet, das etwa 20 km von Hermopolis entfernt liegt und 280 km südlich von Kairo sowie 350 km nördlich von Theben.
Die Stadt erstreckte sich etwa auf 15 km auf einem großen Uterstreifen des Nils im Osten. In den Felsenbergen im Rücken der Stadt (das heißt nach Osten und nicht Westen wie in den anderen großen Städten) machte man sich daran, die langgestreckte Nekropole zu schaffen. Zwischen der Stadt der Lebenden und der Stadt der Toten schob sich das Dorf der Kunsthandwerker ein. Die Hauptachse der Stadt war auf den Nil gerichtet und bestand aus der 100 Meter breiten großen Allee mit dem Namen «Straße des Königs». Die Achse verband das große Tor im Norden mit dem im Süden.
Fast parallel erstreckte sich auf 800 Meter die «Straße des Hohepriesters» und schließlich auf weitere 400 Meter die «Straße der Kunsthandwerker».
Praktisch teilte die «Straße des Hohepriesters» die Stadt in zwei große Streifen den nach dem Nil zu, der durch die «Straße des Königs» freiblieb und den Residenzen des Königs, der Beamten, der Hafen- und Verwaltungsdienste vorbehalten war, und den Streifen nach dem Stadtinneren im Osten, der durch die «Straße der Kunsthandwerker» freiblieb und für alle anderen Bewohner bestimmt war.
Ringsum, zu Füßen der Felsenkette, die sich im Rücken von Akhet-Aton wie eine große Apsis erstreckt, gibt es noch zahlreiche Grenzsäulen.

Kleiner Granitkopf, eine der Töchter des Echnaton darstellend; die Plastik spiegelt den Amarna-Stil wider, der sich durch eine starke Hinwendung zum Realismus auszeichnet.

TELL EL-AMARNA

Der Palast von Akhen-Aton (Echnaton).
Zwischen die Welt der Pyramiden und die Welt der Tempel und Heiligtümer, einschließlich der von Theben, fügt sich nicht nur geographisch, sondern auch stilistisch und ideell, die von Echnaton ein, dem ketzerischen Pharao.
Diese Welt, die in der Geschichte Ägyptens kaum in Erscheinung tritt – wenige Jahrzehnte gegenüber mehr als dreitausend Jahren – verdankt ihre Entstehung mit Sicherheit dem transzendentalen Drang, der von der Sphinx ausgeht, in dem Versuch von Imhotep heranreift und schließlich bei den Pyramiden wieder auftaucht. Dieses Sehnen nach dem Gott-Menschen, das wie ein Blitz im Bewußtsein von allen aufleuchtet, ist das gleiche, das sich durch die Jahrhunderte in der Intuition weniger Eingeweihter hinzieht und besonders bei den Künstlern der Welt der Pyramiden.
Die Offenbarung von Echnaton findet ihren sichtbaren Ausdruck in der Stadt von Akhet-Aton, «Horizont des Aton» in Tell el-Amarna und insbesondere im «Haus des Pharao». Dieses Haus hat, wie alle Bauwerke der Stadt, keine kolossalen Ausmaße und auch keine Strukturen, um der Zeit und der Natur zu trotzen, aber es entspricht menschlichen Maßen im Einklang mit der Umgebung, da es für das zeitliche und geistige Leben des Menschen und seiner Familie geschaffen wurde. Die Wohnstätte entsteht auf einer höher gelegenen Fläche an der «Straße des Königs». Drei Reihen von hängenden Gärten umgeben sie, und eine befahrbare Rampe mit einer Fußgänger-Treppe verbindet sie mit dem Weg. Das Gelände ist größtenteils durch einen kleinen Park von 3500 Quadratmetern Größe mit Pflanzen und Blumen erfüllt. Der Gatte und seine Gemahlin haben ihr Wohnviertel mit dem Alkovenraum, dem Badezimmer und dem Ankleidezimmer. Der Pharao hat auch ein Malerstudio, in dem Pinsel aus Palmfasern und «Stifte» aus Fischgräten gefunden wurden. Die Kinder haben sechs Kammern rings um einen eigenen Hof. Alle Wände, Decken und sogar die Fußböden sind malerisch ausgeschmückt mit Szenen vom Leben im Freien bei Blumen, Pflanzen, Haustieren und Vögeln.

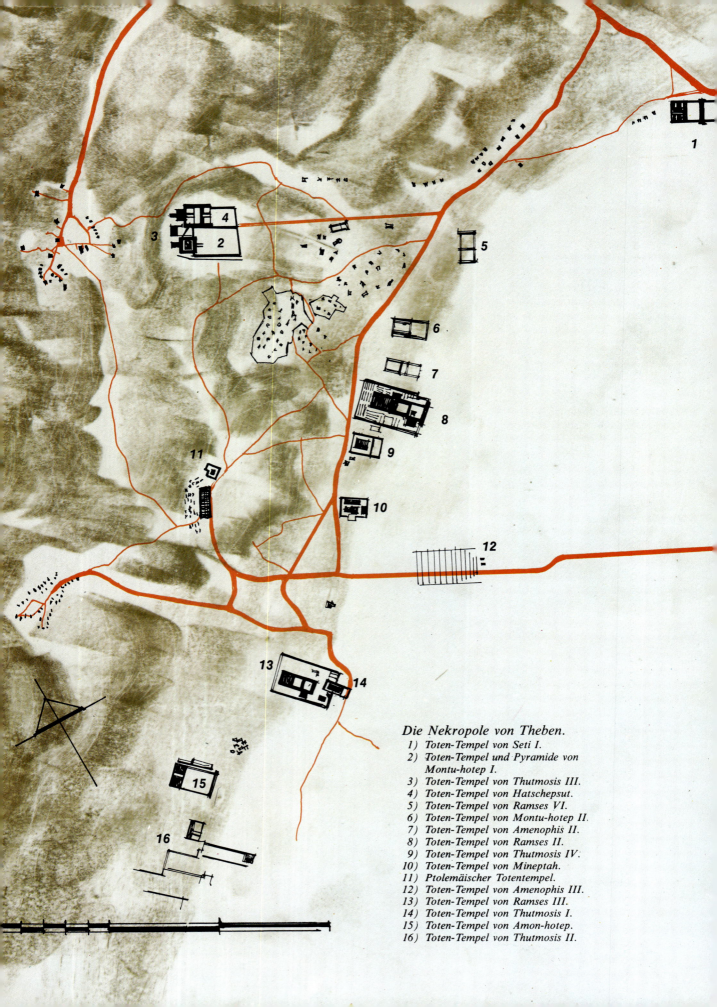

Die Nekropole von Theben.
1) Toten-Tempel von Seti I.
2) Toten-Tempel und Pyramide von Montu-hotep I.
3) Toten-Tempel von Thutmosis III.
4) Toten-Tempel von Hatschepsut.
5) Toten-Tempel von Ramses VI.
6) Toten-Tempel von Montu-hotep II.
7) Toten-Tempel von Amenophis II.
8) Toten-Tempel von Ramses II.
9) Toten-Tempel von Thutmosis IV.
10) Toten-Tempel von Mineptah.
11) Ptolemäischer Totentempel.
12) Toten-Tempel von Amenophis III.
13) Toten-Tempel von Ramses III.
14) Toten-Tempel von Thutmosis I.
15) Toten-Tempel von Amon-hotep.
16) Toten-Tempel von Thutmosis II.

DER JENSEITSGLAUBE
Die Nekropole von Theben

Bei der außergewöhnlichen künstlerischen, technischen und religiösen Entwicklung, an der er teilhatte, ist es natürlich, daß der Ägypter von Anfang an als zentrales Thema das seiner Identität und seiner Beziehung zum Universum erfaßte. Sein ganzes Denken ist im wesentlichen auf dem Dualismus begründet oder besser gesagt auf einem Dualismus, der aus der Einheit hervorgeht und sich in der Dreiheit vollendet.

Seit dem dritten Jahrtausend wird die ganze Schöpfung aus Materie und Geist in verschiedenem Maße erklärt, weshalb wir an einer Grenze die Welt der trägen Materie finden und an der anderen die des reinen Geistes. So ist das Erdenreich die dem Himmelreich entgegengesetzte Grenze, und jede «Bewegung» zwischen dem Menschen und dem anderen Reich bestimmt die wirkliche Ganzheit und Lebenskraft jeder Einzelperson. Deswegen ist die Erscheinung jeglicher Kreatur und jeden Dings dem «Ka» zu verdanken, dem göttlichen Atem, den der «große Gott» Râ der trägen Materie einhaucht. All das ist die ewige Wiederholung des Augenblicks, in dem das Absolute des eigenen Bildes gewahr wird und die heiligen Worte spricht: «Komme zu mir!» So unterscheiden sich der Stein, das Gebirge, der Nil, das Meer, Ägypten selbst und nehmen teil an der Göttlichkeit ihres «Ka», ihres Gottes, der Ursprung und Offenbarung ihres eigenen Seins ist.

Im Menschen, dem Fixpunkt der Schöpfung, Mikrokosmos zwischen Erde und Himmel, vollzieht sich der gleiche universale Prozeß. Tatsächlich modelliert der Gott «Khnum», der Bildner der Menschenrasse, zwei gleichartige Gestalten: den «Khet», der die träge Materie, den menschlichen Leib darstellt, und den «Ka», welcher der göttliche Hauch, der geistige Leib ist. Aus dieser Deckung, die jedem menschlichen Geschöpf Leben verleiht, entsteht der «Ba», die eigene Seele jedes Menschen, erwacht mithin das Selbstbewußtsein, der von dem des Schöpfers verschiedene Eigenwille. Das Wunder der Schöpfung kehrt wieder als Bewußtseinsakt im Menschen, der so das einzige Geschöpf wird, das mit Willen und Selbstbewußtsein begabt ist und mithin für die eigenen Handlungen verantwortlich.

Die besondere Anschauung des Ägypters in diesem immanenten und transzendenten Bezug ist die, daß sein Leben, seine Handlungen nicht von dem Ganzen gelöst sind, insofern mit seiner Seele gleichfalls der «Ka» wirkt, sein göttliches Ebenbild, der «Zeuge, daß er in der Barke der Wahrheit sitzt», weshalb seine Handlungen beständig am universalen Leben teilhaben.

In dieser kosmischen Ordnung bestimmt der «Ka» als Geistmensch auch den Handlungsbereich, die Lebensweise, der der Seelenmensch seinen Beitrag zollen muß, um damit die eigene Persönlichkeit nach den göttlichen Plänen zu entwickeln.

Das ganze ägyptische Volk setzt sich damit mit dem Bilde einer riesigen Pyramide gleich, auf der jede Stufe der Handlungsbereich des Einzelwesens und der Scheitelpunkt der des Meeres ist. Somit werden die Werke eines jeden Ursache und Halt für die des Pharao und er seinerseits wird zum Wegbereiter zwischen der endlichen und der unendlichen Welt.

Universale Harmonie waltet beständig zwischen der Welt des jetzigen und des späteren Lebens, weil der «Ka» des ägyptischen Volkes nicht zeitlich sondern ewig ist, so wie sich die irdische «Pyramide» in der himmlischen fortsetzt, und da die auf dieser Erde gebildete Gesellschaft aus dem Plan der göttlichen Wirklichkeit hervorgeht, der sein Ende im Himmel findet.

Der Pharao wird zum Garanten dieser vollständigen Erlösung, und sein Handeln als absoluter Vater und Schutzherr setzt sich auch nach dem Tode fort, so daß er zu allen gewandt, die noch in Leid und Elend leben, verkündet: «*streckt eure Arme aus, ihr aus dem Worte Gottes Geborenen, da ich den der fällt, aufheben werde, den der weint, trösten werde... ich werde alles tun, was mir der Herr erlaubt, der gut ist.*»

Im dritten Jahrtausend herrscht die Auffassung, daß die irdische Gesellschaft unmittelbarer Ausdruck göttlicher Pläne ist, weshalb der «Ka» des Pharao zur Kraft wird, die zur Unsterblichkeit erhebt, so daß die irdische Pyramide sich genau in der göttlichen widerspiegelt.

Im zweiten Jahrtausend gewinnt der «Ba» auch für den Pharao größere Bedeutung, und das göttliche Urteil erstreckt sich immer mehr auf alle Menschen. Das Leben verliert so das Geheimnis eines Ritus und erlangt die Bedeutung einer zu erfüllenden Sendung.

Das moralische Verhalten beruht nicht mehr auf den Verhaltensregeln, sondern wird zur «conditio sine qua non», um die große Probe zu bestehn, Beglaubigung, um sich das Jenseits zu sichern.

Mit dem Verfall des sozialen Zusammenhalts und der wirtschaftlichen Sicherheit, wird die Bemühung um moralische Rechtfertigungen im Hinblick auf einen möglichen Preis für die eigenen Handlungen immer unsicherer und verängstigter, da der endgültige Sieg des Guten über das Böse, das heißt des Lebens über den Tod, nicht einmal mehr den Machthabern sicher ist. Auch der Pharao wird einer sovieler Menschen, an denen der Zweifel nagt, daß die Mumie nicht mehr die Chrysalide sei, für die sich das ewige Leben erschließt, sondern der blosse Ankerplatz für eine Larve unbekannten Lebens. Der mißtrauische Ägypter sagt: «*Die Gräber der großen Baumeister sind verschwunden. Was ist aus ihnen geworden? Ich habe den Reden von Himotep und Hergedef gelauscht, die Vorschriften und Ratschläge bieten, die nie vergehen. Was aber ist aus ihren Gräbern geworden? Die Mauern sind verfallen, und die Gräber bestehen nicht mehr, so als ob sie niemals bestanden hätten. Es gibt keinen, der aus dem Jenseits käme, um uns von ihnen zu künden, um unsere Herzen zu beruhigen, ehe wir nicht die Welt erreichen, in die sie gegangen sind. Bleibe froh, mein Herz, nur das Vergessen wird dir Ruhe schenken.*»

In solcher Ungewißheit erscheint als kurze Parenthese

die von Echnaton, der mit der Religion der Gleichheit, Liebe und unmittelbaren Gottesbeziehung allen Menschen das Vertrauen auf die universale Erlösung wiedergibt. Sechs Jahrhunderte später, in der Zeit von Saïs (666–524), pocht das Herz der ägyptischen Geistigkeit noch in dem erworbenen individuellen Gewissen, der Gleichheit der Menschen vor Gott und in einem erneuten Vertrauen auf die göttliche Vorsehung. Das sind die letzten Nachklänge der tiefen antiken Religiosität, die mächtige und erleuchtete Auswirkungen auf das Denken der Völker gewinnen, die um Ägypten aufblühen, das heißt die Völker von Griechenland und Palästina.

HAUS DER TOTEN HAUS DES LEBENS

Wenn der «Ka» sich vom «Khet» trennt, wenn also der göttliche Geist den Leib verläßt, schwindet die Lebenskraft und dadurch tritt der Tod ein. Wenn für alle geschaffenen Dinge der Tod die Zerstörung des einzelnen bedeutet, ruft er für den Menschen auch die Loslösung seines «Ba» hervor, nämlich seiner Seele, und begründet den Beginn des Lebens im Übersinnlichen jenseits des Erdenreichs. Da es in der ägyptischen Vorstellung kein Aufhören der Dauer zwischen dem Erdenreich und dem Himmelreich gab und die Handlungen der Lebenden in direktem Zusammenhang mit denen der Toten blieben, gewannen die Grabriten und der Totenkult allergrößte Bedeutung.

Im Ritus der Beisetzung war der erste große Vorgang die Mumifizierung des Leichnams als des vom göttlichen «Ka» gewollten und bewohnten materiellen «Modells», das deshalb für den Abgeschiedenen häufig unerläßlich war als Endpunkt, um die Kenntnis seiner selbst und der eigenen Identität zu bewahren, solange er noch nicht mit dem Gotte Râ eins geworden war.

In prähistorischer Zeit und weiter im Brauchtum der einfachen Leute wurde der Leichnam in fötaler Haltung aufgenommen (wie um ihn in den Schoß der Muttergöttin zurückkehren zu lassen), dann in Ziegenleder eingenäht, in einen großen Tonbehälter eingeschlossen und schließlich in der Wüste beigesetzt. Das trockene und warme Klima war besonders geeignet, den toten Leib auszudörren und lange zu erhalten. Je nach der Bedeutung des Verstorbenen und den Möglichkeiten der Angehörigen schuf man später eine Grabkammer in der Tiefe eines Schachts, wo rings um die sterbliche Hülle Gerätschaften des Verstorbenen, kleine Modelle und Saatgetreide verteilt wurden. Dann wurde auf dem geschlossenen Schacht ein Steinhügel errichtet. Der Kult vollzog sich mit Speise- und Trankopfern am Hügel, wobei Aufforderungen ergingen wie: *«Steh auf und nimm diese Speise, die wir dir bieten...»*

Schon mit der IV. Dynastie war die Mumifizierung zu einer besonderen Kunst entwickelt und damit abhängig von den finanziellen Möglichkeiten und der politischen Bedeutung der Angehörigen.

Herodot berichtet von drei Verfahren der Einbalsamierung. Das billigste war auch für die wenig Begüterten erschwinglich. Es bestand in einer wirksamen inneren Auswaschung und Austrocknung durch Salz wie in den alten Zeiten. Das kostspieligste, durch das es gelang, soweit wie irgend möglich das Erscheinungsbild des Verstorbenen zu erhalten, dauerte viele Monate und war nur für wenige erschwinglich, kostete es doch die damals fabelhafte Summe von 26 Kilo Silbers.

Die Mumifizierung erfolgte im «Haus des Lebens» (eine Bezeichnung, die sich auch auf das Grab erstreckte, was für das religiöse Denken der Ägypter aufschlußvoll ist). Für die Vermögendsten folgten auf beständige Waschungen sorgfältige chirurgische Operationen, durch welche außer dem Gehirn auch die Eingeweide, Gedärme, Lungen und die Leber herausgenommen wurden. Diese Körperteile wurden getrennt mumifiziert und in vier Urnen (Kanopen) beigesetzt, die den vier Söhnen des Horus geweiht waren.

Die vielfältigen Operationen beruhten auf einer gründlichen Kenntnis der Anatomie und Medizin. Halten wir fest, daß die «höheren Ärzte» und die «Palastärzte» unter anderem das Rizinusöl, Klistiere, verschiedene Arten empfängnisverhütender Mittel und ein Schmerzmittel aus Nieswurz kannten. Berühmt sind die Abhandlungen über Chirurgie, äußere und anatomische Therapie, die während der XII. Dynastie (2000–1800) weit ältere Studien wieder aufnehmen. Hoch angesehen ist die Schule von Saïs (600–500) und ihres «Chefarztes» in der ganzen griechischen Welt. Außerdem erinnern wir daran, daß die Griechen Himotep mit dem Gott der Medizin Äskulap gleichsetzten und daß Hippokrates für seine Abhandlung über die Gynäkologie reichlich aus einem ägyptischen Text schöpft.

Der mumifizierte Leib des Verstorbenen wurde am Ende mit größter Sorgfalt in lange Leinenbinden gewickelt, in welche nach und nach Amulette jeder Art und Größe gesteckt wurden, die Punkt für Punkt ein Zeremoniell voller Gebete und Weihehandlungen befolgten. Jede Phase der Totenfeier wurde von besonderen Priestern vollzogen, den Erben geheimer Erfahrungen und magischer Kenntnisse, die sie zu einer mächtigen und gesuchten Klasse erhoben.

Die immer wieder mit Weihwasser und Gebeten gereinigte Mumie wurde mit dem plastischen oder gemalten Bildnis des eigenen «Ba» ausgestattet und dann in einen oder mehrere Särge gelegt, die späterhin der Form der Mumie angepaßt und mit dem Bild seines «Ka» bemalt werden.

Vom «Haus des Lebens» aus bewegte sich der Trauerzug. An der Spitze war der wertvolle Sarkophag unter einem blumengeschmückten Baldachin. Ihm folgten die Angehörigen mit den «Klageweibern» (Frauen und Kinder, die in Tränen ausbrachen und sich beständig Erde aufs Haupt streuten). Dann kam der lange Zug mit der Grabausstattung aus Möbeln, Gewändern und Schmucksachen des Verstorbenen bis zu den «Modellen» seiner Barken, seiner Geschäftsräume voller «Ushebti», das heißt Figürchen seiner Getreuen, wie um darzutun, daß sie ihre Aufgaben auch im Jenseits fortsetzten. Am Nil angekommen, setzte sich die Prozession auf dem heiligen Strom fort, dem Lebensquell Ägyptens, und damit begann imaginär die Fahrt zum himmlischen Nil. Das ideale Ziel war Abydos, das größte Osiris-Heiligtum, wo jeder Ägypter sich wenigstens ein symbolisches Grab ersehnte, das heißt eine Stelle neben der großen Reliquie des Gottes, des Königs der Lebendigen und der Toten.

In der eigenen Nekropole angekommen, erreichte der Leichenzug das Grab. In der Kapelle oder im Atrium wurden die Riten der Reinigung der Mumie mit Wasser und Weihrauch vollzogen. Dann begann die letzte und wesentliche Handlung der «Öffnung von Augen und Mund». An der Spitze der Angehörigen und Klageweiber verlas ein Priester die Zaubersprüche des «Totenbuchs».

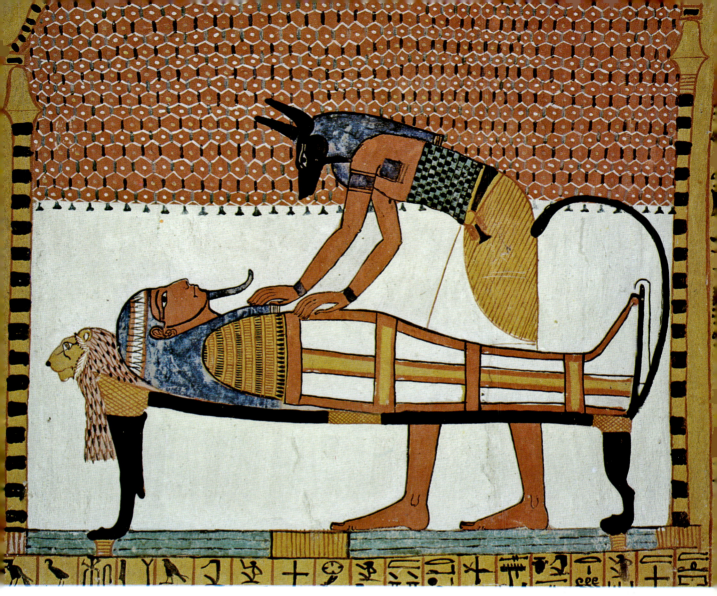

Die Mumie befand sich vor der heiligen Stele des Gottes Anubis imaginär aufgerichtet, während die Tochter und Ehefrau untröstlich weinten. Der «Kher-heb» im Leopardenfell, das heißt der Erbe des Verstorbenen in Priesterkleidung, versah die Mumie mit Duftwasser und Weihrauch. Zwei dienende Priester gossen Salböle und führten die Öffnung der Augen und des Mundes mit dem Skalpell und dem alten heiligen Handbeil aus Feuerstein durch. Diese magische Handlung hatte unmittelbare Wirkung im astralen Bereich, da der «Ba» des Toten nunmehr im Jenseits «sehen» und «sprechen» konnte, insofern als die Handlung selbst an zwei fundamentale Akte der Schöpfung erinnerte: die Geburt der menschlichen und göttlichen Geschöpfe, beziehungsweise der «Augen» und des «Mundes» des Râ.

Mit dieser feierlichen Handlung war die Vorbereitung des Verstorbenen für die große Reise beendet. Der Sarkophag mit allen Grabbeigaben wurde in die unterirdische Gruft versenkt. Jedes Ding war abgesiegelt, und der Schacht bis obenhin ausgefüllt und zugemauert. Damit kam der Beginn der anderen hochbedeutsamen Phase für die Beziehung zwischen Lebenden und Toten: der Kult des Abgeschiedenen.

Der Kult beruht vor allem auf Gebeten und Opfergaben, welche die «geistige Speise» nicht nur zugunsten des Verstorbenen, sondern auch der Feiernden darstellen. Die

Der Gott Anubis berührt Herz und Magen der Mumie und schaut ihr in die Augen, um sie zu erwecken und auf der Reise ins Jenseits zu begleiten. So setzt sich der von Anubis vollzogene Ritus fort, der Isis half, die verstreuten Glieder von Osiris zusammenzufügen und ihn wieder zu erwecken. Die Handlung vollzieht sich unter einem Baldachin mit halb gesenkten Vorhängen, ähnlich dem, welcher bei Beförderung des Verstorbenen benutzt wurde. Man beachte das prächtige «anatomische Bett» in Löwengestalt mit langem, hoch erhobenem Schwanz.

Gebete enthalten das Gespräch zwischen dem «Ka» des Lebenden und dem «Ka» des Toten, so wie die Bitten und Äußerungen der Zuneigung und Klage das Gespräch zwischen dem «Ba» des Lebenden und dem des Toten ausdrücken. Gebete und Bitten sichern die Hilfe des «Ka» der Familie und damit die Unversehrtheit des «Ka» des Lebenden und seine Beförderung zur Vereinigung der Seele des Toten mit dem eigenen Geist. Die Opfergaben haben die gleiche Zaubermacht, insofern sie das eigene «Ka» sowohl der Teilnehmer am Trauermahl als das des Jenseits-Wanderers ernähren. Die Feigenmilch, das Brot, das Bier und das Korn (Symbol der Auferstehung) ernähren den Leib der Seele, während das Wasser, der Salpeter und der Weihrauch den geistigen Leib versorgen. Die Kommunion zwischen lebenden und toten Wesen ist um so vollständiger, je mehr die Anwesenheit des «Ka» aller spürbar wird, und in der «Bewegung» wechseln mit den Gebeten und Zaubersprüchen die Bitten um Hilfe und Rat wie auch die Klagen und Danksagungen, so daß ein beständiger Kontakt waltet und die Familie dem vereint bleibt, der in der Sonnenbarke treibt.

Diese Fortdauer mit dem Leben offenbart sich deutlich in den Malereien, die ein fester Bestandteil des «Hauses des Lebens» des Toten sind. Zahlreich sind die Gräber, in denen der auf den Türpfosten abgebildete Eigentümer uns entgegenzukommen scheint, um als Führer durch sein Haus uns mit seinen Lieben bekanntzumachen und seinem Besitzstand, um über sein alltägliches Leben, seine Reisen und seine Unternehmungen zu berichten, um ebenfalls sein Ansehen im Dienst des Pharao herauszustellen und seine guten Werke als väterlicher Wohltäter für Freunde und Untergebene. Wie in einem magischen Film wohnen wir dem wunderbaren Schauspiel eines heiteren, glücklichen Lebens bei, wo bei allen Lebensfreude herrscht, eines Erdenlebens, das sich beständig in dem paradiesischen des Jenseits spiegelt.

REISE INS JENSEITS

Im Anfang der Geschichte führt der Pharao sein wie zu einer riesigen Pyramide geordnetes Volk zur Wiedervereinigung mit der astralen Pyramide. Der zu verfolgende Weg wird ihm von den heiligen Texten vorgeschrieben, die das ganze Wissen über den sichtbaren und unsichtbaren Kosmos enthalten. Einen Nachklang dieses uralten Wissens finden wir erstmals in den «Pyramidentexten», die in die Wände der Grabkammern der Pyramide von Unas (2400 v. Chr.) eingeschlagen sind.

Als der Pharao schließlich nur noch sein eigener Führer wird, kommen dann zahlreiche «Totenbücher», die «Texte der Sarkophage» und die «Bücher der 'Duat'» auf, die für jede Seele bestimmt sind, die sich auf dem Wege ins Jenseits befindet. Diese Texte setzen die Kenntnis des Totenreichs entsprechend dem religiösen Glauben voraus und enthalten Verhaltensregeln, Zauberformeln, heilige Rituale, geheime Gebete, um den Reisenden instand zu setzen, die zahllosen Proben zu bestehen, die ihn erwarten. Dies alles wechselt von einer äußersten Synthese der Beziehung von Seele und universalem Geist zu einer immer umfangreicheren Kasuistik, welche die Beziehungen verwirrend macht und sie mit dämonischen Bildern erfüllt, höllischen Visionen, wie sich allmählich das individuelle Gewissen entwickelt und die Macht des alten Glaubens erlahmt. Deshalb wechseln das Gleichgewicht und die Fortdauer zwischen irdischem und außerirdischem Leben und schwanken zwischen zwei Extremen: dem, das einer immer unverständlicher werdenden Unsterblichkeit entflieht, um sich verzweifelt an das irdische Dasein zu klammern, und dem, welches das überirdische Leben als Befreiung von diesem gequälten und engen Dasein verherrlicht.

Ein ergreifendes Beispiel des Lebensüberdrusses und der Bewunderung des Jenseits haben wir in dem Lied eines Dichters etwa 1790 Jahre v. Chr.: *«Schau an, der Tod steht vor mir wie die Erlösung von der Hölle, wie wenn man nach langer Krankheit ins Freie tritt. Heute tritt er mir entgegen wie Myrrhenduft, wie zur Ruhe unter dem Sonnensegel in den Stunden der Brise... heute steht der Tod vor mir und versucht mich, wie der Anblick des Hauses, dessen Gefangener er so lange war.»*

Die große und letzte Reise beginnt mit der Trennung des geistigen «Ka» vom stofflichen Leib. Das «Ba», die Seele des Menschen, wird des irdischen Lebens enthoben und schwebt ratlos um den Leichnam. Die mitleidige Göttin Isis nimmt sie unter ihre liebevollen großen Flügel

und vertraut sie dem weisen Gott Anubis an, um sie zu trösten und als Führer bis zum göttlichen Gericht zu stärken.

Die beiden machen sich auf den Weg zu den Grenzen der Welt und zwar zu einem der vier Gebirge, welche den Himmel tragen: dem westlich von Abydos, der heiligen Stadt des Osiris. Nach Überwindung des sehr hohen Berges fährt die Seele mit dem Boot von Khepra in die «Galerie der Nacht», in welcher der Strom der 'Unteren' fließt. Anubis gelingt es, den Nachen durch vielfache Strudel und Buchten zu steuern, die von der Riesenschlange Apofis stammen (ein Unterwelt-Tier, das in dem 'Amenti' haust). Schließlich dringt der Nachen ins Kerngebiet der Unteren ein, nämlich ins «Reich der geheimen Dinge».

Die Ufer und Wassermassen wimmeln von monströsen Wesen, die sich auf die Reisenden stürzen. Riesige Paviane versuchen, sie mit einem großen Netz zu fangen. Mit langen, spitzen Stacheln bewehrte Schlangen, feuer-

Transport der Mumie zur Nekropole.
1) Im «Haus des Lebens» wird die Mumifizierung des Leichnams vorbereitet. Die inneren Teile des Körpers werden getrennt behandelt und in die vier Kanopen getan.
2) Ein Priester verliest das Ritual. Die Mumie wird in die Leinenbinden gewickelt, in welche die Talismane gesteckt sind, und mit der heiligen Maske bedeckt.
3) Der Leichenzug bewegt sich zum Fluß mit dem Gezelt der Mumie und den Totenbeigaben.
4) Der Leichenzug begibt sich mit den Booten in Richtung des Heiligtums von Abydos.
5) Anlegen des Leichenzugs an den Ufern der Nekropole.
6) Die Mumie wird mit der Barke und den kostbaren Beigaben auf die in den Felsen geschlagene abschüssige Treppe verbracht.
7) Es vollzieht sich die endgültige Zeremonie der «Öffnung der Augen und des Mundes». Zusammen mit der Gattin und den Kindern, die sich zu Füßen der Mumie umarmen, erheben die Klageweiber die letzten Schreie.
8) Die Gruft ist bereits fertig.
9) Ein Teil der Beigaben ist in den Opfergaben-Raum verbracht worden.
10) Der Schatz ist bereits in dem vorgesehenen Raum aufgestellt worden.
11) Sobald die Aufstellung der Gaben und der Mumie in dem Saal des Sarkophags beendet ist, werden die Räume vermauert und die mit Steinen und Sand gefüllten Zugänge werden versiegelt.

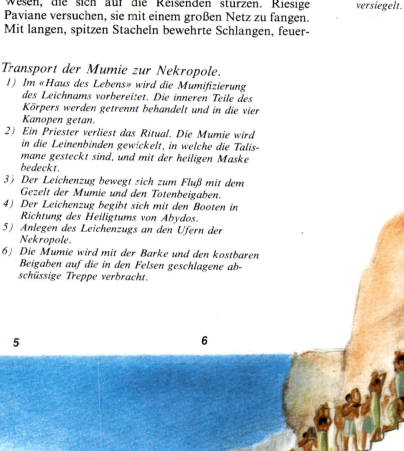

Reise ins Jenseits.
a) *Trennung des Ka (Geist) und des Ba (Seele).*
b) *Anubis führt liebevoll den Verstorbenen.*
c) *Beginn der Reise unter dem Schutz der Isis.*
d) *Ankunft am westlichen Gebirge, dem Tor der Unteren.*
e) *Niederfahrt auf dem Fluß des «Stollens der Nacht», Reise im düsteren Reich von Seth.*
f) *Riesige Paviane versuchen, die Barke zu stören.*
g) *Die «Feinde von Osiris» bestürmen die Barke.*
h) *Die Schlange Apofis versucht, die Durchfahrt zu hindern.*
i) *Probe der Sieben Tore am Ausgang.*
l) *Probe der Zehn Pylone am Eingang.*
m) *Empor auf der «Treppe der Gerechtigkeit». Alle Götter-Ka des Erschaffenen wohnen bei.*
n) *Schluß-Gericht vor Osiris. Anubis wiegt das Herz mit der Feder. Thot und das Ungeheuer Amenuit überwachen den Vorgang.*
o) *Die erlöste Seele reinigt sich im Lotos-See.*
p) *Ewiges Leben in den paradiesischen «Feldern von Jalu».*
q) *Jagd, Fischfang, Arbeit entlang dem «Himmlischen Nil».*

speiende Drachen, Reptilien mit fünf gierigen Köpfen kommen am Land und im Wasser beständig hervor. Überall Geheul, furchtbare Drohungen, herzzerreißende Klagen von wandernden Schatten, von Wesen, die der Geist zurückgewiesen hat, menschliche Larven ohne Köpfe und Feinde des Osiris. Zur Verteidigung und dem Beistand durch Anubis tragen göttliche Lichtwesen bei, die sich schweigend um die schwache, vom Entsetzen fast vernichtete Seele des Verstorbenen scharen.

Am Ende gelangt man an die Grenzen des düsteren Reiches der 'Duat'. Um hinauszukommen, muß man sieben Tore durchschreiten, und um in den großen Saal des Osiris zu gelangen, zwischen zehn Pfeilern hindurchgehn. Jede Tür wird von drei Gottheiten bewacht: dem Zaubergott, dem Hütergott und dem Gott des Verhörs. Um durchgehn zu können, muß die Seele die angemessenen Zauberworte kennen und den geheimen Namen des Wächters der Schwelle, wonach sie dann sagen kann: «Öffnet mir die Tür, werdet mein Führer.» Nach Überwindung der sieben Türen beginnt der Gang durch die zehn Pfeiler, und jeder Gott und Herr des Pfeilers

offenbart ihm seinen «geheimen Namen» für die Ewigkeit.

Nach dem letzten Pfeiler betritt die Seele den «Großen Saal der Gerechtigkeit des Osiris». Ringsum sind die Götter des Alls, die kosmischen «Ka», Bilder des gleichen absoluten Gottes, in dem sie sich in tausend Farben wie in einem riesigen Kaleidoskop wiederspiegeln. (Im Grabe von Thutmosis III. sind 741 Götter dargestellt.) In der Mitte erhebt sich eine Stufenpyramide, welche die von der langen Erprobung matte Seele mit beständiger Unterstützung des guten Anubis ersteigt. Auf der oberen Plattform der Pyramide befinden sich die vier obersten Richter, das heißt die Paare, welche den Ursprung des Geschaffenen bewirkt haben: Shu und Tefnut (Luft und Wasser), Geb und Nut (Erde und Himmel). Diese Richter sind als reiner Ausdruck der göttlichen Schöpfung mit Osiris gegenwärtig. Zu Füßen des Gottkönigs des Jenseits steht die riesige Waage für das «Wiegen des Herzens».

Damit ist der Höhepunkt erreicht; die Seele steht allein vor dem höchsten Gott und muß beweisen, «niemals jemand etwas Böses angetan zu haben».

Hohe und klare Ideale haben den Prüfling sein ganzes Leben lang geleitet: *«Wenn du groß bist, nachdem du klein gewesen bist, wenn du reich bist, nachdem du arm gewesen bist, sollst du nicht mit deinen Reichtümern geizen, weil sie dir als ein Geschenk Gottes zugefallen sind... Wenn sie dir also als ein Geschenk Gottes zufielen... Wenn du also deine Felder bestellst und sie dir Frucht tragen, sollst du nicht nur den eigenen Mund stopfen, gedenke deines Nächsten und dessen, daß die Fülle dir von Gott gegeben wurde...»* Ptah-Hotep mahnt in seinen Maximen, die zweitausendfünfhundert Jahre lang wiederholt wurden: *«Säe keine Furcht unter den Menschen, denn Gott wird dich in gleicher Weise bekämpfen. Was den betrifft, der das Leben mit Gewalt gewinnen will, wird Gott ihm das Brot vom Munde nehmen, wird ihm die Reichtümer entziehen und ihn zur Ohnmacht verdammen. Säe keine Furcht unter den Menschen, schenke ihnen ein Leben in Frieden, und durch den Frieden wirst du gewinnen, was du mit dem Kriege erwerben möchtest, denn dies ist Gottes Wille.»*

Das größte «Denkmal» jedoch, welches das alte Ägypten der Ethik der Welt geschenkt hat, ist in den Sätzen

enthalten, die Nefershem-Râ beim höchsten Gericht ausspricht: «*Ich habe dem Hungrigen Brot gegeben, ich habe dem Durstenden zu trinken gegeben, ich habe dem Nackten Kleidung gegeben, ich habe den Strom den überqueren lassen, der kein Boot hatte, ich habe den beerdigt, der keine Kinder hatte.*»

Man sollte bedenken, daß diese Grundpfeiler menschlicher Güte in zahlreichen Mastabas wiederholt werden, und somit zu den Idealen gehören, die dreitausend Jahre früher den Weg bereiteten, der ins Himmelreich führte.

Kehren wir zur Reise ins Jenseits zurück. Sobald die Seele ihre Handlungen bekannt hat, wird ihr Herz – das sie enthält – gewogen. Anubis selbst legt das Gefäß mit dem Herzen auf die eine Waagschale, und auf die andere legt er das Gegengewicht, das heißt die Feder von Maat, der Göttin der Wahrheit. Dann löst er den Waagebalken.

Der Gott Thot verzeichnet die Handlungen, während von der Erde das Ungeheuer Amenuit (aus Krokodil, Löwe und Nilpferd) herbeikommt, bereit die verlierende Seele zu verschlingen und sie in das Dunkel von Sokaris zu bringen.

Wenn das Herz leichter als die Feder ist, ist die Seele «gerechtfertigt» und der geistige 'Ka' kehrt zurück, um sie für die Ewigkeit zu beleben. Einige Papyri stellen diesen bezaubernden Augenblick dar mit dem Bild der ausgestreckten Mumie auf der Höhe einer Stufenpyramide, wie sie den unendlichen Raum betrachtet, während acht weiße Gestirne niederzusinken und sie langsam zu durchdringen scheinen.

Damit beginnt das Leben im Paradiese, das heißt in den «Feldern von Jalu». Zunächst reinigt sich die Seele von allen irdischen Schlacken durch ein Bad im «Lotos-See». Danach wie rein und jugendlich im Schoß der Muttergöttin 'Mut', wächst sie heran und arbeitet als Selige in den paradiesischen Gefilden. Mit ihren Lieben wieder vereinigt, geht sie zur Jagd und fischt am Ufer des himmlischen Nils. In dies verzauberte Leben in der Natur, in diese Rückkehr ins goldene Zeitalter der Herrschaft des Osiris auf Erden, dringt allmählich das Sonnenreich des reinen Geistes ein. Die gereinigten Seelen steigen immer höher auf der Leiter aus den Lichtstrahlen von Aton-Râ, bis sie die «Barke der Wahrheit» erreichen.

Die letzte Etappe der Großen Reise in die Ewigkeit bietet drei große Aussichten. Die erste ist bereits in der antiken Vorstellung enthalten, nach welcher die menschliche Persönlichkeit, einmal wiederhergestellt und «gerechtfertigt», fortfährt als Teil des Ganzen und des göttlichen Willens zu wirken, indem sie sich dem Heer des Horus einreiht, um das Böse und damit das Leiden auf Erden zu bekämpfen. Die zweite, nämlich das Aufgehen der Seele im ägyptischen Nirwana, erscheint in einem sehr schönen Bilde der «Erzählungen von Sinuhe»: «... *er wurde in den Himmel entführt und befand sich so mit der Sonnenscheibe vereint, und sein Leib kehrte zu Dem zurück, der ihn erzeugt hatte.*» Die dritte, das Wiederfinden des eigenen Seins im Absoluten wird von der seligen Seele so besungen: «*Ich bin gestern, ich bin heute und kenne das morgen, ich bin Râ und Râ ist ich selbst... das Sein ist in mir, das Nicht-sein ist in mir*» .. «*ich bin Herr der Seele Gottes, der mich in seinem Schoß umschließt.*»

Das Schiff des Gottes Khnum trägt die Geister der königlichen Vorgänger, um die Reise des Pharao ins Jenseits zu schützen. (Grab von Seti I. [Sethos].)

DAS TAL DER KÖNIGE

Insbesondere in vergangenen Zeiten erschien das Tal wie eine erschreckende Schlucht außerhalb des irdischen Lebens, die sich zwischen den von der Sonne verbrannten Felsen verlor. Dennoch befinden sich im Innern dieser Einöde noch die Bilder einer würdevollen Welt von großem Gleichgewicht, die zu Ehrfurcht und Nachdenklichkeit führen. Außer den Kunstschätzen, wie den Ausschmückungen der Wände und der Bauweise der unterirdischen Grüfte, bargen die Gräber in reichem Maße wertvolle Zeugnisse. Fast alle wurden erbrochen und der eigenen Beigaben von unschätzbarem Wert schon seit der Pharaonenzeit beraubt. — In der Ptolemäerzeit waren schon viele entweiht und enthalten noch die Spuren der «Touristen» der Antike. — Heute bewahren die Gräber der großen Könige ihre architektonische Bedeutung und ihre Gemälde. Die Grabanlagen dieser thebanischen Dynastien unterscheiden sich von den vorhergehenden in der monumentalen Anordnung. Zur Zeit der Pyramiden waren Grab und Toten-Tempel wirklich verbunden, und das Grab hatte vorrangige Bedeutung. Mit der Nekropole von Theben erhebt sich der Toten-Tempel großartig an der Grenze zwischen der Wüste und dem fruchtbaren Land. Das Grab wird nun auch selbst ein Tempel, aber von beschränkter Ausdehnung und eifersüchtig im Herzen der Wüste verborgen. Diese unterirdischen Gruftanlagen entwickeln sich im allgemeinen an einer Längsachse und folgen so der traditionellen Struktur des Tempels. Ein langer in zwei oder drei Abschnitte geteilter Gang führt zu dem unterirdischen Tempel. Dieser besteht aus einer oder mehreren Pfeilerhallen, die von Sakristeien und Kammern für die Beigaben umgeben sind. Schließlich kommt dann die Schatz-Kapelle. Einige Grüfte haben seitliche Abzweigungen, wie die von Amenophis II. und Ramses II., und mehrere Stockwerke, wie die besonders schöne von Sethos I. Die Gruft von Hatschepsut hat einen sehr langen gewölbten Gang, der bis auf etwa 30 Meter hinunterführt, um wenige Räume zu erreichen. Die Bilddarstellung der Königsgräber beschränkt sich nicht auf die Fortdauer des Lebens im Jenseits, sondern wendet ihre ganze Aufmerksamkeit der Fortdauer des Lebens des Pharao in Verbindung mit den Göttern zu und seinem Sieg auch über den Tod als Beweis seiner Göttlichkeit. Deshalb greift die Darstellung auf, was in den Pyramidentexten der Gruft von Unas begonnen ist, und verbindet den Ruhm des Erdenlebens im Toten-Tempel mit dem des göttlichen Daseins im unterirdischen Tempel. In dem letzteren konzentrieren sich deshalb alle geheimen Beziehungen zur übersinnlichen Welt, die entsprechend den heiligen Texten dargestellt und aufgeteilt werden. Sie stellen eine einweihende Wegbeschreibung dar, die zur Identifikation mit dem Himmel, mit Râ, dem Höchsten Sein, leitet.

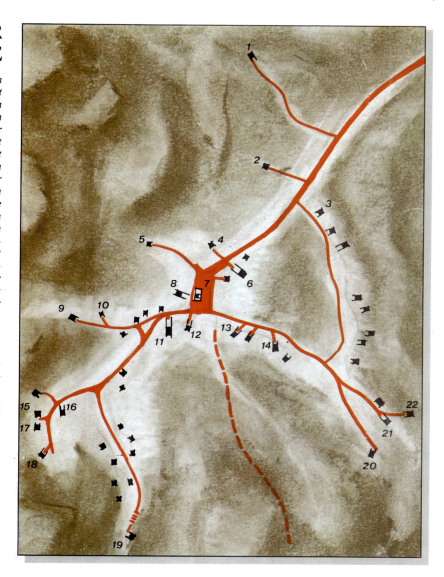

1) Ramses VII.
2) Ramses IV.
3) Ramses III. (nie benutztes Grab).
4) Ramses II.
5) Mineptah II.
6) Ramses IX.
7) Tut-Anch-Amon.
8) Ramses VI.
9) Amenophis II.
10) Horemheb.
11) Ramses III.
12) Amon-mes.
13) Ramses I.
14) Seti I. (Sethos).
15) Seth-nakht.
16) Mineptah I.
17) Thutmosis I.
18) Seti II.
19) Thutmosis III.
20) Thutmosis IV.
21) Fürst Montu Khopechef.
22) Königin Hatschepsut.

Ramses IX.

Dem Zugang zum Grab geht eine in den Felsen geschlagene Treppe voraus mit einer Mittelrampe, um schwere Gegenstände herabzulassen. Der Gang und die beiden Seitenkammern sind mit Szenen aus dem «Totenbuch» ausgeschmückt sowie mit solchen aus den «Sonnenlitaneien» und schließlich dem «Buch von dem, was in der Duat ist». Die Decke der Gruft des Sarkophags ist mit Sternen-Szenen ausgeschmückt.

Detail von der Wandung des Gangs.
Oben: die Sonnenbarke von Khnum, gelenkt von gütigen Schlangen, den Vorfahren und den Göttern Hathor und Horus. Unten: zwei Schutzgeister mit der Schlange Sokaris und dem Skarabaeus der aufgehenden Sonne.

Ramses VI.

Auch in diesem Grabe, wie im vorhergehenden, ein langer in drei Abschnitte gegliederter Gang. Die Gruft ist auf zwei Räume beschränkt: der erste enthält den granitenen Sarkophag (etwa 3,00 × 2,00 × 2,80 Meter) und zeigt Szenen aus dem «Buch der Türen» auf den Wänden und Sternenszenen an der Decke. Der zweite ist in Form eines Kreuzes angelegt und ist mit Szenen aus dem «Buch der Höhlen» geschmückt.

Details aus der besonders schönen Decke der Sarkophag-Kammer, an der die Himmelsgöttin Nut zweimal riesenhaft dargestellt ist, wie sie die westliche und die östliche Sphäre umfängt. Beide Hemisphären sind voller Sternengötter, die im Gefolge der Sonnenbarken auf dem himmlischen Nil das Geleit geben.

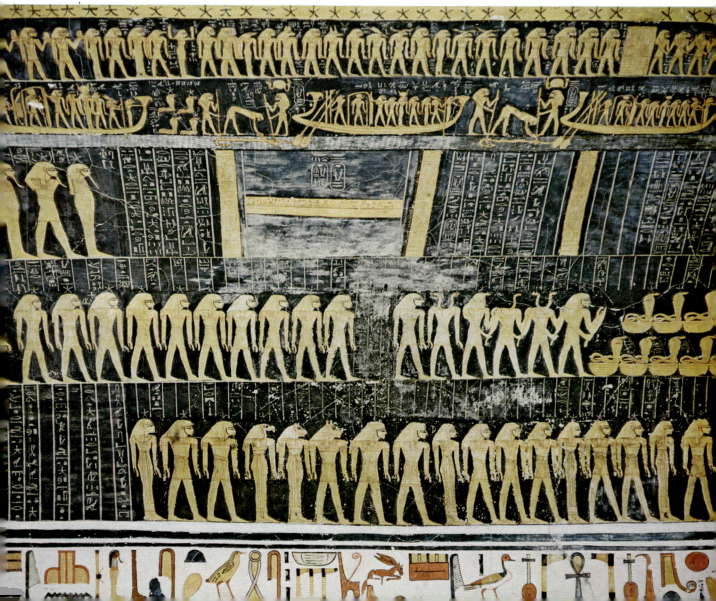

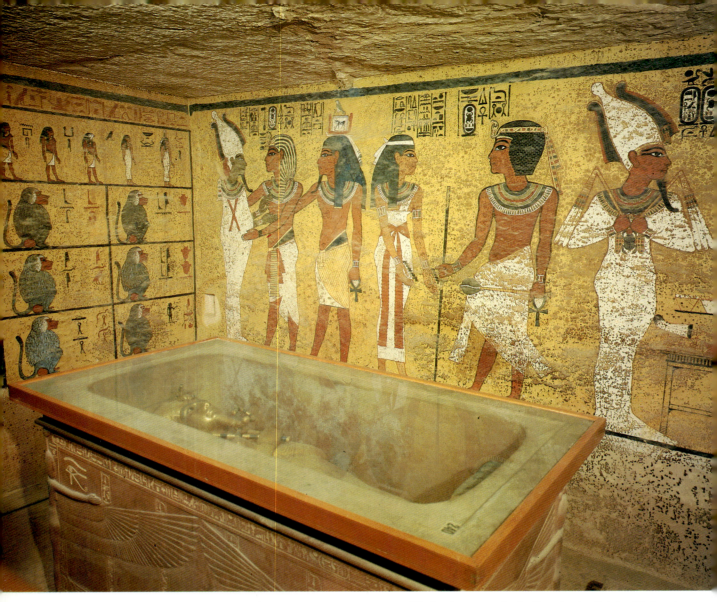

Die Sargkammer, wie der Besucher im Tal der Könige sie heute sieht und und wie sie Carter sah, mit dem riesigen Katafalk, der fast die gesamte Grabkammer einnahm.

Querschnitt durch das Grab des Tutanchamun.

Tutanchamun.

Dieses Grab ist das abgelegenste, aber auch berühmteste des Tals der Könige wegen des unermeßlichen künstlerischen und archäologischen Schatzes, der dort im Anfang des 20. Jahrhunderts entdeckt wurde. Die Grabstatt ist bescheiden, weil sie in Eile für einen Pharao von geringerer Bedeutung hergestellt wurde, der sehr jung verstarb. Tutanchamun (1354-1345 v. Chr.) lebte in der durch politisch-religiöse Kämpfe unruhigen Zeit, die mit dem Tode des großen «ketzerischen» Pharaos Echnaton (1372-1354 v. Chr.) begann. Sie wurden einige Zeit danach durch den mächtigen Horemheb (1340-1314 v. Chr.) beigelegt. Die Grabstatt beschränkte sich auf einen kurzen Gang, der zur Vorkammer führte, an die sich rechterhand die Sargkammer und Schatzkammer anschließen, während sich linkerhand eine Seitenkammer befindet, die zur Aufnahme der Opfergaben und der Ausstattung bestimmt war. Von der ganzen Anlage wurde nur die Sargkammer mit übrigens mittelmäßiger Ausschmückung bedacht. Dargestellt ist dabei König Eje, der zweite Gatte von Nefer-Titi (Nofretete) und Nachfolger von Tutanchamun, der an der als Osiris dargestellten Mumie das Ritual der «Öffnung der Augen und des Mundes» vollzieht.

Bald nach Aufstellung der Grabbeigaben und der Versiegelung wurde die Gruft von Räubern heimgesucht, die gestört wurden und nur wenige Gegenstände fortnahmen. Notdürftig in Ordnung gebracht und aufs neue von den Priestern versiegelt, hatte die Gruft hundert Jahre später das Glück, unter dem Grabungsschutt der höher darüber angelegten Grabstatt von Ramses IX. zugeschüttet zu werden. Damit verschwand jede Spur ihrer Anlage, so daß sie für fast dreitausend Jahre in Vergessenheit geriet, das heißt bis zum Jahre 1922, in dem die gründliche Erfahrung und glückliche Eingebung von Howard Carter sie wieder ans Licht brachte. Die Entdeckung des Grabes von Tutanchamun in einem nunmehr fast völlig ausgegrabenen Tal brachte dem Archäologen großen Ruhm ein, aber auch großen Verdruß. Der bestürzende Reichtum, der zum Vorschein kam und sich heute im Museum von Kairo befindet, führt zur Besinnung darauf, was die Menschheit mit der Ausraubung von Gräbern von Pharaonen der Größenordnung von Amenophis III., Seti I., Ramses II. und Ramses III. verloren hat.

Die Entdeckung des Grabes

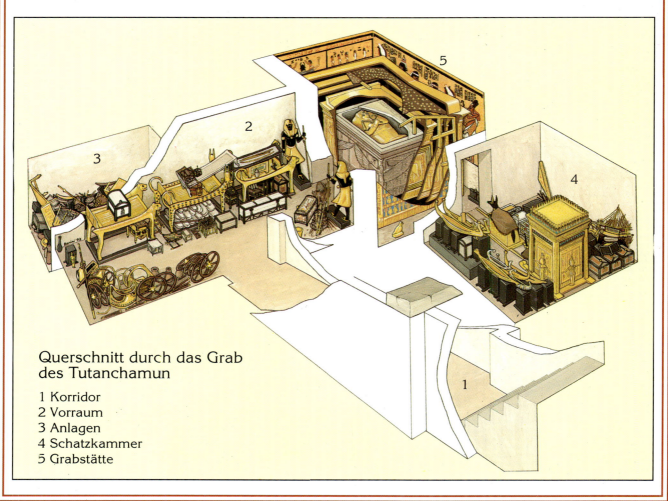

Querschnitt durch das Grab des Tutanchamun

1 Korridor
2 Vorraum
3 Anlagen
4 Schatzkammer
5 Grabstätte

1. Blick in die Vorkammer, wie sie sich den erstaunten Blicken Howard Carters am 26. November 1922 bot: links erkennt man die zerlegten Streitwagen des Pharaos und rechts zwei der drei zoomorphen Totenbetten.

2. Teil der Grabausstattung des Tutanchamun in der Vorkammer des Grabes: in der Mitte das schönste der drei Totenlager, bei dem die Seitenteile Kühe mit lyraförmigen Hörnern darstellen, zwischen denen die Sonnenscheibe erscheint.

3. Die beiden Statuen stellen den «Ka» (die doppelte Seele) des Pharaos dar, regelrechte Wachen an der Grabkammer. durch ein Loch in der Wand kann man den vergoldeten Holzsarkophag erkennen, der praktisch den ganzen Raum einnahm.

4. Blick in das Innere der Grabkammer des Tutanchamun. Die Statue des Anubis, mit einem Tuch bedeckt und mit einer Blütenkette geschmückt, bewacht die Schatzkammer des Königs. Im Hintergrund sieht man den «Naos der Kanopen», den goldverkleideten Holzschrein, der die Kanopenvasen des Pharaos enthielt.

5. Der bewegende Augenblick, in dem Carter und seine Assistenten vor dem Sarkophag des Pharaos standen, nachdem sie die vier Schreine geöffnet hatten, die wie chinesische Schachteln einer in den anderen paßten. Das Öffnen war eine mühsame Arbeit und nahm 84 Tage in Anspruch.

Seti I. (Sethos)

Eines der größten und beachtlichsten Königsgräber. Lange Treppen und Gänge führen zur Gruft: ein Gesamt-Organismus von verschiedenen Hallen mit mehreren Pfeilern, die auf unterschiedliche Ebenen verteilt sind. In der Vorhalle befindet sich ein Absperr-Schacht. Anscheinend ist der große Plan durch den Tod des Pharao nicht ganz ausgeführt worden.

Detail des Geleitzugs der heiligen Barken. Wir erblicken die Barke des Gottes Khnum und das von der großen Schlange behütete Tabernakel.

Detail von der langen Reihe von Mauern und Toren (mit den zugehörigen Wächtern) die das Reich der Duat, das die Schlange Apofis schützt, vom Reich des Osiris scheidet, das eine unendliche Kette von Schutzgeistern und Göttern schützt.

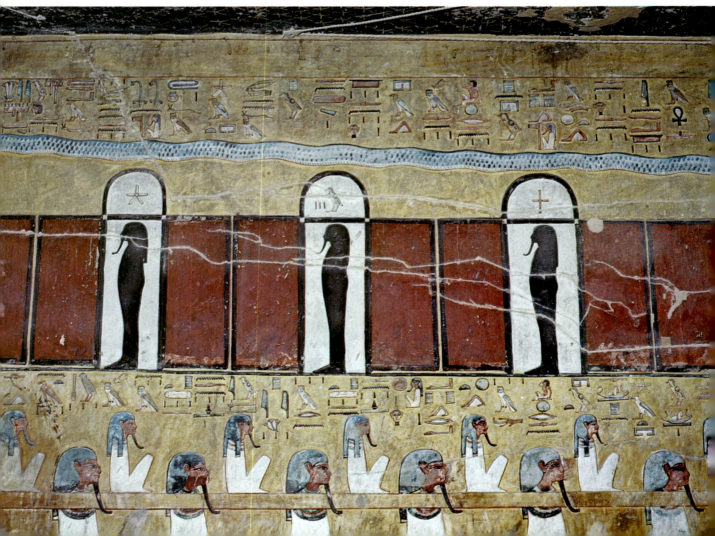

Gegenwärtiger Zustand der monumentalen Anlage von Deir el-Bahari.

DEIR EL-BAHARI

Die Ortschaft verdankt ihren heutigen Namen der «Versammlung des Nordens», die sich in den Trümmern des Tempels von Hatschepsut eingerichtet hatte und ihn vor völliger Zerstörung bewahrte. Das ganze Tal war der Göttin Hathor geweiht und dazu bestimmt, seit der XI. Dynastie Nekropole zu werden. Dann wurde es aufgegeben und fünfhundert Jahre später durch die Königin Hatschepsut zum höchsten Glanz gebracht.

Rekonstruktion der Monumental-Anlage von Deir el-Bahari.

Der ganze Bereich links wird von der monumentalen Nekropole von Montu-Hotep I. eingenommen. Nach dem Gebirge zu erhob sich der große Tempel von Thutmosis III. Er besaß eine ganz mit Säulen versehene Fassade, eine große Säulenhalle mit erhöhtem Mittelbau und schließlich ein viersäuliges Heiligtum. Von dem ganzen Tempel blieben nur noch die Fundamente und Bruchstücke der schönen bemalten Basreliefs, die heute im Museum von Luxor aufgestellt sind. Der ganze Bereich rechts wird vom Tempel der Königin Hatschepsut eingenommen. Er besteht aus zwei riesigen Stufenterrassen, die einer dritten vorangehen, auf der sich der eigentliche Tempel erhebt. Von dieser Anlage werden in der Rekonstruktion die beiden letzten Stufen gezeigt. Der erste Vorplatz war früher einmal von Pylonen abgeschlossen, und eine Alleee von Sphingen und Obelisken bildete den Zugang. Im Hintergrund des ersten Platzes befindet sich ein Portikus mit Pfeilern und Säulen. Auf der Wand im Hintergrund Szenen vom Transport und der Aufrichtung eines Obelisken. Eine Rampe führt zur zweiten Stufenterrasse, wo sich rechts und in der Ecke ein sehr schöner Portikus mit protodorischen Säulen zeigt. Im Hintergrund abermals ein Portikus mit doppelter Pfeilerreihe und auf der Wand Szenen aus dem Leben von Hatschepsut von ihrer Geburt bis zu ihren Expeditionen in das geheimnisvolle Land Punt. In der Nord-Ost-Ecke der kleine vollständig erhaltene Anubistempel mit Säulenhalle und drei Kapellen. Im Inneren nach Süd-Westen der kleine Tempel der Göttin Hathor mit zwei anstoßenden Säulenhallen mit hathorischen Säulen. Die zweite Halle ist mit Darstellungen der Feste zu Ehren der Göttin ausgeschmückt. Im Hintergrund, in den Felsen gehöhlt, die Kapelle mit Szenen der anbetenden königin Hathor in Gestalt einer Kuh; in einigen Szenen erscheint der große Architekt Senmut, der Schöpfer des großen Tempels. Auf der letzten Terrasse weiterhin Vorhallen mit Pfeilern und einem fast intakten schönen Mittelportal. Es folgt ein großer Hof mit doppeltem Säulengang ringsum. Rechts der Sonnentempel des Gottes Horakaty. Links die Thutmosis I., dem Vater der Königin, geweihte Kapelle. In der Mitte die Gruft von Hatschepsut mit sehr schönen ausgemalten Basreliefs, welche die Opferung des Stiers und der Antilope darstellen.

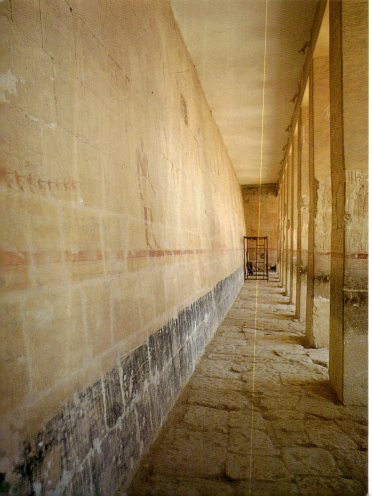

Der Tempel von Hatschepsut.

Es ist ein Werk von großer Bedeutung in der Geschichte menschlicher Leistungen, geschaffen von dem Architekten Senmut als einem würdigen Erben von Imhotep, der eintausendzweihundert Jahre früher hervorgetreten war. Der riesige Tempel war zum Teil für den « Ka » von Thutmosis I. (1530-1520 v. Chr.) bestimmt, den Vater der Königin Hatschepsut (1505-1484 v. Chr.) und für den «Ka» der letzteren, womit deren Recht auf das Königtum bestätigt wurde, obwohl sie eine Frau war.

Detail der prachtvollen Kapitelle des kleinen Tempels der Hathor. Man beachte die Voluten rings um das Gebäude mit den Sonnen-Kobras, die das jonische Kapitell um tausend Jahre vorwegzunehmen scheinen.

Vier Ansichten des Tempels.

DAS TAL DES ADELS

Die Gräber der großen Würdenträger des mittleren Reichs erstrecken sich über drei zusammenhängende Bereiche, die heute die Namen Assassif, Khokhah und Scheik Ald el Gurnah tragen. Die Gräber unterscheiden sich ausgesprochen von denen der Könige nicht nur in der einfachen Bauweise, sondern auch in der Lebendigkeit und dem seltenen Realismus ihrer Darstellungen.

Die Bereiche von Assassif und Khokhah sind fast eben, doch sind den vier Meter von der Oberfläche eingegrabenen Kammern kleine Plätze unter freiem Himmel vorgelagert und steile Treppen, die in den Felsen hinabführen. Der Bereich von Gurnah hat einen hügeligen Geländeteil den hohen thebanischen Beamten vorbehalten. Den Gräbern, die in den Felsen eindrangen, war im Osten eine kurze Fläche vorgelagert, und der Eingang wurde von einer kleinen Pyramide überragt. Ringsum und im Vorraum waren Stelen mit Inschriften und biographischen Szenen aufgestellt. In einigen Gräbern tritt aus der Nische im Hintergrund die Statue des Verstorbenen manchmal mit seiner eigenen Frau zugleich hervor.

Diese Gräber sind nicht immer von großer Bedeutung, interessieren aber, um eine Vorstellung von den hohen Ämtern und Aufgaben im alten Ägypten zu gewinnen. Wie in den anderen Fällen folgen einige ausgewählte Beispiele, um eine Übersicht über die erstaunliche Skala von Kunstwerken in der thebanischen Nekropole zu ermöglichen.

Kiki.
Von diesem Grab an (halb aufgegeben und einmal in einen Stall verwandelt) ermessen wir den wesentlichen Unterschied zwischen den königlichen Grüften und denen des Adels, vor allem hinsichtlich des Inhalts und der Lebendigkeit der Darstellungen.

Szenen von der Überführung des Leichnams nach Abydos und in die Nekropole. Einzelheiten von den Klageweibern und den Trägern von Tischen mit Opfergaben.

Kiki mit Bärtchen, dem seine Gattin mit dem Sistrum in der Hand folgt.

1) Pnim-Râ «Zweiter Prophet von Amon».
2) Nefer-Hotep «Vorsteher der Schreiber von Amon».
3) Amon-emhat Surer «Ratgeber des Königs».
4) Nebamon «Schreiber des Schatzamts».
5) Nefer-onpet keuro «Schreiber des Schatzamts».
6) Mose «Schreiber des Schatzamts».
7) Pabasa «Kammerherr der Göttlichen Anbeterin».
8) Aba «Kammerherr der Göttlichen Anbeterin».
9) Montu-emhat «Vierter Prophet von Amon».
10) Kheruef Senaa «Verwalter der Großen Gemahlin des Königs».
11) Kiki «Königlicher Verwalter».
12) Diär «Wächter des königlichen Harems».
13) Zoser-Karaseneb «Verantwortlicher Schreiber des Getreides».
14) Amon-Mose «Kommandant der Truppen».
15) Uah «Haushofmeister des Königs».
16) Toi «Königlicher Schreiber».
17) Miu «Präfekt von This».
18) Paser «Gouverneur der Stadt».
19) Nakht «Schreiber, Astronom von Amon».
20) Neferhabef «Erster Prophet des königlichen Kâ».
21) Nediemge «Inspektor der Gärten von Amon».
22) Menna «Kataster-Schreiber».
23) Nebamon «Königlicher Schreiber, Inspektor der Kornspeicher des Königs».
24) Huy «Bildhauer von Amon».
25) Ramose «Vizekönig und Gouverneur der Stadt».
26) Usirhat «Königlicher Schreiber».
27) Kha-emhat Mahu «Königlicher Schreiber, Inspektor der Kornspeicher».
28) Amon-hotep sise «Zweiter Prophet von Amon».
29) Amon-emhat «Schreiber und Rechnungsführer der Kornspeicher des Königs».
30) Amon-emhat Mahu «Kommandant des Heeres».
31) Rekhmara «Vizekönig und Gouverneur der Stadt».
32) Ineni «Oberaufseher der Kornspeicher von Amon».
33) Horemheb «Königlicher Schreiber und Rekrutierungsbeauftragter».
34) Neb-hamon «Bannerträger der Barke von Amon».
35) Sennefer «Fürst der Stadt des Südens».
36) Ken-amon «Chefintendant des Königs».

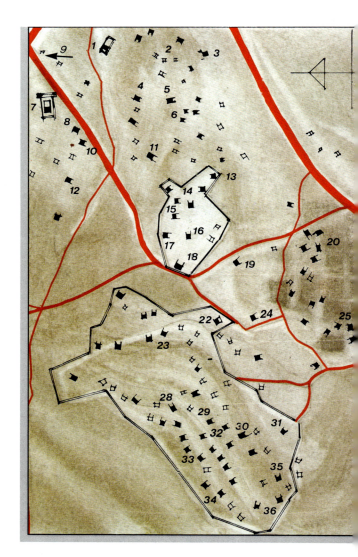

110

Kheruef Senaa.
*Grab des «Superintendanten der Großen königlichen Gemahlin» von Amenophis III. und Amenophis IV., der dann Echnaton wurde.
Auf einer weiten Wand finden wir Szenen von Tänzen, Banketten, Prozessionen von Beigaben und unter anderem die Aufrichtung des Djed sowohl zu Ehren des Superintendanten als des Pharaos und der Königin Tiyi (Teje). Es handelt sich um besonders schöne Basreliefs, von denen wir zwei Details geben.
Oben, unterhalten sich vier auf der Erde sitzende junge Mädchen, während andere sich zum Ritualtanz anschicken. Unten zwei Tänzerinnen. Man beachte die aufgelösten Haare und das Röckchen mit den verschlungenen Trägern, die vorn gebunden sind.*

Nakht.

Grab in Gurnah des «Schreibers und Astronomen von Amon» zur Zeit von Thutmosis IV. Vorzügliche Darstellungen (in denen der Name von Amon ausgestilgt wurde). Besonders beachtlich die des Getreideanbaus, der Weinernte, der Jagd und der Fischerei.

Kniender Opferer. In der rechten Hand hält er einen Blumenstrauß, in der linken eine Rebenranke voller Trauben und ein Tablett mit Süßigkeiten. Grünzeug und Obst.

Nakht auf der Jagd im Schilfrohr der Lagune. Detail mit der sitzenden Tochter und dem stehenden Sohn, der dem Vater den Bumerang reicht. Hinter dem «Schreiber und Astronomen» gewahrt man seine Gattin «Sängerin Amons». Die zierliche grüne Säulenhalle aus Röhricht im Hintergrund der Szene erinnert an das in Basreliefs dargestellte Motiv in den Mastabas des dritten Jahrtausends.

Rakh-Mara.

Das Grab des «Gouverneurs der Stadt». Vizekönig von Thutmosis III. und Amenophis III., gehört zu den größten und am besten erhaltenen. Von Interesse sind die Darstellungen, welche die Abgesandten des Landes Punt, des Landes Kefti (vielleicht Kreta), Neger aus Kush und schließlich Gesandte der Länder von Ratenu zeigen (Syrer und Assyrer). Noch sehenswürdiger die Szenen in der Kapelle mit dem «Gouverneur», der die Arbeiten für den Amon-Tempel leitet, Arbeiten, die alle Kunsthandwerke bis zur Malerei und Bildhauerei betreffen.

Darstellung von Trägern und Kontrolleuren von Opfergaben, die auf Tabletts, Tischchen und in Körben gebracht werden.

Künstler bei der Bearbeitung eines Sphinx und dem Aushauen und Bemalen eines «Kolosses» des Pharaos.

Menna.

Grab des «Kataster-Schreibers des Herrn von Ober- und Unter-Ägypten» zur Zeit von Thutmosis IV. Der «Schreiber» benutzte und erweiterte eine schon vorher bestehende Grabstätte. Gut erhalten sind auch die Farben der Darstellungen, die zu den elegantesten und vollkommensten der Nekropole gehören. Von Interesse sind die Wiedergaben des Landlebens und der Pilgerfhart nach Abydos.

Zwei Mädchen tragen große Blumensträuße und Vasen mit Parfümen.

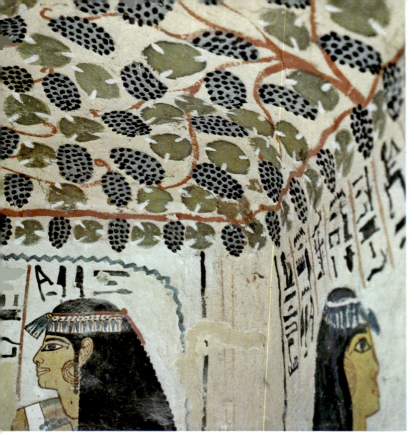

Sennefer.
Grabstätte des «Fürsten der Stadt des Südens», zur Zeit von Amenophis II., in dem Bereich von Gurnah. Sie befindet sich am Ende einer in den Felsen geschlagenen Treppe und besteht aus dem Querbau einer Vorhalle und einer Halle mit vier Pfeilern. Die Wände der Vorhalle sind mit Opferszenen ausgeschmückt, in denen Sennefer, seine Gattin Seht-nefer, «königliche Amme», und die Tochter Mutahi erscheinen.
An der Decke ist eine Weinlaube dargestellt.
In der Toten-Cella das Ehepaar, «das von der Erde scheidet, um jeden Tag den Lauf der Sonne zu sehen».

Eine Ecke der Vorhalle mit einem Detail der «Laube» aus blauen Trauben. Darunter Frau und Tochter des Fürsten im Profil.

Das Ehepaar bei der Fahrt auf dem Nil. Es sitzt unter dem Baldachin an einem sauberen gedeckten Tisch.

Ramose.

Grab aus dem Bereich von Gurnah des «Gouverneurs der Stadt und Vizekönigs» von Akhen-Aton. Beim Tode des Pharaos Ramose gab er das bei Akhet-Aton begonnene Grab auf, um es noch einmal in Theben ganz neu zu errichten. Der Gang und ein Teil des Saals enthalten vorzügliche Basreliefs, während andere Szenen gemalt sind. Die Kennzeichen des Aton-Stils vermischen sich oft mit den herkömmlichen klassischen, was hinsichtlich der Vervollkommnung und Natürlichkeit zu beachtlichen Ergebnissen führt.

Prozession der Träger der Grabbeigaben. Unter den Einrichtungsstücken ein Tischchen, ein Sessel, zahlreiche Truhen und ein Bett mit Kopfstütze.

Prozession von Blumenträgern. Vorneweg bringt ein Träger eine «Waage», an der Vasen mit Duftölen und «Weihrauchgefäße» für die Zeremonie der «Öffnung der Augen und des Mundes» hängen.

DAS TAL DER KÖNIGINNEN

Das heute Bibam el-Harim («Die Tore der Königinnen») genannte Tal ist nach der Wüste zurückverlegt wie das der Könige, das anderthalb Kilometer weiter nördlich liegt. Es ist weniger eng als das letztere und liegt näher bei dem Dorf der Kunsthandwerker Deir el-Medina, mit dem es noch durch den einfachen Pfad verbunden ist, der niedere Hügel überquert.

Entlang der Zugangs-Schlucht finden wir einige Stelen, auf denen die Taten von Ramses III. festgehalten werden. Auf den Felsen sieht man noch eingeritzte Gebete an Osiris und Anubis.

In dem Tal wurden 80 Grabstätten entdeckt, die nunmehr unvollständig oder schwer beschädigt sind. Einige darunter sind von alten Lagerfeuern der Grabschänder geschwärzt, andere wurden geradezu zu Stallungen herabgewürdigt.

Nahezu alle Grabstätten stammen von der XIX. und XX. Dynastie, und können so etwa zwischen 1300 und 1100 v.Chr. datiert werden. Die bedeutendsten sind die für die Gemahlin von Ramses III. und drei der im zarten Alter verstorbenen Söhne. Weite und Anordnung der in den Felsen gehöhlten Räume erinnern mehr an die Bauweise der Adelsgräber als an die großen Grüfte der Pharaonen. Auch die ausschmückenden Malereien sind von geringerem Rang und bedienen sich lebhafterer und weniger feierlicher Formen, wenn sie auch die gleichen Themen wie in den Königsgrüften behandeln. Diese Kennzeichen finden sich besonders augenfällig in den Prinzengräbern so weitgehend, daß sie von der gleichen Art von Künstlern ausgeführt sein könnten, wie den Malern der Adelsgräber.

Ein weiteres Kennzeichen der Prinzengräber ergibt sich aus den Darstellungen der Opferriten für die Götter: zu den Szenen, in denen der Prinz alleine ist, gesellen sich solche, bei denen er von seinem Vater Ramses III. begleitet wird, der ihn dem Gott des Jenseits vorstellt. Schließlich ist festzustellen, daß die Gräber des Prinzen Khamuast und der Königin Nefer-tari nicht nur die umfangreichsten sind, sondern auch die Anlage der Königsgrüfte beibehalten, wenn sie auch von wesentlich kleineren Ausmaßen sind.

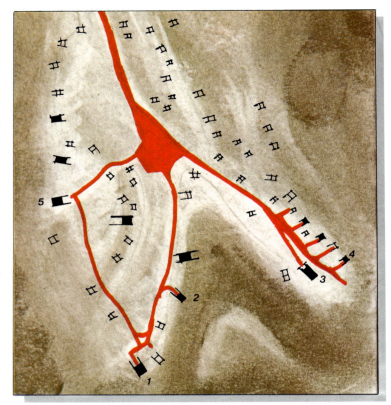

1) Prinz Amon-her-Khopechef, Sohn von Ramses III.
2) Königin Thiti, wahrscheinlich Gemahlin von Ramses IV.
3) Prinz Khamuast, Sohn von Ramses III.
4) Prinz Pra-her Umenef, Sohn von Ramses III.
5) Königin Nefer-tari, Gattin von Ramses III.

Prinz Amon-Her-Khopechef.
Die Farben der Ausschmückung dieses Grabes sind ungewöhnlich kräftig und lebendig, unter anderem die herrlichen Ultramarin-Tönungen. Im ersten Raum ist der König dargestellt, der den Sohn Thot, Ptah und den vier Söhnen des Horus vorstellt; im zweiten Raum Szenen aus dem «Totenbuch».

Besonders schön der Fries am Architrav mit der geflügelten Sonnenscheibe zwischen den Kobras. Im unteren Verzeichnis sehen wir in der Mitte die Symbole der Reiche des Pharaos. Neben jedem befinden sich die geflügelten Sonnen-Kobras, Zeichen hohen Schutzes.

Unten, der Prinz Amon-Her-Khopechef und der Gott Khnum.

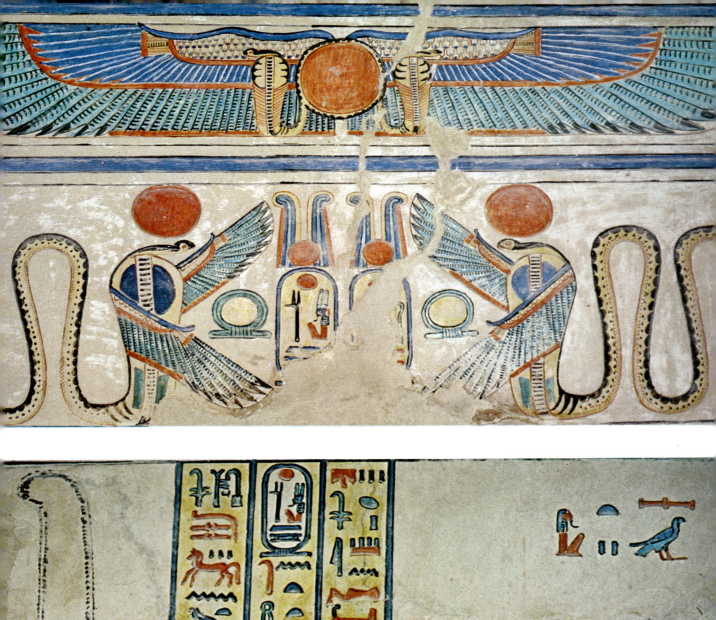

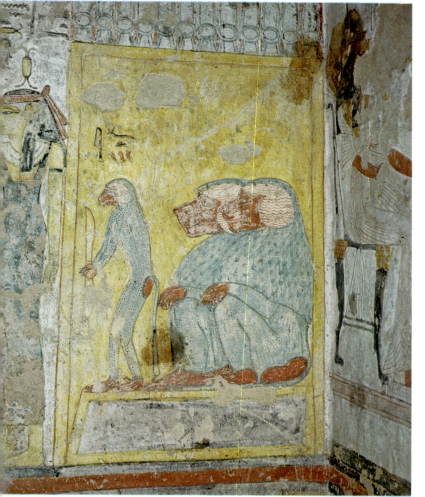

Prinz Pra-her-Umenef.

In diesem Grab wiederholen sich die wichtigsten Themen, die in den Gräbern der beiden anderen Brüder abgehandelt wurden, das heißt die Szenen mit dem Prinzen allein vor den Göttern und diejenigen in denen der Prinz von seinem Vater Ramses III. in Gegenwart der Götter ermutigt und beschützt wird (Thot, Ptah, Geb, Maat, Osiris und weitere Wächter der Tore zum Jenseits.) Der Prinz gleicht dem Vater und unterscheidet sich von ihm nur durch den kleineren Wuchs und die Zöpfe über dem Ohr. Manchmal ist bei der Feierszene auch die Königin zugegen.
Die Farben der Ausschmückung dieses Grabes sind besonders in der Behandlung der aus dem «Totenbuch» entnommenen Szenen weniger lebhaft als in den Gräbern der beiden Brüder von Pra-her-Umenef. Das Ockergelb, das im Hintergrund und beim Inkarnat der Göttinnen vorherrschend ist, tendiert zu feinen Abtönungen die an die Ausmalung des benachbarten Grabes von Thiti erinnern, die wahrscheinlich wenige Jahrzehnte später vorgenommen wurde.

Tor zur Welt der Duat mit drei Wächtern, die mit langen Messern bewaffnet sind. Oben erblickt man einen Wächter frontal, eine in der ägyptischen Ikonographie besondere Haltung, die der Sonnengottheit als Kind vorbehalten ist, das heißt der aufgehenden Sonne. Es folgt der Gott Sobek mit Krokodilkopf und die Göttin Nekhbet in Geiergestalt, die Schutzherrin von Ober-Ägypten. Unten hocken als Türwachen zwei Hundskopf-Affen, die Boten der aufgehenden Sonne; ein dritter ist aufgerichtet mit dem langen Messer der Wächter bewaffnet.

Königin Thiti.

Obwohl aufgegeben und als Stall benutzt, bietet dieses Grab noch ungewöhnliche Malereien hinsichtlich ihrer Originalität und der Feinheit, der von rosa-violett beherrschten Farben. Wahrscheinlich ist die Königin, die mit in einem Zopf vereinigten Haar dargestellt wird – eigentlich eine Kinderfrisur – sehr jung gestorben.

Zu Seiten des Portals die Königin, welche vier Genien des Jenseits opfert. Zu beachten der hohe Feder-Kopfputz und das weite Gewand in Glockenform, aus dem der rosige Körper schimmert.

Der Prinz Khamuast.

Das Grab dieses Prinzen ist das größte unter denen der Söhne von Ramses III. Ein zweigeteilter Gang führt zur Gruft, die aus einem Saal und zwei seitlichen Kammern besteht.
Die Ausmalung ist vollkommen erhalten, und die Farben – auch die empfindlichen, wie Grün- und Blautöne – sind noch so frisch, als wenn sie vor kurzem aufgetragen wären. In den Darstellungen auf den Wänden des Gangs sehen wir den Prinzen von seinem Vater begleitet bei der Opferfeier und der Darbringung für die Götter, während sich auf den Bildern in den Seitenkammern der Ritus nur mit dem Prinzen vollzieht. Unter den Göttern gewahren wir Thot, Ptah und die vier Söhne des Horus als Schützer der Kanopen (Amset, Hapi, Duamutef und Kebehsenuf).

Bildnis des Khamuast, der den Göttern eine große Feder opfert. Die Szene stimmt fast ganz mit der auf S. 119 überein, aber hier trägt der Prinz nur einen Zopf über dem Ohr, während der Kopf sonst rasiert ist. Wahrscheinlich war Khamuast jünger als der Bruder Amon-Her-Khopechef. Man bemerkt zudem eine größere Porträt-Treue im Gesicht des Jugendlichen.

DAS TAL DER KUNSTHAND WERKER

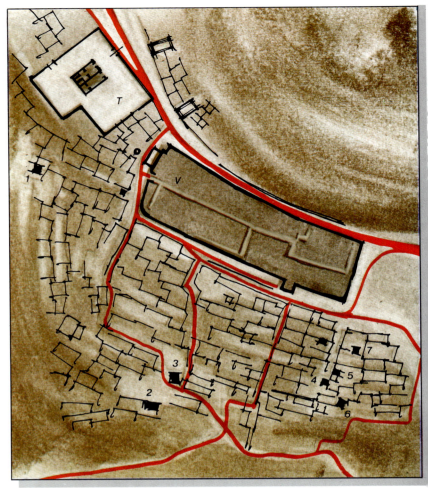

*Das Tal mit dem Dorf, der Nekropole der Arbeiter, Kunsthandwerker und Künstler, welche die Gräber von Theben erbauten und ausschmückten, ist heute unter dem Namen Deir el-Medina bekannt, das heißt «Kloster der Stadt», da auch dieses Gebiet von den Kopten der Thebais bewohnt wurde. Seine Tätigkeit erstreckte sich über fünf Jahrhunderte (von 1550–1000 v. Chr.), und seine Einwohnerzahl wuchs von ursprünglich etwa zweihundertfünfzig Personen auf über tausend. Ein Zehntel von ihnen arbeitete in den königlichen Nekropolen; die übrigen wurden für die sonstigen lebensnotwendigen Arbeiten eingesetzt. (Viele Frauen bearbeiteten das Korn für das Brot und die Gerste für das Bier.)
Die an den königlichen Gräbern Beschäftigten nannten sich «Diener des Platzes der Wahrheit». Es waren vorzügliche Fachleute, von den im Steinbruch tätigen und Steinmetzen bis zu den Maurern und schließlich den Bildhauern und Malern. Die letzteren arbeiteten fast immer in zwei Abteilungen: eine an den «linken Wänden», die andere an den «rechten Wänden». Die Abteilungen wurden von Architekten oder Künstlern geführt und durch besondere Überwachungsdienste geschüzt. Ein Lager-Schreiber verteilte täglich die Holz- und Kupfer-Werkzeuge und die Körbe zum Auf- und Abladen des Materials und zog sie wieder ein.
Das Handwerk und die Kunst wurden vom Vater auf den Sohn vererbt. Malerei und Schrift erforderten besondere zeichnerische Begabung. Letztere insbesondere, die immer von einem Schreibexperten betreut wurde, erscheint ständig mit den höchsten Verwaltungsaufgaben verbunden. In Deir el-Medina wurde vor allem Amon-Râ verehrt, und ein Gebet dieser Arbeiter lautet: «Du, der dem Armen hilft, sorge dafür, daß das Höchste Gericht bereit ist, ihm Gerechtigkeit zu erweisen, und wer das Leben verdorben hat, sei aufs Haupt geschlagen».
Der ganze Hang im Westen des Dorfes wird von der Nekropole eingenommen. Sehr zahlreiche und verschiedenartige Gräber, häufig größer und umfangreicher als die des Adels. Sie gehen von denen mit bloß in den Felsen gehöhlten Räumen bis zu denen, die einen Überbau von bedeutender technischer und architektonischer Gestaltung haben, der außerhalb errichtet wurde. Unnütz zu sagen, daß die interessantesten und reichhaltigsten die letzteren sind, die aber leider zum großen Teil zerstört wurden. Die reichsten hatten einen größeren umfriedigten Vorplatz und einen kleinen Eingangs-Pylon. Im Hintergrund die Kapelle, von einer kleinen spitzen Ziegelpyramide überragt, mit einem Fensterchen nach Osten. Vor der Kapelle ein kleiner Korridor mit Säulen und drinnen, in den Felsen geschlagen, eine oder zwei Kammern auf gleicher Höhe, mit der Nische und dem Bild des Verstorbenen im Hintergrund.*

T – Ptolemäischer Tempel.
V – Dorf.
1) Grab von Nefer-Abet, «Diener auf dem Platz der Wahrheit im Westen von Theben».
2) Grab von Ipuy, «Bildhauer».
3) Grab von Pashedu, «Diener auf dem Platz der Wahrheit im Westen von Theben».
4) Grab von Sennedjen, «Diener auf dem Platz der Wahrheit».
5) Grab von Khabekhet, «Diener auf dem Platz der Wahrheit».
6) Erstes Grab von Inherka.
7) Zweites Grab von Inherka, «Vize-Gebieter des Doppel-Landes auf dem Platz der Wahrheit».

Sennedjen.
Von der Grabstätte des «Dieners auf dem Platz der Wahrheit», das heißt Beamter der Nekropole während der XIX. Dynastie, ist nur die Hauptkammer der Gruft verblieben. Im Hintergrund ragt riesenhaft die Gestalt des von Sennedjen angebeteten Osiris. Auf dem Fußboden und einem Tisch mit drei Beinen in Glockenform sieht man ausgebreitet Weingefäße auf Dreifüßen, Gemüse, eine Ente, Milchgefäße, einen Blumenstrauß und weiter Zwiebeln, Süßigkeiten und Obstkörbe; einer davon mit einer blauen Traube.

Die Hinterwand der Kammer, in welcher der «Lageplan» der Fluren von Jalu dargestellt ist. Sennedjen und seine Gattin gehen von der Verehrung der Götter zur Feldarbeit über. Die Barke von Râ-Horakhty — «Sonne des Morgens» — kommt heraus, um auf dem himmlischen Nil zu fahren, der die Fluren von Jalu bewässert.

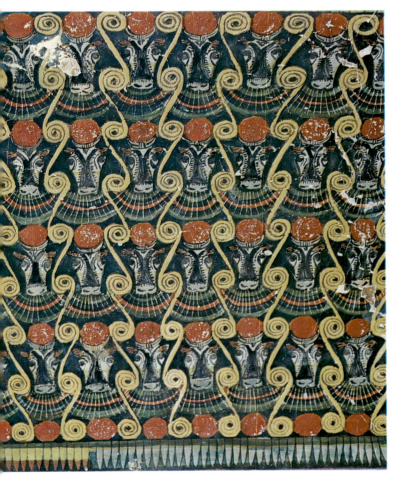

Inherkha.
Dieser «Vize-Gebieter des Doppel-Landes auf dem Platz der Wahrheit» hatte zur Zeit von Ramses III. und Ramses IV. gleichzeitig zwei Grabstätten in Auftrag gegeben. Die höher am Berg gelegene ist weniger von Interesse. Sie enthält eine lange Liste von Königen und Fürsten und ein vermutliches Porträt des Auftraggebers, der als malender Schreiber dargestellt ist.
Die Malereien von Tieren und die Ausschmückung des tiefer im Tal gelegenen Grabes – nahe dem Dorf – bieten ungewöhnliche Eleganz und Erfindungskraft. Davon geben wir einige Details wieder: auf der Seite gegenüber ein sehr elegantes Anubis-Paar in Bewegung, einen großen Skarabäus mit «Hathor-Halskette», einen der Löwen, welche die große Sonnenscheibe und das Henkelkreuz tragen, Symbol der Ewigkeit der Vergangenheit und Zukunft, und schließlich einen Ausschnitt der sehr schönen Decke mit Spiralmotiven und anderen, die vorwegnehmen, was Mykene und Korinth viele Jahrhunderte später boten.

Zwei Details von Sonnenbarken mit dem Verstorbenen am Steuer. Im unteren erkennen wir am Bug die Göttin Isis, gefolgt von Thot und Kepri, dem Gott mit dem Skarabäushaupt, eine weitere Personifizierung der aufgehenden Sonne.

Der Ptolemäische Tempel.

Es ist der einzige Tempel, der die Lagerräume bewahrt hat und fast intakt den Mauergürtel in Rohziegeln. Er erhebt sich im Norden des Handwerkerdorfs und wurde von Ptolemäus IV. Philopator (221-203 v. Chr.) zu Ehren der Göttinnen Hathor und Maat begonnen — die in der Nekropole am meisten verehrt wurden — sowie zu Ehren des vergöttlichten Hohenpriesters und Architekten Imhotep. Der Tempelbau wurde von den Nachfolgern von Ptolemäus IV. fortgesetzt und in seiner Ausschmückung vom letzten König der Ptolemäer-Dynastie, dem Bruder der großen Kleopatra VII. In den ersten Jahrhunderten unserer Zeitrechnung wurde er von den koptischen Christen in Besitz genommen. Das war das «Kloster» Medina, woher der Name Deir el-Medina stammt. Diese Benutzung erlaubte die Erhaltung des Tempels und seines Zubehörs. Es ist ein Gebäude von bescheidenen Ausmaßen mit einem Hof von etwa 50 Metern, das an den Berg gebaut ist, mit einem Heiligtum von 15 × 9 Metern. Im Inneren ist außer den üblichen Anbetungs- und Opferszenen die Darstellung des Seelengerichts von Bedeutung. Darin sind wiedergegeben Philopator, Evergete II. (Ptolemäus VIII.) und Kleopatra II.

Blick vom Portal der Umfassungsmauer auf die Tempelfassade und eines der zahlreichen Reliefs an den Innenwänden des Tempels.

DAS RAMESSEUM

Dieser Name wurde seit dem 19. Jahrhundert den Tempel-Anlagen gegeben, die von Ramses II. zwischen Gurnah und der Wüste errichtet wurden. Der einmal riesige und berühmte Tempel, der das Staunen des griechischen Historikers Diodoros Sikulos (80-20 v. Chr.) erregt hatte, ist heute auf wenige Ruinen beschränkt.
Nach Nordwesten und Südosten ausgerichtet, bestand er aus dem eigentlichen Tempel und zwei vorgelagerten Höfen.
Dem ersten Hof geht ein gewaltiger Pylon vorauf. Links davon zeigte sich der königliche Palast. Im Hintergrund zeichnete sich die riesige Statue von Ramses II. ab. Von dem in Syenit ausgeführten Bild des thronenden Pharaos, das etwa 17 Meter hoch war und über 1000 Tonnen wog, sind nur noch Bruchstücke der Basis und des Torsos zu sehen. Auf dem Pylon findet man noch die Darstellungen der Triumphe des Heeres des großen Pharaos über die hethitischen Streitkräfte auf der Flucht vor Kadesch, die nach dem Muster des «Heldengedichts von Pentaur» gezeigt werden. Vom zweiten Hof verblieb ein Teil der Innenfassade des Pylons und der Osiris-Vorhalle rechts. Auf den Wänden werden Kampfszenen und die Vernichtung der Hethiter in Kadesch wiederholt. In den oberen Verzeichnissen Fest zu Ehren des phallischen Min, des Gottes der Fruchtbarkeit. Von der Gegenseite des Hofes sind weitere Osiris-Pfeiler und Säulen verblieben, die von der ursprünglichen Großartigkeit einen Begriff geben können. Man erblickt auch wenige Überbleibsel der beiden Statuen des sitzenden Pharaos aus rosa und schwarzem Granit, die sich einmal zu Seiten des Tempeleingangs befanden. Von der großen Säulenhalle (41 × 31 m) sind die Säulen der Mittelreihen verblieben, das heißt 29 von 48, die mit den üblichen Darstellungen des Pharaos gegenüber verschiedenen Göttern geschmückt sind. Auch ein Teil der mit Goldsternen auf blauem Grund geschmückten Decke blieb erhalten. Auf den wenigen verbliebenen Wänden ist eine Prozession von Söhnen und Töchtern von Ramses wiedergegeben. Vom Heiligtum, das aus drei hintereinander liegenden Hallen mit acht Säulen und der viersäuligen Cella besteht, verbleiben ein Teil der ersten Halle, deren Decke mit Sternendarstellungen geschmückt ist und wenige Reste der zweiten Halle. Rings um den Tempel erstreckten sich sehr große Lagerhallen aus Rohziegeln, unter deren Ruinen Spuren einer Schreiberschule gefunden wurden. Rechts von der Säulenhalle befand sich früher der Tempel von Seti I., der aus einem Hof mit Säulenumgang mit zwei Heiligtums-Kapellen bestand, von dem heute nur noch die Fundamente übrig sind. Die Gesamtanlage war von Mauern aus Rohziegeln umschlossen, die von dem riesigen Pylon im Südosten ausgehen.

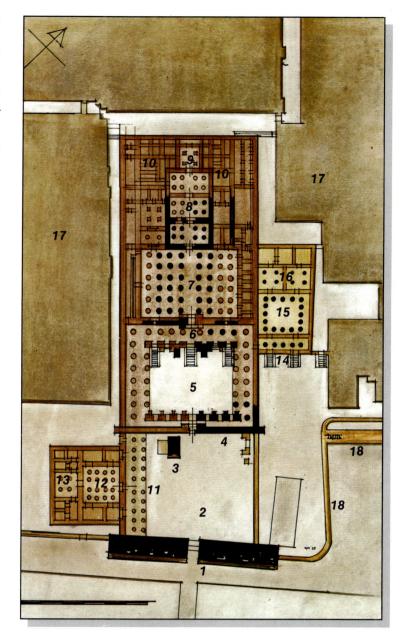

Tempel von Ramses II.
1) Großer Pylon am Eingang zum «Ramesseum».
2) Erster Hof.
3) Riesenstatue des sitzenden Pharaos.
4) Zweiter Pylon.
5) Zweiter Hof mit Vorhalle und Osiris-Pfeilern auf den Querseiten.
6) Vorhalle des Tempels in höherer Lage.
7) Säulenhalle mit höherem Mittelschiff.
8) Drei kleinere Säulenhallen.
9) Viersäuliges Heiligtum.
10) Kapellen, Sakristeien und Priesterzellen.
Palasts von Ramses II.
11) Fassade mit doppeltem Säulengang.
12) Säulenhalle des Palastes.
13) Thronsaal.
Tempel von Seti I.
14) Vorhalle der Fassade in höherer Lage.
15) Tempelhof.
16) Doppel-Heiligtum.
17) Lagerräume des «Ramesseum».
18) Mauern aus Rohziegeln und Erdbastionen.

Teilansicht des Ramesseum, das Diodoros aus Sizilien das «Grab des Osymandyas» nannte, indem er sich auf einen der Namen Ramses' II., User-Maat-Ra, bezog. Rechts die vier Osirispfeiler im vorderen Atrium der Säulenhalle. Mit Osirispfeilern bezeichnet man die Pfeiler mit angelehnten Statuen von Pharaonen, deren Porträts dem Gott Osiris gleichen.

Rekonstruktion des «Ramesseum».
Wir sehen den ersten Hof mit der riesigen Statue des Pharaos, und links die Fassade des Königs-Palastes. Darauf folgt der zweite Hof mit der Vorhalle des Tempels und den beiden Statuen in rosa und schwarzem Granit. Nach rechts erkennt man einen Teil des Tempels von Seti I.

Reste der Kolossalstatue Ramses' II.: trotz der riesigen Ausmaße weist der Koloß feingearbeitete Details auf. Er muß 18 Meter hoch gewesen sein und rund 100 Tonnen gewogen haben: allein ein Fingernagel war 19 Zentimeter lang.

MEDINET-HABU

Tempel von Ramses III.

Zusammen mit anderen Denkmälern von geringerer Bedeutung erhebt sich der Tempel in dem Medinet-Habu genannten Bereich. Er hat seinen Namen von einem Dorf der christlich-koptischen Zeit, das zum großen Teil innerhalb des Geländes der alten Anlagen liegt. Auch in diesem Fall hat die neue Benutzung des Tempels den Großteil der antiken Reste bewahrt, ungeachtet der wiederholten Zerstörungen, die dem Erwerb der behauenen Steine des Bauwerks galten. Die Gesamtanlage bestand aus dem großen Tempel von Ramses III., der in zwei Mauerreihen eingeschlossen war, von denen die äußere sich auf eine niedere Mauer beschränkte, mit befestigten Zugangs-Toren im Süden und Norden. Vor dem großen Tempel erhoben sich der kleine Tempel von Thutmosis I. und die Kapelle der Göttlichen Verehrerinnen.

1) Einschiffungsplatz.
2) Bastionen der niedrigen Mauern, «Wachtgebäude». Der König bei Opferszenen für Amon.
3) Gürtel der zinnenbekrönten niederen Mauern.
4) Großes Tor des Südens («Königlicher Pavillon»). Kampfszenen und Opferung der Gefangenen an die Götter.
5) Gürtel der hohen zinnenbekrönten Mauern.
6) Großes Tor des Nordens.
7) Wasserstandsmesser des Nils.

Großer Tempel von Ramses III.
8) Erster Pylon. Kampfszenen und Opferung der asiatischen Gefangenen an die Götter.
9) Erster Hof. Rechts die Vorhalle mit Osiris-Pfeilern.
10) Zweiter Pylon mit von Statuen flankierter Rampe.
11) Zweiter Hof mit Osiris-Pfeilern und Säulengängen auf den Seiten. Religiöse Szenen mit Prozessionen von Barken.
12) Monumentale Vorhalle mit Rampe, Statuen und Osiris-Pfeilern.
13) Säulengang der Vorhalle. Szenen, in welchen der König und seine Söhne den Göttern opfern.
14) Große Säulenhalle.
15) Kleinere Säulenhallen.
16) Sakristeien und Schatz-Räume.
17) Heiligtum.
18) Umfassungsmauern des Tempels, ausgeschmückt mit Jagdszenen, religiösen Szenen, Szenen von militärischen Expeditionen und einem religiösen Kalender.
19) Umfassungsmauern des Tempels mit Szenen von Schiffskämpfen gegen die verbündeten Völker und von Kriegen gegen die Libyer und Syrer.

Palast von Ramses III.
20) Fassade des Palastes mit Säulengang, Eingängen und «Erscheinungsfenstern».
21) Säulenhalle.
22) Thronsaal.
23) Lager- und Wohnräume des Tempels.
   I. Kapellen der Prinzessin Bhepenupet, Tochter von Piankhi; der Königin Mehetenusekhet, Gemahlin von Psammetich I., und der Tochter Nitocris.
   II. Kapelle von Amenardis, Tochter von Napata.

Tempel von Thutmosis I.
a) Römischer Hof von Antoninus Pius.
b) Ptolemäischer Pylon.
c) Säulenhalle von Nectanebo.
d) Pylon von Shaba-ka.
e) Hof der letzten Ptolemäer.
f) Heilige Cella von Hatschepsut.
g) Heiligtum der drei Thutmosis.

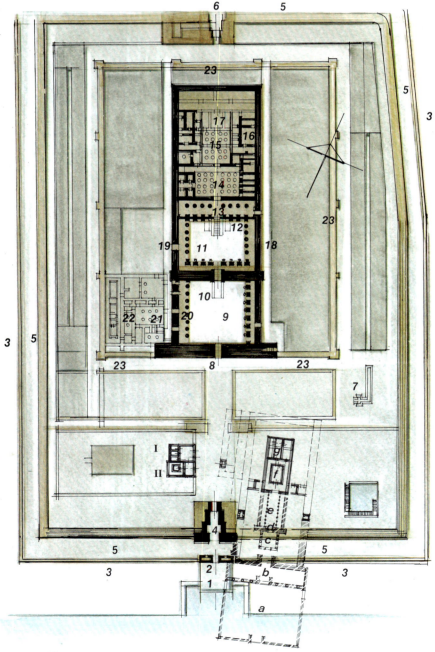

130

Das Wachportal und das imposante Südportal oder Königlicher Pavillon mit den üblichen Kampf- und Opferszenen, in denen Gefangene den Göttern Gaben darbringen.

Zwei Darstellungen der Göttin Sechmet, Gemahlin des Ptah und löwenköpfige Göttin, deren Name «die Mächtige» bedeutet: über dem Löwenkopf erscheinen die Sonnenscheibe und die Uräusschlange.

Der erste Pfeiler des Tempels Ramses' III. trägt Reliefs mit Siegesdarstellungen des Pharaos: gut sichtbar sind noch die vier Rillen zur Aufnahme der Fahnenstangen.

Osirispfeiler im ersten Hof.

Rekonstruktion der monumentalen Anlage, wie sie zur Zeit von Ramses III. war. Von unten beginnend bemerken wir: die Anlegestelle auf dem Nil-Kanal, das Wächter-Tor mit den zinnenbekrönten niedrigen Mauern, das große Süd-Portal mit den hohen zinnenbekrönten Mauern, rechts das Tempelchen von Thutmosis und der heilige See, den ersten Pylon und die Tempelmauern, den ersten Hof und links den Königspalast, den zweiten Pylon, den zweiten Hof, die Vorhalle der großen Säulenhalle, das Heiligtum, das große Nord-Tor.

Dekorationsdetails im Inneren des Tempels Ramses' III.: man beachte an einem Architrav die geierköpfige Göttin Nechbet, die Oberägypten und symbolisch den gesamten großartigen Tempelkomplex beschützt.

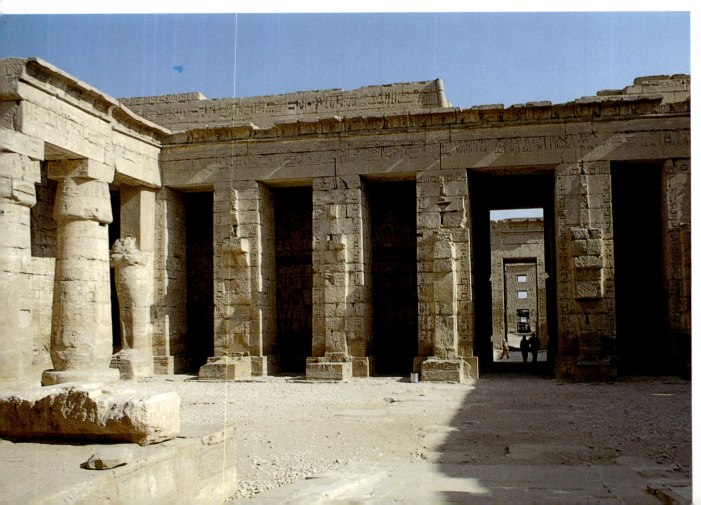

«Kolosse von Memnon»

Der Name wurde den berühmten Standbildern von Amenophis III. gegeben, die das letzte uns verbliebene Zeugnis des riesigen Totentempels darstellen, der zu Beginn des XIV. Jahrhunderts v. Chr. errichtet wurde und ein vorgerückter Teil der Nekropole auf fruchtbarem Land war.

Diese monolithischen Statuen aus Sandstein sind 18 Meter hoch – wie ein modernes Gebäude von sechs Stockwerken – einen Meter höher als der Gigant des Ramesseums, und von einem Gewicht von etwa 1300 Tonnen. Leider befinden sie sich in langsamem Verfall. Der griechische Geograph und Historiker Strabo berichtet, daß bei einem Erdbeben im Jahre 27 v. Chr. ein großer Teil des Tempels einstürzte und daß die Kolosse sich von den Schultern bis zum Becken spalteten.

Von diesem Zeitpunkt an begannen die Statuen bei Sonnenaufgang zu ertönen, zu «reden». So entstand das «Orakel von Memnon». (Für die Griechen war Memnon ein mythischer König von Äthiopien, Sohn der Morgenröte.) Der Ort wurde damit bald zu einem Pilgerziel für Griechen und Römer, wie die Kaiser Hadrian und Septimius Severus. Offenbar in der Absicht, Memnon zu danken, ließ der letztere die Statuen ausbessern, die von da ab nicht mehr sprachen.

Die «Kolosse von Memnon» als Wächter des gewaltigen Eingangspylons zum Totentempel von Amenophis III., wie sie vor dreitausend Jahren waren. Die ideale Rekonstruktion gestaltet die Prozession der Sonnenbarken beim Einzug in den Tempel.

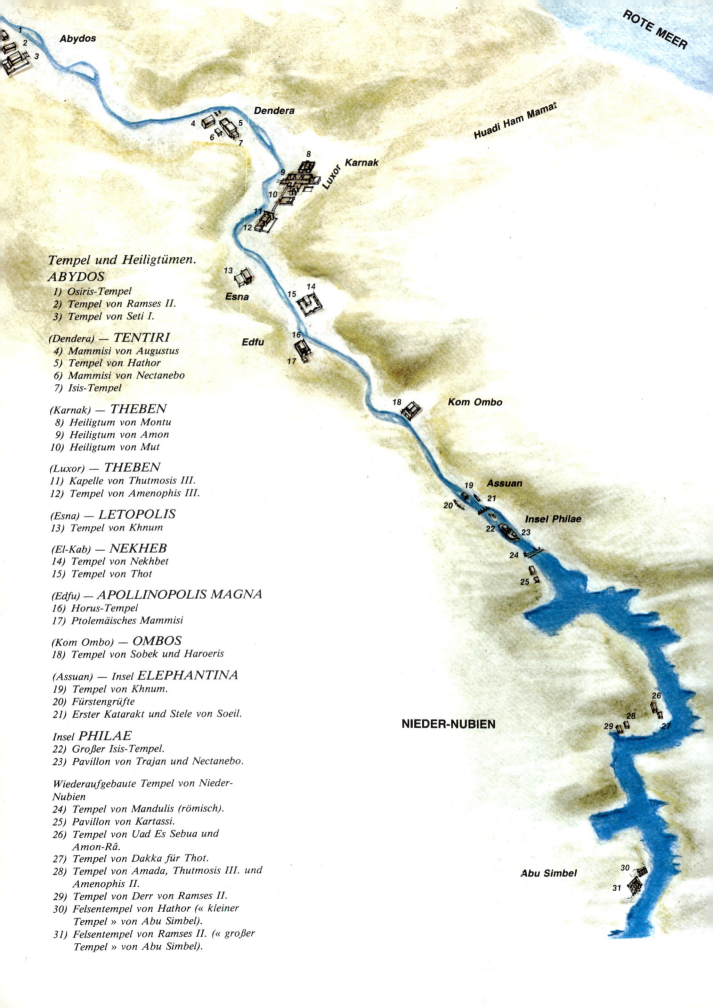

Tempel und Heiligtümen.

ABYDOS
1) Osiris-Tempel
2) Tempel von Ramses II.
3) Tempel von Seti I.

(Dendera) — TENTIRI
4) Mammisi von Augustus
5) Tempel von Hathor
6) Mammisi von Nectanebo
7) Isis-Tempel

(Karnak) — THEBEN
8) Heiligtum von Montu
9) Heiligtum von Amon
10) Heiligtum von Mut

(Luxor) — THEBEN
11) Kapelle von Thutmosis III.
12) Tempel von Amenophis III.

(Esna) — LETOPOLIS
13) Tempel von Khnum

(El-Kab) — NEKHEB
14) Tempel von Nekhbet
15) Tempel von Thot

(Edfu) — APOLLINOPOLIS MAGNA
16) Horus-Tempel
17) Ptolemäisches Mammisi

(Kom Ombo) — OMBOS
18) Tempel von Sobek und Haroeris

(Assuan) — Insel ELEPHANTINA
19) Tempel von Khnum.
20) Fürstengrüfte
21) Erster Katarakt und Stele von Soeil.

Insel PHILAE
22) Großer Isis-Tempel.
23) Pavillon von Trajan und Nectanebo.

Wiederaufgebaute Tempel von Nieder-Nubien
24) Tempel von Mandulis (römisch).
25) Pavillon von Kartassi.
26) Tempel von Uad Es Sebua und Amon-Râ.
27) Tempel von Dakka für Thot.
28) Tempel von Amada, Thutmosis III. und Amenophis II.
29) Tempel von Derr von Ramses II.
30) Felsentempel von Hathor (« kleiner Tempel » von Abu Simbel).
31) Felsentempel von Ramses II. (« großer Tempel » von Abu Simbel).

DAS HAUS GOTTES

Der Tempel hat im Jahre 3000 vor Chr. den Anblick einer riesigen «Mastaba», das heißt eines großen Parallelepipedons mit leicht geneigten Außenwänden und einem großen bekrönenden Gesims. Die weiten Innenräume wiederholen die des «Hauses des Königs», sind um die Hauptachse verteilt und umfassen die Repräsentations- und Empfangsräume und die für den Herrn des Hauses bestimmten Zimmer. Im Tempel folgen auf die großen Säle, die als Vorhalle und Opferräume benutzt werden, das eigentliche Heiligtum mit der Kapelle des gedachten Gottes in der Mitte und an den Seiten weitere vier oder sechs Kapellen und ringsum Sakristeien und Gebetsstellen.

Die Hauptsäle sind durch schwere Pfeiler in zwei oder drei Schiffe geteilt und gelegentlich unter freiem Himmel. Sie bilden eigentliche Höfe mit einer umlaufenden Säulenhalle. (Vgl. die Tempel von Kefzen und Pepill.)

Diese in Form und Einteilung typische Gestaltung des eigentlichen Tempels ist im wesentlichen für das ganze alte Ägypten gleichgeblieben. Eine bauliche Eigentümlichkeit unterscheidet jedoch die Tempel des dritten Jahrtausends: die nach Achsen ausgerichteten Räume scheinen in den Block des Parallelepipedons «eingehöhlt», das heißt das Mauerwerk folgt nicht dem Umfang der Räume wie späterhin, obwohl es allen Raum zwischen diesen und dem äußeren rechtwinkligen Umfang ausfüllt.

Auch das dritte Jahrtausend v. Chr. weist eine Besonderheit der architektonischen Gestaltung auf und zwar genau mit dem Architekten Himotep (2700 v. Chr.). Wir erblicken in der Tat im Mausoleum von Zoser die Erfindung kannelierter und verjüngter Säulen mit Kapitellen, einen Anfang zu einem bedeckten Säulengang aus vielen Säulen. Nach den Bauwerken zu Füßen der Pyramide zu urteilen, ist es wahrscheinlich, daß der Tempel zu jener Zeit auch eine Gewölbedecke und einen Säulengang an der Frontseite aufwies.

Am Ende des dritten Jahrtausends finden wir eine weitere ungewöhnliche Neuerung mit Montu-Hotep I. (2060–2010). In seinem grandiosen Gebäudekomplex von Deir el Bahari finden wir, außer der Rückkehr zur Pyramide als Höhepunkt der Komposition, einen Tempel mit einer riesigen gedeckten Säulenhalle mit 80 Säulen, der ein Hof vorangeht mit Säulengängen auf allen vier Seiten. Es erscheinen auch innere und äußere sowie frontale Säulengänge mit dreifachen Reihen und Doppelreihen von Pfeilern.

Erst nach vierhundert Jahren wird ein so bedeutsamer Versuch von Thut-Mosis I. (1530–1520) und von Hatschepsut (1504–1484), der Pharao-Königin, wieder aufgenommen. Der Architekt Senmut, Priester und Liebhaber der Königin, erbaut zwei große Beispiele: den Tempel für das «Ka» des Pharao und der Königin in Deir el Bahari, und den Tempel für Amon-Râ in Karnak.

In Deir el Bahari wird die alte Lösung von Mentuhotep zu einem Komplex von Säulengängen und Tempelchen entwickelt, die großen, ins Tal abfallenden hängenden Gärten zugewandt sind.

In Karnak werden die Hauptmerkmale des Tempels deutlich, die zum Kanon für alle künftigen Tempel werden. Der neue Tempel unterscheidet sich von denen des vorhergehenden Jahrtausends durch die Großartigkeit der Säle, die zum Heiligtum führen, durch die Kostbarkeit des Tabernakels (das manchmal durch die Sonnenbarke ersetzt ist) und durch die Anzahl der Kapellen, Gebetsplätze und Sakristeien, die jeden Raum ausfüllen und an die Stelle des massiven Mauerwerks alter Zeiten treten. Am meisten aber fallen folgende Abweichungen ins Auge: der Reichtum der Gemälde, die sogar die Decke und Außenwände einnehmen, die architektonische Ausstattung des Vorplatzes, der ein zugehöriger Bestandteil des «Hauses Gottes» wird.

Die Ausschmückungen, welche die Zweckbestimmung jeden Raums unterstreichen, verherrlichen den Tempel vor allem als Synthese des Kosmos, der den Gott empfängt. Daher stellt der Fußboden die Erde dar und die Decke den Himmel (der mit Sternen bemalt ist und wo auf den Balken große heilige Vögel flattern). Die Kapitelle erscheinen als gewaltige Blüten, die sich mit dem Wechsel von Tag und Nacht öffnen oder schließen. Auf den Wänden jeden Raums ist das heilige Geheimnis dargestellt, das sich dort vollzieht: in der großen Eingangshalle ist so der Gott in seinen verschiedenen Erscheinungsformen sichtbar, wie er dem Pharao entgegenkommt, und im Saal der Opfergaben zeigen sich alle Regionen des Nils, die Blumen, Früchte und Lebensmittel für den Kult darbieten, und der Pharao, der Tiere jagt, die zum Opfer gebracht werden sollen. Rings um das Allerheiligste, das Tabernakel des Gottes, sehen wir Darstellungen der in Prozessionen getragenen heiligen Barken. Auf den Kapellenwänden ringsum sind die verschiedenen Kultformen zu erkennen, einschließlich jener der göttlichen Geburt des Pharao. Die Räume im Westen zeigen die Osiris-Mysterien mit der Kammer des Urwassers, das heißt die Welt vor und nach der Schöpfung. Die Räume im Osten berichten über das Reich des Lebensgeistes Râ mit der Feuerkammer und der des Neujahrsfestes. Draußen und in den dem Volk zugänglichen Räumen sind die Taten des Pharao zu Ehren des absoluten Gottes und der Größe seines Volkes geschildert. Darunter finden wir den Tempelbau, die Prozessionen und die Feste des Gottes und des Königs.

Der Anbau an dem Tempel, der im Jahre 1500 v. Chr. hinzugefügt wurde, besteht in einer oder mehreren Hofanlagen mit großen Säulengängen an den Seiten, von denen die Gläubigen am Anblick des Tempels teilhatten. Zu Seiten des Eingangs schaffen zwei breite, massive Türme, die sich schräg nach oben auf allen Seiten verjüngen, und die wir 'Pylon' nennen, die Einfassung des Portals. Zu Seiten des monumentalen Tors werden zwei oder sechs Kolossalstatuen des Königs aufgestellt und zwei Obelisken von größerer Höhe als die Pylonentürme. Statuen des Königs erfüllen die Höfe und Innensäle, wie um seine unerläßliche Gegenwart bei allen religiösen Riten zu sichern. Vor dem letzten Pfeiler beginnt die heilige Straße, die eine lange Reihe von Sphinxen und Kapellen säumen. Rings um den Tempel sind Gärten, heilige Seen, große Magazine, die Priesterwohnungen und der königliche Palast, der auf den Haupthof hinausgeht.

Der ganze Gebäudekomplex ist von Mauern umschlossen – manchmal mit Türmen – und monumentalen Portalen. In dem von dem Architekten Senmut geschaffenen Tempelplan fällt vor allem die Verwendung von Obelisken auf, den sehr hohen, zugespitzten Granitmonolithen. Auch der Obelisk tritt – wie bereits bei der Pyramide festzustellen war – urplötzlich aus dem Geheimnis hervor, ohne jeden ersichtlichen Grund, ohne jeden praktischen und künstlerischen Anlaß. Dabei erfordert er außergewöhnliche Maßnahmen zur Bearbeitung und Aufstellung, besonders bei seinem ersten Auftauchen. (Der erste eigentliche Obelisk ist der von Sesostris III. (um 1970 v. Chr.) in Heliopolis mit einer Höhe von 24,5 Metern und einem Gewicht von 121 Tonnen.) Die großen Obelisken von Hatschepsut erreichen bis zu 30 Metern und wiegen über 300 Tonnen! Schließlich ist zu beachten, daß auch diese architektonische «Absurdität» nicht der Laune eines zeitlich begrenzten geschichtlichen Augenblicks entspringt, weil ja zweihundert Jahre später Setis I. als der bezeichnet wird, «der Heliopolis mit Obelisken anfüllt». Tausend Jahre danach finden wir noch Obelisken bei Psammetich II. und dann Nectanebo II., dem letzten König der XXX. Dynastie. Vielleicht werden noch zur Zeit der römischen Herrschaft die Obelisken ohne Inschriften hergestellt, deren berühmtester der nach Rom geschaffte ist, der 1586 auf dem Petersplatz aufgestellt wurde. Wenn dessen Aufstellung eine in der Geschichte der modernen Technik berühmt gebliebene Unternehmung erforderlich machte, um wieviel größer mußte dann jene dreitausend Jahre früher von Hatschepsut durchgeführte sein.

Konstruktion und Ausschmückung des Tempels.
1) *Waagebalken, der ein behauenes Kapitell auf den zweiten Absatz hebt.*
2) *Waagebalken, der einen Säulenblock einsetzt.*
3) *Waagebalken, der ein behauenes Kapitell einsetzt.*
4) *Riesiger Waagebalken, der ein monolithisches Element für die Decke einsetzt.*
5) *Feinbearbeitung des Gebälks und der Decke.*
6) *Ausarbeitung und Bemalung der Kapitelle. Beginn des Ausräumens.*
7) *Beginn der Feinbearbeitung und Bemalung der Säulen. Fortsetzung des Ausräumens.*
8) *Vervollständigung der Säulen und Innenwände des Tempels. Beendigung des Ausräumens.*
9) *Beendigung des Außenschmucks und Abtransport des letzten Baumaterials zu den Schutthalden.*

Um ein stichhaltiges Modell zu finden, hat man sich neuerdings entschlossen, die aus der vorgeschichtlichen Erfahrung und ihren Zeugnissen rührende Überlieferung heranzuziehen. Sie bezieht sich auf jenen geheimnisvollen Archetypus, der in der ganzen Welt die sogenannten «Menhire» hervorgebracht hat, oder auch die ersten Weihedenkmale aus gewaltigen Reihen von senkrecht aufgestellten Steinblöcken.

Um für den Obelisk die Ursache und auslösende Vorstellung zu finden, muß man auf das ganz im Sonnenkult verankerte Denken der Ägypter zurückgreifen. Einen entscheidenen Hinweis gibt uns der Sonnentempel von Niuser-Râ (2500 v. Chr.) in Abusir. In der Tat erblicken wir im wesentlichen Teil dieses Tempels einen riesigen Obelisk, der aus einer stumpfen Pyramide aufragt. Dieses Steingebilde führt uns zu enem Urhügel zurück, aus dem die Sonne entsteigt. Denken wir ferner daran, daß der Tempel, das heißt seit 2000 und danach, das eigene «Haus des Gottes», die architektonische Verwirklichung des Sonnen-Mythos ist. Das Tempelheiligtum ist die Wohnung, in welcher die Sonne nächtlich ruht. Der höchste Teil der Säulenhalle ist der Zenith der Sonnenbahn, und die Blumenkapitelle der höchsten Säulen zeigen offene Blüten, während die der niedrigeren Säulen geschlossen sind, denn sie befinden sich in dem nach dem Nadir der Sonne orientierten Bereich. Die Halle selber wird «grüner Saal der Papyrusstauden» genannt, da diese die belebende Kraft der Sonne symbolisieren. Die Säulen sind nach Osten gerichtet, und die beiden breiten Türme sind sinnbildlich für Isis und Neft, *«die beiden Göttinnen, welche die Sonnenscheibe hochheben, wenn sie vom Himmel herableuchtet».* Schließlich erinnern die beiden Obelisken vor dem Pylon an die Hörner, welche die Sonne auf die Häupter der beiden Göttinnen heben. Es ist daher leicht, in ihnen ein weiteres riesiges Ideogramm aus Stein zu erblicken, das sich zum Himmel erhebt wie die Arme des 'Ka'. Diesmal ist es nicht die Sonne, die mit der Pyramide ihrer unendlichen Lichtstrahlen herabkommt, um alle Geschöpfe aufzuneh-

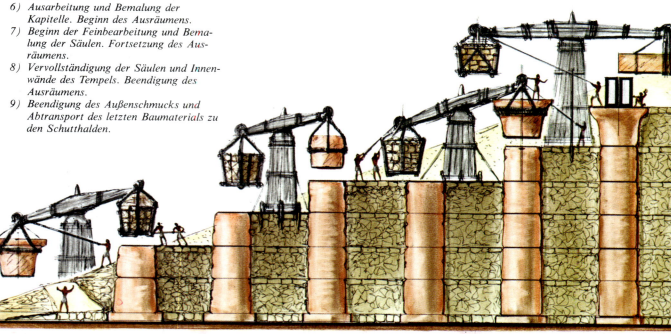

men, sondern hier ist es jedwedes der Geschöpfe, das seine Arme emporhebt, um sich mit dem Unendlichen zu vereinen.

Der in der Mitte des zweiten Jahrtausends so gedeutete Tempel bleibt im wesentlichen typisch für das ganze antike Ägypten, und die einzige Ausnahme von den Kanon-Regeln wird von Echnaton (1372–1354) eingeführt. Der «ketzerische Pharao» bewirkt eine radikale Veränderung im «Hause Gottes» in Ehrerbietung für die allen offenbare Religion Atons. Deshalb beschränkt sich der Bau auf ein bescheidenes Heiligtum, um das sich weite Plätze erstrecken, auf denen unzählige Altäre verstreut sind, an denen das Volk rings um den Pharaonen-Altar Opfer darbrachte. Die Säulenhalle spielt eine besonders wichtige Rolle während der Herrschaft von Amenophis III. (1408–1372), aber vor allem durch das Wirken der großen Bauherren Seti I. und Ramses II. (von 1312 bis 1235) wird der Säulensaal ein vorgelagertes riesiges gegliedertes Ganzes, das in einigen Fällen auch vom Tempel getrennt ist. Mit Seti I. haben wir die Betonung der Fassade mit Portikus und die Abfolge mehrerer abgestufter Höfe. Große Tempel wurden auch von Ramses III. (1198–1188) ausgeführt, aber nach ihm waren die Neubauten gering an Zahl, und die folgenden Pharaonen beschränkten sich häufig darauf, die alten Tempel zu erweitern oder wiederherzustellen.

In der Zeit der Ptolemäer erfährt man einen Aufschwung neuer Bauten, die dem «Haus der Götter» geweiht sind. Dabei werden die alten Kanon-Regeln streng beachtet und in Anlagen von großem architektonischem Gleichgewicht vereinfacht. Der im Tempel vollzogene Ritus unterliegt keinen wesentlichen Änderungen gegenüber dem seit dem dritten Jahrtausend üblichen, es sei denn in einer auch draußen steigenden Beteiligung der Massen der Gläubigen. In das Innere des Tempels werden nur die Eingeweihten und die Priester mit dem Pharao eingelassen. In der großen Vorhalle erwartet die größere Menge das «Aufsteigen des Gottes». In den «Saal des Aufstiegs» gelangen nur «diejenigen, die rein sind», mithin nur die «Vab»-Priester, welche die Opfer vorbereiten und die geheimen Riten beginnen. Ins innerste Herz des Heiligtums treten die obersten Priester und der Pharao ein. Sie nähern sich der heiligen Barke, welche «die Kostbarkeiten des Gottes» trägt, und den «geheimnisvollen Orten», wo die heiligen Gegenstände aufgestellt sind. Schließlich lösen sie die Siegel und öffen die Türen des Tabernakels: der Gott wird endlich «sichtbar». Neue Gesänge klingen auf: «Erwache großer Gott, erwache in Frieden! Voller Heiterkeit ist dein Erwachen». Das Standbild wird gewaschen, mit Leinenbinden geschmückt, mit duftenden Ölen besprengt; Augen und Mund werden geschminkt. Dann kommt das Speiseopfer mit duftenden Blumen. Jede Handlung ist von einem heiligen Zwiegespräch mit der Statue begleitet.

Die Verkündung, daß der Gott neu erwacht ist, geschieht im Saal der Opfergaben und dann in der von Würdenträgern und Hofleuten des Pharao wimmelnden Säulenhalle, zuletzt in den großen Höfen, in denen die Gläubigen versammelt sind. Die Sonne ist wieder zurückgekehrt, um die Erde zu erhellen und allen das Leben zu geben. Zum alltäglichen Ritus traten die zahlreichen Feste für den Pharao und die Götter an den wichtigsten Tagen des Landlebens. Schon seit 4000 v. Chr. feierte jede Stadt mehrmals ihren Schutzgott. Er wurde zudem festlich geehrt an jedem Monatsbeginn und zum neuen Jahr, das mit dem Ende der großen Dürre zusammenfiel.

Mit dem Aufstieg von Theben war das größte Fest des Jahres das von «Opet», das sich zwischen dem Heiligtum von Karnak und dem von Luxor vollzog. Der Höhepunkt des Festes begann mit dem Auszug der heiligen Barke von Amon-Râ aus dem Tempel von Karnak. Von dreißig Priestern getragen, war die Barke des höchsten Gottes von jener der 'Mut', der Gattin von Amon, gefolgt, der geistlichen Königin von ganz Ägypten, für das sie die Doppelkrone trug, und ferner von jener des 'Khonsu', dem Sohne Amons, einer Mondgottheit, dem Vernichter des Bösen. Hinter der thebanischen Triade schritten der Pharao mit seinem Hofstaat samt den Priestern und

Priesterinnen, die uralte Chöre sangen. Dann folgten Frauen mit Musik und Tänzen in einem Spalier von Soldaten aus allen Teilen des Reichs.

Der Festzug nahm den Weg durch die Sphinxallee und hielt unterwegs bei den Kapellen am Straßenrand an, um Gebete herzusagen und besondere Opfer zu bringen. Sobald der Nil erreicht war, setzte sich der Weg auf den heiligen Barken fort, die von der Festmenge zum Ufer gezogen wurden. Im Tempel von Luxor angekommen, wurden die Barken mit den Tabernakeln für einige Tage im Heiligtum abgestellt und dann traten sie unter beständigem Jubel und Gebeten, mit Sang und Klang die Heimkehr durch die Menge an, die glücklich war, sich ihrem Gotte nahe zu fühlen.

TEMPELBAU UND AUFRICHTUNG DES OBELISKEN

Im zweiten Jahrtausend hatte der Tempelbau Aufgaben, die mit der Erfahrung und Technik aus der Zeit der Pyramiden lösbar waren. Er stieß aber auch auf neue von einer gewissen Schwierigkeit.

Die Errichtung der 'Pylone' erforderte keine Maßnahmen, da er die der Herstellung massiven Mauerwerks wieder aufnahm. Dabei wurden die Außenwände in bearbeiteten Blöcken aufgeführt und der innere Hohlraum auch mit dem Bauschutt aus der Zerstörung alter Tempel ausgefüllt.

Für die «Montage» der sorgfältig vorgerichteten Steinblöcke der fugenlosen Mauer (wie erinnerlich, handelt es sich weiterhin um Mauern ohne Mörtel oder Bindemittel) wurden hölzerne Ladebühnen und normale Waagebalken-Maschinen benutzt, da es sich um Gewichte unter zehn oder zwanzig Doppelzentnern handelte. Zwei neue Aufgaben von beachtlicher Schwierigkeit ergaben sich dagegen für den Bau des bedeckten Säulengangs und die Errichtung des Obelisks.

Für den Säulensaal bestand das Problem in der «Montage» der zahlreichen riesigen Säulen (die aus zylindrischen Blöcken und schwergewichtigen Kapitellen bestanden), außer der Abdeckung mit noch schwereren monolithischen Balken und Platten. Die Nachbarschaft der zahlreichen Säulen, die annähernde Gleichheit von leeren und bebauten Stellen, die horizontale Wiederholung aller die Säule bildenden Blöcke empfahl zu jener Zeit als sicherstes und zweckmäßigstes System, alle Blöcke Stufe für Stufe jeweils zugleich aufzusetzen, wobei die Säulenzwischenräume mit gut hergerichtetem Steinmaterial ausgefüllt wurden, wodurch man beständig eine solide und waagerechte Arbeits-Plattform hatte. Die immer wirksamen Waagebalken-Maschinen hoben die schweren Säulentrommeln und das große Kapitell von einer Ebene zur anderen. Noch schwerere Maschinen, denen vergleichbar, die erlaubt hatten, tausend Jahre früher die «Königskammer» in der Cheops-Pyramide zu montieren, brachten die hohen Steinbalken und breiten Platten an ihre Stelle. Nach Beendigung der Montage vollzog sich von oben nach unten die Feinarbeit und Ausschmückung; deshalb wurde die Säulenhalle stufenweise ausgeräumt. (Mit größter Wahrscheinlichkeit wurde das Füllmaterial beim Bau eines anderen Tempelteils verwendet, oder zur Aufschüttung des Pylons.) Im Maße wie die Säulenzwischenräume geleert wurden, vollzog sich die Ausarbeitung der Kapitelle und Säulen durch bewährte Bildhauer, und aus dem Stegreif wurden die fertiggestellten Teile gemeißelt und bemalt, wobei bewegliche provisorische Gerüste benutzt wurden.

Für den Obelisk stellte sich die mühevolle Aufgabe, einen monolythischen Turm aufzurichten, der 20 bis 30 Meter lang war und zwischen hundert, dreihundert und mehr Tonnen Gewicht hatte, wobei er auf einen Sockel von drei oder vier Metern Höhe über dem Boden gebracht werden mußte. In jenen Zeiten war es schwierig, für dieses Vorhaben ein geeignetes Holzgestell herzustellen und einen riesigen Waagebalken (wenn wir uns weiter erinnern, daß 1500 v. Chr. weder Winde noch Rolle bekannt waren). Andererseits ist die verbreitete Hypothese, nach der die vorläufige Rampe auch bei der Erstellung der großen Obeliske verwandt worden wäre, vor allem auch deshalb unannehmbar, weil es bei einer solchen Lösung unmöglich ist, den Monolithen in der letzten Phase des Gleitens und der senkrechten Aufstellung auf der Basis zu regieren.

Ich bin der Ansicht, daß das Vorhandensein des großen 'Pylon' den Schlüssel der Erklärung bietet. Dies massive Bauwerk scheint in der Tat dazu errichtet, um einen brauchbaren Stützpunkt für die Enden der Großen Obeliske zu bieten, nicht einen Stützpunkt für einen unmöglichen Waagebalken, sondern für ein geeignetes System von Seilen und Gegengewichten, das zunächst dazu verhalf, den monolithischen Saurier bis an den oberen Rand des Sockels zu schleifen und ihn dann bis in die richtige senkrechte Stellung zu drehen.

Es ist ebenfalls wahrscheinlich, daß man durch mäßige Hochbewegungen in horizontaler Lage bis zur oberen Höhe des Sockels die uralte Hebemethode angewandt hat, bei der abwechselnd rechts und links gehoben wurde, wobei hintereinander Keile in die Unterlage getrieben wurden.

Aufrichtung des Obelisks.
1) *Fortschleifen des Obelisken von der Straße zur schiefen Ebene, die zum Oberteil der Basis führt.*
2) *Verfeinerungsarbeiten. Befestigung des Monolithen an die Gegengewichte.*
3) *Abstützung der Standfläche des zur Rotation vorgerichteten Obelisken.*
4) *Rotation des auf der Standfläche fest eingeschienten Obelisken, der von Seilen oben und unten gelenkt wird.*
5) *Aufsetzen des Obelisken, der von den Zugseilen weiter gelenkt und ausgerichtet wird. Unten dient ein Sandbehälter, der von den Spitzen der Einschienung gepreßt wird, als Polster für die letzte Phase.*
6) *Hinter dem Pylon rutschen die großen und zahlreichen Körbe mit Gegengewichten, die allmählich von immer leichteren ersetzt werden, wenn der Obelisk die senkrechte Stellung erreicht.*

Typen von Säulen und Kapitellen.
a) Palmenförmig.
b) Protodorisch.
c) Glockenförmig oder papyrusförmig mit offenen Blüten.
d) Lotosförmig oder papyrusförmig mit geschlossenen Blüten.
e) Hathorisch.

Tempelteile.
1) Ausstattung des Pylons: Obelisken und thronende «Kolosse» zu Seiten des Portals, stehende «Kolosse» und Felder mit Standarten und Streifen.
2) Großes Portal mit darüber liegender Terrasse.
3) Massive seitliche Pylone mit Treppen und Räumen auf mehreren Stockwerken.
4) Großer Hof mit mehr oder weniger Säulenhallen auf den Seiten.
5) Große Säulenhalle.
6) Saal der Opfergaben.
7) Unterschiedliche Depots für Opfergaben von Speisen und Getränken.
8) Vorhalle rings um das Heiligtum.
9) «Allerheiligstes» mit dem Tabernakel des Gottes.
10) Kapelle der heiligen Barke.
11) Kapellen, Sakristeien, Unterkünfte der Priester des Heiligtums.
12) Offener Gang zwischen dem Tempel und den Außenmauern.

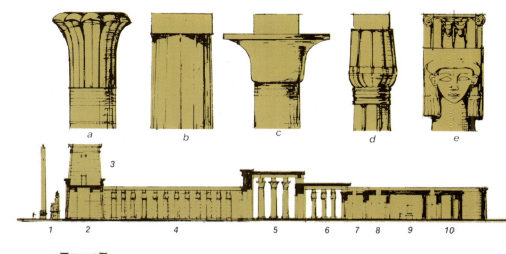
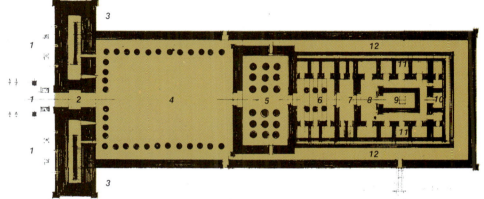
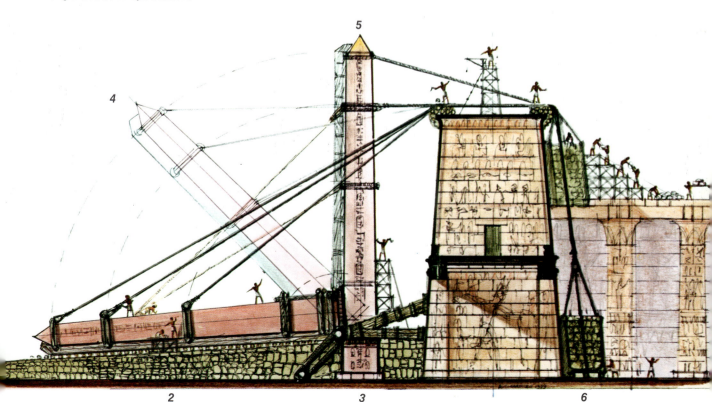

LUXOR

Die große Stadt Theben, jahrhundertelang Hauptstadt des Reichs und von den Griechen das «Hunderttorrige Theben» genannt, geriet mit der Plünderung durch Assurbanipal im Jahre 672 v. Chr. in Verfall. Im Jahre 84 v. Chr. wurde die Stadt auf Betreiben der Ptolemäer fast vollständig zerstört, da die neuen Machthaber beabsichtigten, das Nationalgefühl, das sich ihnen und der neuen Hauptstadt Alexandria widersetzte, auszutilgen. Zur Römerzeit war Theben bereits ein Meer von Ruinen. In den ersten Jahrhunderten der neuen Ära nisten sich in den Ruinen die christlichen koptischen Kirchen ein, dann die Moscheen, und neue Dörfer entstehen. Auf den Resten der alten, vom Kanal geteilten Hauptstadt wächst so im Süden Luxor und im Norden das kleine Dorf Karnak. In Luxor ist das einzige ansehnliche Zeugnis der Vergangenheit der von den Ägyptern «Harem von Amon im Süden» genannte Tempel. Ein Tempel, der fast vollständig von Amenophis III. erbaut, von Thutmosis III. erweitert und von Ramses II. vervollständigt wurde. Eine ausgesprochene Besonderheit in der planimetrischen Anlage ist die einer zweiten und größeren Säulenhalle als Kolonnade, die hinter dem Tempelhof liegt.

Rekonstruktion des Zugangs zum Tempel von Luxor.
In ihr sehen wir die thronenden Granit-Kolosse und die beiden Obelisken neben dem Portal. Ferner die Paniere und Standarten sowie die vier Statuen in rosa Granit. All diese Bestandteile entsprechen mit Sicherheit der antiken Darstellung und den noch sichtbaren Resten.

Der Eingang des Tempels von Luxor mit dem Hof des Nektanebos und dem Pylon Ramses' II. mit den beiden Kolossalstatuen des Pharaos; Teilansicht des ersten Hofes von Ramses II. mit dem Portikus des Tempels von Thutmosis III.

Vom Zugang im Norden beginnend, das heißt nach Karnak zu, zählen wir in ihrer Abfolge die Hauptbestandteile des Tempels von Luxor auf: Sphinxallee (die Herrscher der XXX. Dynastie veränderten die Gesichter zu Menschenähnlichkeit). Mauergürtel und Tor von Nectanebo, heute fast völlig zerstört.
Großer Pylon von Ramses II. mit Kolossen und Obelisken.
Großer Hof von Ramses II., der das Tempelchen von Thutmosis III. einschließt: auf den offenen Seiten eine Doppelreihe von Säulen mit geschlossenen Papyrus-Kapitellen; in den Zwischenräumen im Hintergrund Osiris-Statuen; am Ausgang im Hintergrund angelehnte Statuen von Ramses II. und Nefer-Tari; auf den Wänden Ausschmückung mit religiösen Szenen. Pylon von Amenophis III. mit einer kleinen Zugangsöffnung von dem Stiefbruder Alexanders des Großen. Große dreischiffige Kolonnade (Länge 52 m, Höhe 16 m) mit 14 Säulen mit glockenförmigen Kapitellen, wahrscheinlich der Anfang einer riesigen Säulenhalle. Die Wände von Thutanchamon und Horemheb ausgeschmückt.
Zweiter großer Hof mit doppelter Säulenreihe auf Wulstbasen mit geschlossenen Papyrus-Kapitellen. Säulenhalle mit 32 Säulen entsprechend denen des Hofs, auf den sie sich ganz öffnet. Atrium in eine Kapelle für den Kaiserkult der Römer umgewandelt. Viersäulige Kammer für Opfergaben; links Kapelle der Geburt von Amenophis III. Von Alexander dem Großen geschaffenes Heiligtum. Vorsaal und «Allerheiligstes» mit Szenen von Amenophis, der von Horus und Aton dem Amon-Râ vorgestellt wird.

Luxor besitzt nicht nur den Tempel des Amon-Râ, sondern auch einen bunten und attraktiven Markt, der viele Touristen anzieht.

Das berühmte Winter Palace Hotel entlang des Nils in Luxor.

KARNAK

Die ausgedehnte Denkmalzone mit Namen Karnak liegt etwa drei Kilometer nördlich vom Tempel von Luxor. Der Bereich ist in drei große umfriedigte und deutlich getrennte Bezirke gegliedert. In der Mitte befindet sich der größte von etwa dreißig Hektar. Er ist am besten erhalten, dank auch der beständigen Restaurierungs- und Aufbau-Maßnahmen, die im Gange sind. Er beherrscht die für Amon bestimmte Anlage, die nach der Süd-Ost und Nord-West-Achse ausgerichtet ist. Dieser Bezirk ist trapezförmig und von einer Mauer aus Rohziegeln umschlossen. Er ist mit acht Eingängen versehen, von denen drei nach Westen liegen. Links davon, gleichsam an den von Amon angeschlossen, liegt der Bezirk von Montu, gleichfalls von einer Einfriedigung von Rohziegeln umgeben. Er ist der kleinste (etwa 2,5 Hektar groß) und hat eine quadratische Gestalt. Von ihm sind nur wenige Trümmer geblieben, die noch von Erdhaufen bedeckt sind, sowie das sehr schöne Portal im Osten. Nach rechts, dreihundert Meter entfernt, der Bezirk von Mut, der zur Hälfte noch unerforscht ist. Er ist trapezförmig, bei einer Ausdehnung von etwa 9,5 Hektar, und von Rohziegeln umschlossen.

Heiligtum von Amon.
1) Einschiffungsplatz und Sphinx-Allee mit Widderköpfen.
2) Erster Pylon.
3) Tempelchen der thebanischen Dreiheit.
4) Pavillon von Taharka.
5) Tempel von Ramses III.
6) Zweiter Pylon.
7) Große Säulenhalle.
8) Dritter Pylon.
9) Vierter Pylon.
10) Fünfter Pylon.
11) Sechster Pylon.
12) Heiligtum der heiligen Barken.
13) «Fest-Saal».
14) «Propyläen des Südens» (siebenter, achter, neunter und zehnter Pylon).
15) Lagerräume der Opfergaben.
16) Heiliger See.
17) Tempel von Thutmosis III.
18) Tempel von Ramses II.
19) Portal im Osten.
20) Osiris-Kapellen.
21) Schatzraum von Shaba-Ka.
22) Tempel von Ptah.
23) Tempel von Khonsu.
24) Pylon des Tempels von Opet.
25) Portal im Süden.
26) Sphinx-Alleen.

Heiligtum von Montu.
27) Tempel von Montu und Tempelchen von Maat.
28) Portal im Norden und Sphinx-Allee.
29) Ptolemäischer Tempel mit saitischen Kapellen und heiliger See.

Heiligtum von Mut.
30) Portal von Ptolemäus II. Philadelphus.
31) Tempel von Mut.
32) Großer heiliger See.
33) Tempel von Ramses III.
34) Tempel von Amenophis III.

Auf den Fotos: Uben der Tempel von Luxor entlang des Nils, unten die traditionellen Feluken und moderne Boote.

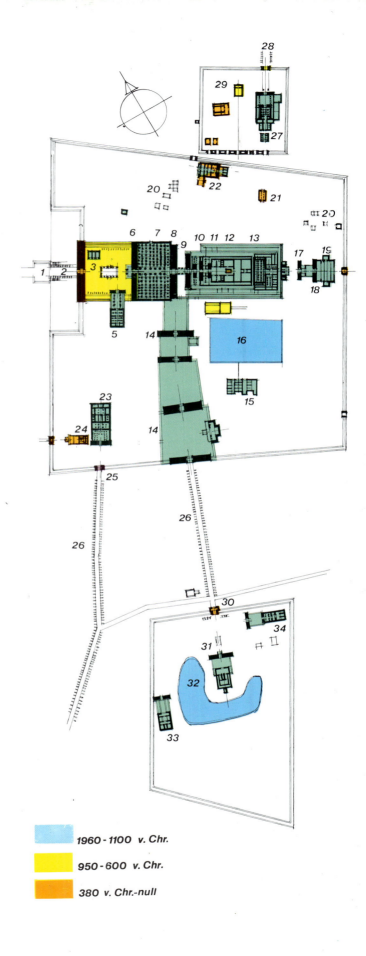

1960 - 1100 v. Chr.
950 - 600 v. Chr.
380 v. Chr. - null

Aufgeteilte, projektionsachsengerechte Rekonstruktion des Tempels von Amon-Râ in Karnak.

1) Einschiffungsplatz mit zwei kleinen Obelisken von Seti I.
2) Allee von widderköpfigen Sphingen von Ramses II.
3) Erster und größter Pylon (113 Meter breit, 15 Meter dick) ohne Ausschmückungen. Vielleicht von der letzten Dynastie.
4) Tempelchen von Seti II. mit drei Amon, Mut und Chonsu geweihten Kapellen.
5) Säulengänge mit geschlossenen Papyrus-Kapitellen.
6) Großer Pavillon von Taharka für die Unterstellung der Prozessionsbarken.
7) Koloß von Penedjeu (15 Meter hoch).
8) Statue von Ramses II. aus rosa Granit.
9) Tor mit Säulen, «Portikus von Bubastis» genannt.
10) Vorhalle mit Opferszenen vom Horemheb und Seti I. Ptolemäisches Portal von fast 30 Metern Höhe.
11) Zweiter Pylon.
12) Tempel von Ramses III.: Pylon mit Statuen des Pharaos, Hof mit Osiris-Pfeilern und auf den Wänden Prozession für den Gott Min, Säulenhalle mit Opferszenen, Kapelle der Barke von Amon, flankiert von denen der Barken von Mut und Chonsu.
13) Große Säulenhalle (102 × 53 Meter) mit 122 Säulen von 16 Metern Höhe mit geschlossenen Papyrus-Kapitellen und 12 Säulen mit offenen Papyrus-Kapitellen. Diese bilden die drei Mittelschiffe von 23 Meter Höhe. Das Mittelschiff wurde von Amenophis III. errichtet. Horemheb begann die Seitenschiffe, die von Seti I. und Ramses II. weitergebaut und von Ramses IV. beendet wurden.
14) Dritter Pylon mit Vorhalle von Amenophis III., nach und nach von Imhotep vervollständigt.
15) Außenmauer mit Szenen aus der Schlacht von Kadesch.
16) Hof von Amenophis III.
17) Obelisken von Thutmosis III. in rosa Granit (heute zerstört).
18) Obelisken von Thutmosis I. in rosa Granit. (Es besteht nur noch der von links).
19) Vierter Pylon von Thutmosis I.: Eingang zum mittleren Kern des Tempels von Amon.
20) Vorhalle des Tempels mit den Obelisken von Hatschepsut in rosa Granit. Geblieben ist der links.
21) Fünfter Pylon von Thutmosis I.
22) Sechster Pylon von Thutmosis III.
23) Vorhalle des Heiligtums und zwei Pfeiler-Stelen mit den Hoheitszeichen des Papyrus (Unter-Ägypten) und des Lotos (Ober-Ägypten).
24) Heiligtum der heiligen Barken, in rosa Granit.
25) Heiligtum des Mittleren Reichs.
26) «Fest-Saal» von Thutmosis III.
27) Sokar geweihte Räume.
28) «Saal des botanischen Gartens».
29) Tempelchen von Ank-Menu mit sieben Osiris-Pfeilern, und früher einmal zwei Obelisken von Hatschepsut.
30) Heiliger See für rituelle Fahrten.
31) «Haus am See von Taharka».
32) Tor von Ramses IX.
33) Siebenter Pylon von Thutmosis III.
34) Peripteros-Kapelle mit Heiligtum aus Alabaster und Opferszenen von Ramses II.
35) Achter Pylon von Thutmosis II. und Hatschepsut.
36) Neunter Pylon von Horemheb.

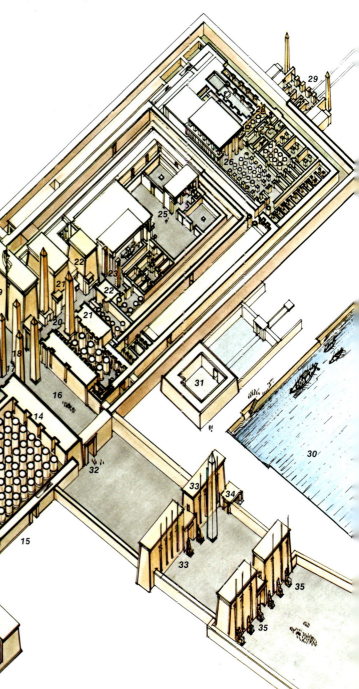

Die eindrucksvolle Widder-Sphinx-Allee führt zum ersten Pylon des Tempels von Karnak. Der Widdersphinx symbolisiert den Gott Amun (in der Gestalt des Widders), der den zwischen den Vorderbeinen des Tieres dargestellten Pharao beschützt.
Früher existierten drei Widder-Sphinx-Alleen, von denen eine in die Sphinxallee mit Menschenköpfen mündete, die vom Amun-Tempel in Luxor ausging.

Die Kolossalstatue (15 Meter hoch) stellt Pinedjem, den Hohepriester von Amun in Theben und Pharao der 21. Dynastie (sog. «tanitisches Königshaus») dar; Blick in den Hof des Tempels Ramses' III., der auf drei Seiten von Osirispfeilern mit Darstellungen des Pharaos im Jubiläumsgewand umgeben ist.

Der Säulensaal gilt als eines der schönsten Beispiele der ägyptischen Baukunst: die 134 Säulen sind 23 Meter hoch und tragen geöffnete papyrusförmige Kapitelle mit einem Umfang von etwa 15 Metern. Das um 1375 v. Chr. von Amenophis III. begonnene Mittelschiff, das als einfache, zum Amun-Heiligtum führende Kolonnade konzipiert wurde, unterscheidet sich in der Höhe von den Seitenschiffen; dadurch wurde Raum geschaffen für die sogenannten «claustra», breite Steinfenster, die im Inneren ein diffuses Licht- und Schattenspiel entstehen lassen.

Der heilige See, der zur Zeit Amenophis' III. entstanden
ist, in dem die Priester viermal täglich ihre heiligen
Rituale vollzogen.
Links unten der Obelisk der Hatschepsut und eine Seite des
Tempels mit den osirischen Säulen.

Ein Obelisk mit den Umrissen Amenophis' III. und der
gigantische Skarabaus, den dieser Pharao dem Gott Amon
geweiht hatte.

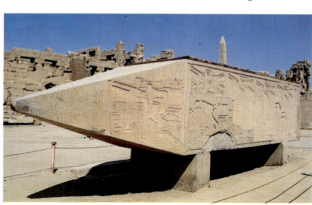

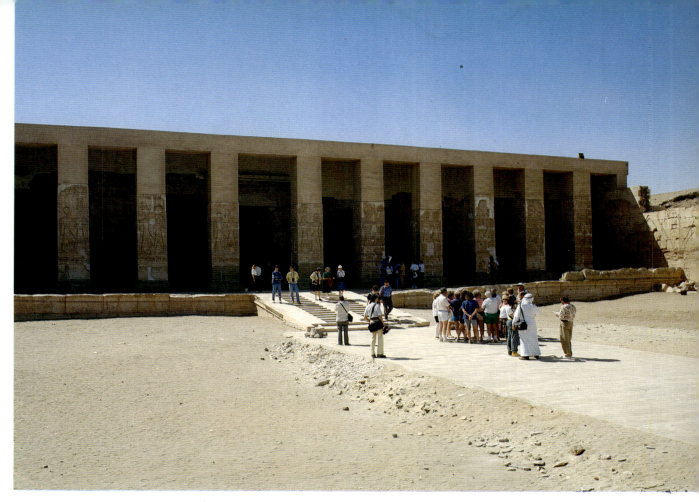

Zwei Bilder vom Alltag am Nil. Für den Zuckerrohrtransport benutzt man auch heute noch Kamele.

Der Portikus des zweiten Hofes bildet heute die Fassade des Tempels Sethos' I.: er besteht aus zwölf Pfeilern mit rechteckigem Sockel und einer Wand, in der sich ursprünglich sieben Türen öffneten; vier davon ließ Ramses II. wieder zumauern.

ABYDOS

Abydos ist der Name, der von den Griechen This gegeben wurde, einer der ältesten Städte der Geschichte und Sitz des Haupttheiligtums von Osiris. Hier wurde in der Tat das Haupt des Gottes bewahrt, mithin seine wichtigste Reliquie. Alle Ägypter mußten sich mindestens einmal in ihrem Leben in einer Pilgerfahrt nach Abydos begeben. Das war die «Heilige Stadt», in der alle danach strebten, eine Totenkapelle oder wenigstens eine Gedächtnis-Stele zu haben. Von der alten Stadt ist fast nichts geblieben, und vom Heiligtum nur wenige Ruinen. Weit ansehnlicher sind die Trümmer des Tempels von Ramses II. der mehr nach Süden liegt, Trümmer, die noch das genaue Bild des Tempels vermitteln: zwei Pylone und zwei Höfe (der letzte gut sichtbar) gehen zwei Säulenhallen voraus, jede mit acht Pfeilern und drei Heiligtums-Cellen. In den Räumen schöne Darstellungen kriegerischer Unternehmungen und religiöser Amtshandlungen. Noch weiter südlich befindet sich der besser erhaltene Tempel von Seti I. mit einer glänzenden Pinakothek, ein noch in der Griechenzeit berühmter Tempel, dessen «Wunderbau» Strabo besang. Er wurde zum Gedächtnis der Pilgerfahrt des Pharaos nach Abydos errichtet. Der Sohn Ramses II. vervollständigte die Ausschmückung, die bis zur Zeit von Ramses IV. reicht. Das Bauwerk paßt sich der Hanglage des Geländes an, so daß die beiden Höfe mit den entsprechenden Pylonen (der erste wurde vollkommen zerstört) zwei Stufen bilden, und der Tempel seinerseits erhebt sich auf weiteren zwei Stufen. Die Fassade ist mit einer charakteristischen Pfeilervorhalle versehen. Darauf folgen zwei weite Säulenhallen mit zwei Reihen von zwölf Säulen in der ersten und drei Reihen in der zweiten. Im Hintergrund an die sieben Heiligtums-Kapellen. Es folgt ein kleinerer Saal, der vier weiteren Kapellen als Zugang dient. Links fügt sich ein weiterer Baukomplex an mit weiteren Säulenhallen und tiefen Kapellen, von denen einige auf Veranlassung von Ramses II. ausgeschmückt wurden, während andere unvollendet blieben. Hinter dem Tempel ist das «Osireion», Grab- und Ehrenmal für Seti I. Es handelt sich um eine sehr beachtenswerte Anlage, die daran erinnert, was Herodot uns über das geheimnisvolle Grabmal von Cheops berichtet.

In der Tat ist in einer großen Halle (30,50 × 20 Meter) mit acht Granitpfeilern und kleinen Kapellen ringsum architektonisch die vom «Ur-See» umschlossene «Insel» verwirklicht mit den Hohlräumen für den Sarkophag und die Kanopen.

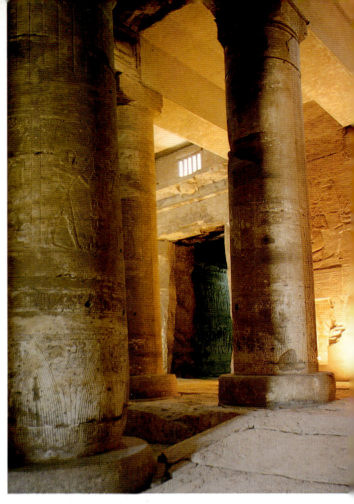

Verzierte Pfeiler und Säulen des Säulensaals im Tempel des Sethos I.

Das Fresko stellt den Pharao dar, während er der Göttin Isis einen gefiederten Djed darbringt. Der Djed-Pfeiler war das Sinnbild der an den Osiriskult geknüpften Wirbelsäule und symbolisierte die Beständigkeit.

161

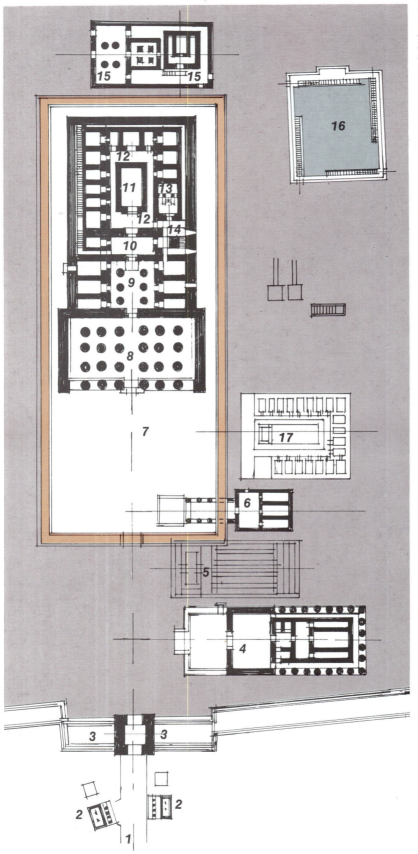

1) Gepflasterte Allee die vom Nil zum Heiligtum führte.
2) Monumentale römische Brunnen.
3) Massive Mauern und Nord-Portal.
4) «Mammisi von Augustus», ein rings von Säulenreihen umgebener Tempel (Peripteros) im hathorischen Stil, in dessen Ausschmückung der Kopf des Gottes Bes einbezogen ist, des Schutzgotts der Gebärenden. Überall Szenen von der Geburt und dem Säugen des göttlichen Knaben Horus, von denen des Nectanebo übernommen. Das Gebäude wurde von Nero begonnen und von Trajan, Hadrian und Antoninus ausgeschmückt.
5) Reste einer christlich-koptischen Kirche aus dem V. Jh.
6) «Mammisi von Nectanebo». Im Heiligtum Szenen vom Eingreifen der Götter und Amons zur Erschaffung des Göttlichen Knaben, den die Göttin Hathor zur Welt brachte und stillte. (In der Göttin kann man auch Isis erkennen und in dem Knaben Horus.)
7) Platz und Umfassungsmauer des Tempels der Hathor.
8) Säulenhalle (zum Platz hin geöffnet), 25 × 42,50 Meter groß, 18 Meter hoch und mit 24 hathorischen Säulen. Die Decke ist mit Himmelsgestalten ausgeschmückt, die von der Göttin Nut beherrscht werden, der Schöpferin der Sonne. Auf den Wänden Szenen der Gründung und Einweihung des Tempels.
9) «Halle der Erscheinungen»: auf den Seiten Lagerräume und Zimmer für die Vorbereitung der Opfergaben, mit Inschriften von Rezepten für Parfüme und Salböle.
10) Halle der Opfergaben.
11) «Ehrwürdiger Sitz» oder Heiligtum des Tempels, mit Szenen der Prozession auf dem Nil geschmückt.
12) «Gang der Mysterien», der zu elf Kapellen führt, in welchen die Einweihung in die hathorischen Mysterien dargestellt ist.
13) «Kapelle der Heiligkeit».
14) Treppen die zu der Terrasse führen, auf der sich der Pavillon mit 12 hathorischen Säulen und das «Grab des Osiris» befinden das aus zwei Kapellen besteht. Jenseits der Treppen führt ein enger Gang in den dicken Außenmauern zu zwölf kleinen Krypten, die alle Darstellungen religiöser oder mystischer Art zeigen.
15) Tempel von Isis-Hathor. Er besteht aus zwei Gebäuden: einem mit Säulen und Pfeilern auf der Querachse und dem anderen mit einem Cella-Raum, welcher der Geburt der Isis geweiht ist.
16) Heiliger See (28 × 34 Meter) noch gut erhal
17) «Sanatorium» mit der Quelle, dem Becken des «wunderbaren Wassers» für Heilbäder und die Umkleideräume ringsum.

DENDERA

Name für die Ruinen von Tentiri, der heiligen Stadt mit den drei Heiligtümern: dem für Ihy, Sohn des Horus, wovon nur eines der monumentalen Tore erhalten blieb, dann dem für Horus, das fast völlig verschwunden ist, und schließlich dem für Hathor, von dem nur beachtliche Ruinen und der fast intakte Tempel geblieben sind. Dieser Tempel stammte aus uralten Zeiten, die bis auf Cheops und Pepi I. zurückführen. Er wurde in der Ptolemäer-Zeit restauriert und in einigen Teilen in der Römerzeit.
Die im weiten Kreis der Mauern des Heiligtums der Göttin Hathor enthaltenen Gebäude folgen einander fast achsengerecht zum Haupteingang, wie in der wiedergegebenen planimetrischen Zeichnung zu erkennen ist.

Das Mammisi von oben von der Terrasse aus gesehen un die Fassade des Tempels mit den Hathorsäulen.

Die hohen Säulen des Säulensaales mit den Hathorkapitellen. Unten das "Allerheigste", in dem die heiligsten Kulthandlungen durchgeführt wurden, und ein Detail der Fresken, die die Decke schmückten.

Oben zwei Details des berühmten "Tierkreises von Dendera"; unten zwei weitere Wände mit Fresken.

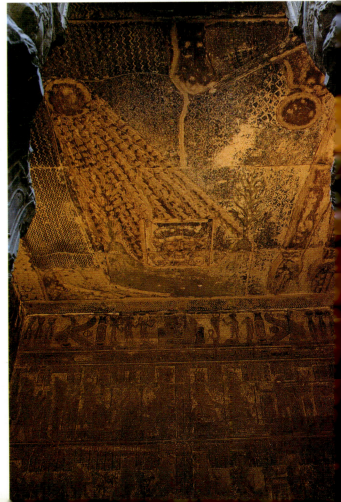

Detail der vierlappigen Kapitelle im Inneren, die aus verschiedenen plastischen Blumenmotiven bestehen. Ein weiteres hervorragendes Beispiel der Eleganz und Phantasie, die von den ägyptischen Künstlern der letzten Jahrhunderte im Bereich der Dekoration erreicht wurden.

ESNA

Der Name gehört zu dem jetzigen Dorf, das auf den Trümmern von Letopolis entstand. Von der antiken Stadt ist nur ein Teil des Tempels von Khnum sichtbar (ein Tempel, der dem von Dendera sehr ähnlich gewesen sein muß). Davon ist der gedeckte Säulengang fast intakt erhalten. Ursprünglich stieß die Halle an den großen Tempelhof und führte zu der Opferhalle und dem Heiligtum. All das ist nunmehr auf die Fundamente beschränkt und von dem riesigen Erdwall bedeckt. Der Tempel ist der Erneuerungsbau eines Tempels der XVIII. Dynastie in der Ptolemäerzeit.

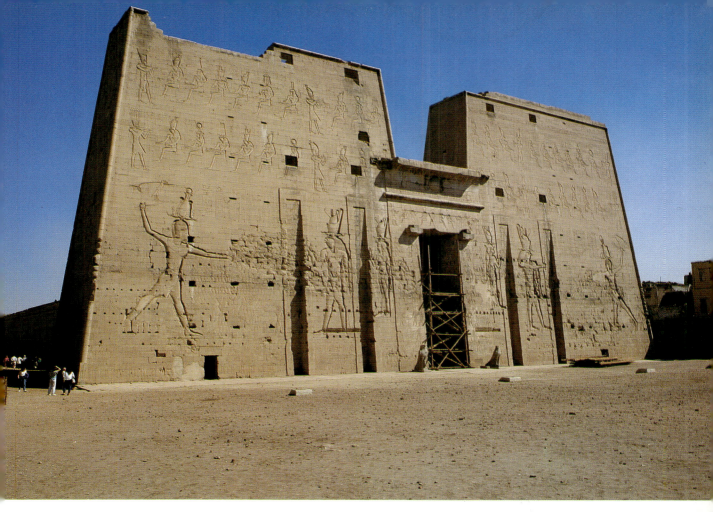

Detail der Außenansicht des großen Tempel-Pylons. Auf den Wänden: Anbetung der Götter und große Darstellungen von Horus und Hathor, denen der letzte Ptolemäer die Gefangenen zum Opfer bringt. Zu Seiten des sehr hohen Portals lange Kannelierungen, in denen die Maste für Paniere und Standarten eingelassen waren, und zwei Falken aus Granit.

Der Horus-Falke — eine herrliche Skulptur in schwarzem Granit — als Wächter des Tempel-Eingangs.

EDFU

Von der antiken Hauptstadt der Region, die von den Griechen Apollinopolis Magna genannt wurde, bleibt der am besten erhaltene Tempel von ganz Ägypten, der dem Horus geweiht war. Er wurde von Ptolemäus III. Evergete im Jahre 327 v. Chr. errichtet, und zwar über dem weit älteren von Thutmosis III., der von dem ersten Priester und Architekten Imhotep verwirklicht wurde. Die Nachfolger von Evergete bis hin zu Kleopatra VII., der letzten Königin von Ägypten, setzten den Tempelbau fort. Seine Struktur ist typisch für die Ptolemäerzeit und fast übereinstimmend mit der von Dendera. Ein großer, mächtiger Pylon mit zwei Falken aus schwarzem Granit zu Seiten des Portals, und in vier Stockwerke von Räumen aufgeteilt, ging der Anlage voraus. Darauf folgt ein Hof mit Säulen mit verschiedenartigen Kapitellen, die auf drei Seiten angeordnet sind. Im Hintergrund die Fassade der Großen Säulenhalle; sie wird von der ersten Säulenreihe der Halle selbst gebildet, die durch Mauerteile geschlossen werden. Die Große Halle hat mit denen der Fassade drei Reihen von sechs Säulen und auf den Wänden nicht endenwollende Opferszenen. Es folgt dann eine kleinere Säulenhalle mit drei Reihen von vier Säulen.

167

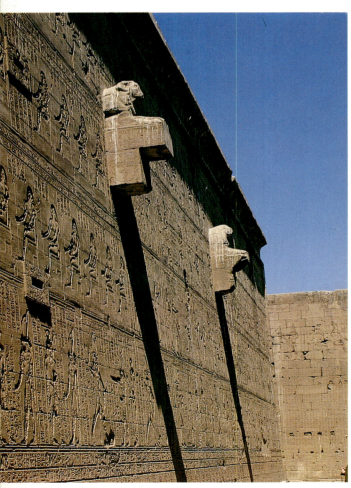

Auf einer Seite dieser Halle öffnet sich das Zimmer der «festen Gaben» und auf der anderen das der «flüssigen Gaben». Ein anstoßender Raum beherbergt das Zimmer der Vorbereitung der Opfergaben. Anstoßend an den Gaben-Saal (von dem aus die Treppe zur Terrasse führt) findet sich dann der Vorraum, der zum Eingang des Heiligtums leitet. Im Inneren des Heiligtums befindet sich noch das sehr schöne monolithische Tabernakel. Der «Gang der Geheimnisse», der um das Heiligtum führt, dient als Durchgang zu zehn Kammern mit ihren jeweiligen besonderen Attributen. Auf den Außenwänden nach der Alleee zwischen dem Tempel und den Außenmauern hin, sieht man bemerkenswerte Szenen: Feier-lichkeiten für den Tempelbau, mythologische Szenen mit dem Sieg des Horus über die Mörder seines Vaters, die Geburt des Horus, Szenen des Horus-Kults nach Tages- und Jahreszeiten.

Vor dem Tempel links das «Mammisi» von Ptolemäus III. Evergete, das unter Ptolemaeus IX. ausgeschmückt wurde. Eigentümliche Kapitelle mit dem Haupt von Bes. Im Inneren Szenen der Geburt des Horus, der von der Göttin Hathor gesäugt wird.

Der Ausdruck «Mammisi» stammt aus der koptischen Sprache und bedeutet «Geburtshaus». Damit wird die Stätte bezeichnet, an der sich täglich das Mysterium der Geburt des Horus, des Göttlichen Kindes, erneuert. Sie ist daher allen Wöchnerinnen heilig und jeder Frau, die Mutter werden möchte. Ursprünglich bildet das «Mammisi» einen Tempelraum. Mit dem Aufkommen der XXX. Dynastie verwandelt es sich in ein selbständiges Tempelchen, das vor dem Heiligtum liegt, und gewinnt wachsende Bedeutung unter den Ptolemäern und Römern.

Der sogenannte «große Hof der Trankopfer» mit Fassadensäulen, die auf halber Höhe durch schrankenartige Interkolumnien verbunden sind; der Wehrgang verläuft zwischen der Außenmauer des Tempels und dem Mauergürtel: man beachte die Wasserspeier mit vorkragendem Löwenkopf; die gleiche architektonische Lösung findet sich in Dendera, wo jedoch die Umfassungsmauer nicht mehr existiert; der wunderschöne, vier Meter hohe monolithische Tabernakel aus grauem Granit entstand unter Nektanebos II. und damit zeitlich vor dem Ptolemäus-Tempel; die majestätische schwarze Granitstatue des Falkengottes Horus, auf dem Kopf die Doppelkrone Ober- und Unterägyptens.

Die Westseite des Tempels; die beiden nebeneinander liegenden Eingänge öffnen sich zur feierlichen Säulenhalle; Details der Säulenreliefs im Hof, die noch Spuren früherer Malereien zeigen; Reste eines von Ptolemaios VIII. Evergete II. dekorierten Geburtshauses im Südwesten der Tempelfassade.

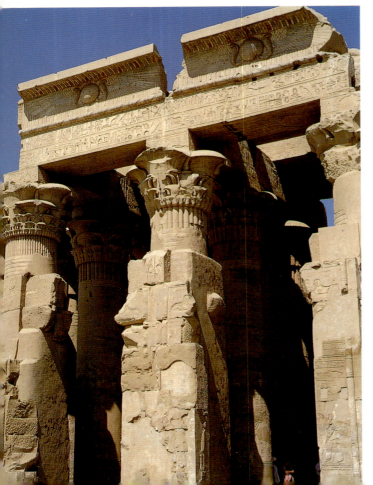

KOM OMBO

In der Nähe des Dorfes von Kom Ombo finden wir einen Tempel von ungewöhnlichem Schema. Es handelt sich dabei um einen völlig doppelten Tempel, der durch Verbindung zweier benachbarter entstand. Der linke Teil ist dem Falkengott Haroeris oder auch «Horus dem Großen» geweiht (einer der zahllosen Personifikationen des Sonnen-Horus), dem kriegerischen Sonnengott, dem Vertilger der Feinde des Osiris, der in der geflügelten Scheibe dargestellt wird.
Mit seinen Flügeln schützt er vor den bösen Geistern und jedem Übel. Deshalb ist er auf allen Eingangsportalen dargestellt. Der rechte Teil ist dem Krokodilgott Sobek geweiht, dem Urgott, dem die Schöpfung der Welt zugeschrieben wird, und Gott der

Fruchtbarkeit, Vernichter der Feinde des Osiris und daher — wie Haroeris — mächtiger Feind des Bösen. Auch dieser Bau ist den Ptolemäern zu verdanken, die den von Amenophis I. und Thutmosis III. mehr als tausend Jahre zuvor errichteten Tempel völlig wiederaufbauten. Der Tempel erhob sich wenige Meter vom Nil entfernt und war von hohen Mauern umschlossen, die vom Tor Ptolemäus XIII. (rechts) ausgehend, den großen Tempel und weitere kleine Tempel und Kapellen verbanden. Darunter die Kapelle von Hathor (neben dem Tor von Ptolemäus), die noch gut erhalten und mit den Opferszenen des Kaisers Domitian ausgeschmückt ist. Ferner die Kapelle von Sobek (im Norden des Tempels) mit Szenen, in welchen der Kaiser Caracalla auftritt, und das Mammisi von Ptolemäus III. (links vom Tempel) nach dem Nil zu.

ASSUAN

886 Kilometer von Kairo entfernt, am rechten Nilufer, liegt Assuan, das antike Syene.
Hier endet das Niltal mit seiner so ausgesprochen lieblichen Landschaft und hier endet ebenfalls Ägypten und beginnt Nubien. Hier finden wir keine bestellten Felder mehr entlang dem Fluß, sondern nicht enden wollende Kilometer Wüstensand und die stillen und mächtigen Wasser des Nasser-Sees. Auch der Nil selbst verändert sich; er fließt nicht mehr sanft und ruhig sondern schäumt an Stromschnellen und Strudeln zwischen den Felsen des 1. Katarakts.
Bis zum dritten Jahrtausend war dies ein Handelsplatz. Nubien, dessen antiker Name nub (nbw) «Gold» bedeutet, war immer schon ein Gebiet, das erobert und ausgebeutet wurde. Als Tor zu Schwarzafrika und der einzigen Verbindung zwischen dem Meer und dem Schwarzen Kontinent, lieferte Nubien nicht nur Gold an die Pharaonen, sondern auch die besten Soldaten, die wertvollsten Hölzer, das feinste Elfenbein, die würzigsten Kräuter und die schönsten Pfauenfedern. In den weit verbreiteten, ergiebigen Gruben wurde jener graue Granit abgebaut, der so häufig für religiöse ägyptische Bauten, für Obelisken, Kolosse und die Errichtung von Tempeln verwendet wurde: Syenit. Die Vorkommen waren derart ergiebig, daß sie auch noch in römischer Zeit abgebaut wurden. Syene war sowohl für die Kontrolle über den Flußverkehr, als auch über die Karawanen, die aus der Wüste kamen, sehr bedeutend, weshalb die Pharaonen hier stets eine bewaffnete Garnison stationiert hatten und Syene zur Hauptstadt des Nomos des oberen Ägypten machten. Ursprünglich schnitt hier der Wendekreis des Krebses, der sich heute weiter südlich verlagert hat; dies beweist ein Brunnen, dessen gerade Wände nur am Tag der Sommersonnenwende von den Strahlen der Sonne beschienen wurden, ohne Schatten zu werfen. Auf diese Weise errechnete der griechische

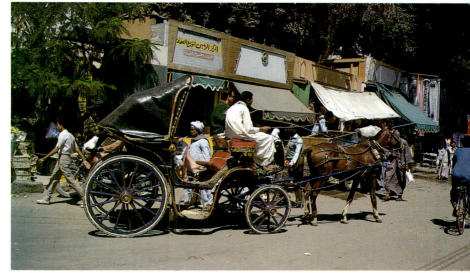

Verschiedene Aspekte des Lebens in Assuan: Touristenboote und Feluken, die gemächlich auf dem Fluß dahinziehen, und der farbenprächtige Basar, wo man echt afrikanische Atmosphäre einatmet.

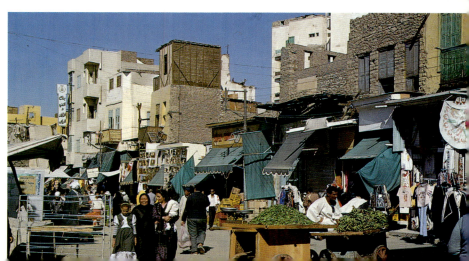

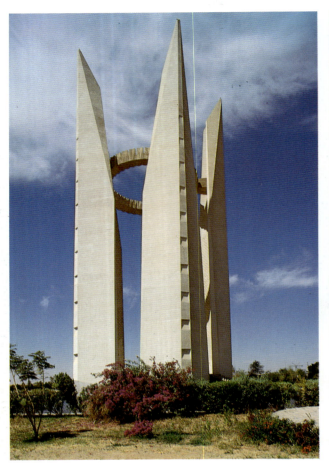

Wissenschaftler Eratosthenes (mit kleinen Fehlern) den Längenkreis und kam zu dem Schluß, daß die Erde rund sei. Vom Hochmittelalter an fiel die Stadt zuerst den Angriffen der Blemyae, die aus Äthiopien kamen und dann einer heftigen Pestepedemie zum Opfer. Nachdem die Einwohner nach und nach die Stadt verließen, konnte sie sich erst nach der türkischen Eroberung Ägyptens erholen. Der heutige Name geht auf das altägyptische «swenet» zurück, was «Handel» bedeutet, zum koptischen «suen» und dann schließlich zu Assuan wurde. Assuan ist heute, abgesehen von seinen geschichtlichen und archäologischen Sehenswürdigkeiten, auch wegen seines milden Klimas, vor allem im Winter sehr beliebt. An den Flußufern sind sehr elegante und luxuriöse Hotels entstanden; zahlreiche Schiffe für Kreuzfahrten auf dem Nil legen hier für einige Tage an, um dem ständig anwachsenden Touristenstrom die Besichtigung der wunderschönen Umgebung zu ermöglichen; und schließlich ist Assuan Ausgangspunkt für Ausflüge nach Abu Simbel, dem Juwel der Wüste. Wenn es Abend wird, wird Assuan plötzlich wie in ein violettes Licht getaucht, während die Feluken mit ihren großen Segeln, die weiße Punkte auf den Fluß zeichnen, lautlos über das Wasser gleiten. Nirgends in Ägypten findet man ein derartiges Licht und eine Stille, so wie in Assuan.

Das moderne Monument in Form einer stilisierten Lotosblüte erinnert an das gewaltige Bauprojekt des Hochdamms; die üppige Vegetation der Kitchener-Insel oder Pflanzeninsel im Norden von Elephantine; zwei weiße Feluken gleiten auf dem Nil dahin; der Eingang des aus rotem Sandstein erbauten Aga-Khan-Mausoleums, das sich an der El-Gijuschi-Moschee in Kairo inspiriert. Hier ist Aga Khan Mohammed Schah, das geistige Oberhaupt der muselmanischen Sekte der Ismailiten, begraben.

Kloster des Hl. Simeon.

Das Deir Amba Samaan (so heißt es auf Arabisch) ist eins der größten und besterhaltenen koptischen Klöster in Ägypten. Es wurde zwischen dem 6. und 8. Jh. anläßlich des Todes des Bischofs Hadra erbaut. Bis zu dreihundert Mönche konnten hier leben und viele hundert Pilger aufnehmen. Das Kloster erfüllte fast fünfhundert Jahre lang seinen Zweck, bis es 1321 von den Arabern zerstört wurde. Es wird von einer Mauer aus Steinen und unbehauenen Ziegeln umgeben und von zwei Türmen flankiert, die 10 Meter hoch sind und dem Bau einen mächtigen und ehrwürdigen Ausdruck verleihen, der Respekt und Furcht einflößt.
Im Innern war das Kloster wie eine kleine Miniaturstadt angelegt: auf der ersten Ebene befindet sich die dreischiffige Kirche mit Apsis mit drei Kapellen, in denen man noch Spuren von Fresken vom allmächtigen Christus mit vier sitzenden Heiligen sieht; über jedem einzelnen ist ein Buchstabe aus dem koptischen Alphabet gemalt. Über eine Treppe gelangt man zur zweiten Ebene, wo sich das eigentliche Kloster befindet; von einem langen Gang gehen die Mönchszellen und die Wirtschaftsräume der Gemeinschaft ab, wie zum Beispiel die Küche, die Backstube, der Weinkeller und andere.
Steigen wir auf die Mauern hinauf, so entfaltet sich vor uns die Wüste in ihrer ganzen Pracht. Am Ende des Tals dann, in einem scharfen Kontrast, sieht man das Wasser des Nil, das sich blau spiegelt, mit Assuan und den weißen Feluken.

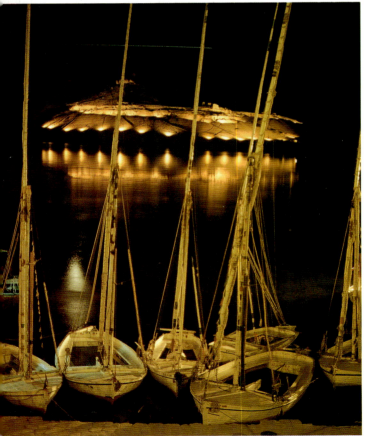

Malerische Nachtaufnahme der Nekropole von Assuan am linken Nilufer.

Gräber von Mekhu und Sabni.

Diese Gräber befinden sich am südlichen Ende der Nekropole und waren miteinander verbunden, denn die Besitzer waren Vater und Sohn. Das Grab Mekhus verfügt über einen großen Raum mit sechs Säulen in drei Reihen. In der Mitte, zwischen zwei Pfeilern, befindet sich ein Granitblock für Opfergaben; man sieht eingeritzte Symbole für das Brot und die Ablaufrinnen für die Trankopfer. Das Grab Sabnis ist durch zwölf Pfeiler in zwei Reihen unterteilt und mit Jagd- und Fischereiszenen verziert.

Grab von Sirenput II.

Dieses Grab — eins der am besten erhaltenen — gehörte dem «Obersten der Propheten des Khnum», zur Zeit der XII. Dynastie. Es bestand aus einem Raum mit sechs Pfeilern, einer Galerie mit sechs Nischen an den Seiten, in denen jeweils eine mumienförmige Statue des Verstorbenen stand, sowie einem zweiten viereckigen Raum mit vier Pfeilern, von denen jeder mit wunderschönen Darstellungen Sirenputs verziert war. Schließlich folgt weiter hinten die bemalte Kapelle: Wir sehen der Herrscher, dem sein kleiner Sohn vor einem gedeckten Tisch huldigt. Auf dem Tisch stehen Brote, Süßspeisen, Obst, sogar eine Ente und Weintrauben. Die angrenzende Wand ist mit dem Bild der Frau Sirenputs verziert; sie war die Priesterin von Hathor und sitzt ebenfalls vor dem gedeckten Tisch.

Die Granit-Steinbrüche.

Hinter dem modernen Assuan erblickt man noch immer die uralten Steinbrüche, die Ägypten den Granit lieferten. Dort befindet sich der berühmte «Unvollendete Obelisk» (der niemals vom Felsen losgelöst wurde, weil er an mehreren Stellen brüchig war). Er wäre 42 Meter hoch geworden bei einem Gewicht von 1150 Tonnen. Auf dem Lichtbild sieht man die im Granit angebrachten Einschnitte zur Loslösung der Blöcke.

Die Insel von Sehel.

Wenige Kilometer von Assuan entfernt befindet sich der erste Katarakt der Nils, die ideale Südgrenze des antiken Ägypten. Sie erstreckt sich in einem weiten Gebiet von Strudeln und aufwallendem Wasser zwischen Felsen und zahllosen Inselchen. Die interessanteste Insel ist die von Sehel. Hier finden wir nämlich regellos aufgeschichtete Granitblöcke, aus denen sich die Ruinen zweier riesiger Pyramiden ergeben könnten. Sie weisen Einritzungen von Gestalten und Inschriften auf, als ob sie tatsächlich Stelen wären, und reichen von der VI. Dynastie bis zur Ptolemäer-Zeit. (Unter denen aus diesem Zeitraum erwähnt eine den König Zoser).

PHILAE

Vor einer eindrucksvollen Kulisse aus Granitfelsen strecken sich die Säulen und Pfeiler der heiligen Insel, Kultort der Göttin Isis, in den blauen Himmel, und versetzen den Besucher in eine Atmosphäre, die so nur in der Phantasie existieren kann. Der Tempel von Philae ist zusammen mit denen von Edfu und Dendera einer der besterhaltenen ptolemäischen Tempel. Philae war die größte der drei Inseln, mit denen die Felsgruppe im Süden den ersten Katarakt abschloß; zirka 400 Meter lang und 135 Meter breit. Bereits der Name von Philae macht uns die besondere geographische Lage deutlich: «Pilak», wie die Insel in alten Schriften genannt wurde, bedeutet «Insel der Ecke» oder «Insel des äußersten Endes». Philae lag ursprünglich am östlichen Nilufer, in der Ecke einer kleinen Bucht und auch am südlichen Ende des ersten Katarakts. Von den beiden übrigen Inseln war Biga ganz besonders heilig (heute teilweise überschwemmt), denn sie war der Ort des ewigen Schlafs von Osiris und deshalb war der Zutritt jedem menschlichen Wesen verboten. Nur die Priester hatten die Erlaubnis; sie kamen in Booten aus Philae, um ihre religiösen Riten auf den 360 Opfertischen zu feiern, die an der Grabstätte von Osiris standen. Seiner Frau Isis, die ihn mit der Kraft ihrer Liebe wieder zum Leben erweckt hatte, waren die Tempel auf Philae geweiht. Der Isis-Kult auf dieser Insel geht auf die früheste Antike zurück; und der Tradition gemäß pilgerten die Ägypter mindestens einmal im Jahr zur heiligen Insel. Die Priester dieses Kultes mußten erst im Jahr 535, unter Justinian die Insel verlassen. Die dritte Insel heißt Agilkia; hier können wir heute den gesamten Komplex der Tempel bewundern, die ursprünglich auf Philae standen, das kaum 500 Meter entfernt liegt.

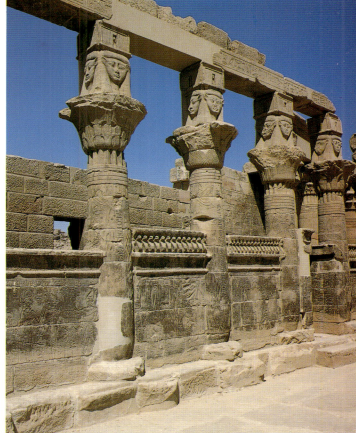

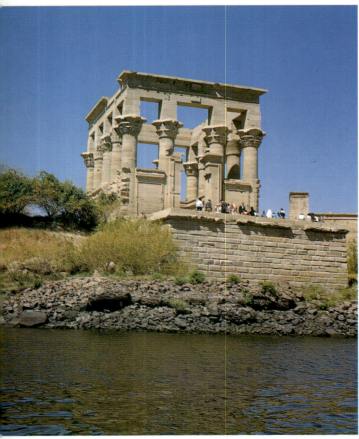

Bis 1898 war die heilige Insel das ganze Jahr oberhalb der Wasserfläche. Mit dem Bau des Alten Damms wurde sie zehn Monate lang vom Wasser des künstlichen Sees überspült. Nur im August und September, wenn man die Schleusen des Damms öffnete, um einen zu starken Druck des Hochwassers zu vermeiden, tauchte die Insel aus dem Wasser auf und konnte besichtigt werden. Die Errichtung des Großen Damms stellte Philae vor ein neues Problem: die heilige Insel hätte sich in einer Art geschlossenem Becken befunden, in dem das Wasser — nicht mehr zwanzig sondern nur noch vier Meter hoch — ständig zu- und abgeflossen wäre. Diese Strömung hätte mit der Zeit unweigerlich die Fundamente der Tempel ausgewaschen, die dann früher oder später zusammengestürzt wären. Deshalb wurden sie von 1972 bis 1980 abgebaut und auf dieser Insel, unter Berücksichtigung der Topographie von Philae, an einem höheren Standort wieder aufgebaut. Der Tempelkomplex umfaßt den Pavillon des Nektanebis, den Großen Tempel der Isis mit angrenzenden Gebäuden, den hübschen Pavillon des Trajan und das kleine Hathor-Tempelchen. Auch wenn der Großteil der Dekorationen in Philae sich an heiligen Bräuchen und Opfern für die Götter inspiriert, so gibt es eine Darstellung, die aufgrund ihrer Originalität und der Ausgefallenheit des Themas wegen besonders erwähnenswert ist. Sie befindet sich an dem sogenannten Tor oder der Bastion Hadrians, einer Ädikula, die auf die Zeit der Antonier

zurückgeht, im Westflügel des Isis-Tempels, auf der Höhe des zweiten Pylons. Im Innern des Tors, an der Nordwand, zeigt ein Relief, wie sich die antiken Ägypter die Nilquelle vorstellten. Man sieht Hapi, mit menschlichen Zügen, jedoch als Hermaphrodit, die Vergöttlichung des oberen und unteren Nils. Der Gott wird in einer Höhle dargestellt, um die sich eine Schlange windet. Er hält zwei Gefäße in den Händen, aus denen Wasser hervorquillt. Die Ägypter meinten nämlich, die Quelle des Nils befände sich beim ersten Katarakt, in der Nähe des Berges Mu-hapi («Wasser des Hapi»). Die alljährlichen Feierlichkeiten zu Ehren des Gottes wurden vom Pharao selbst zelebriert und begannen Mitte Juni, wenn der Stern Sotis das erste Hochwasser auslöste. Philae ist der Inbegriff der Verbindung von ägyptischer, griechischer und römischer Kultur. Architektur und Zeichnung vermengen sich hier auf geradezu perfekte Weise. Versuchen wir einmal uns vorzustellen, daß sämtliche Kapitelle in strahlenden Farben angemalt waren, bevor sie durch den Bau des Alten Damms ausgewaschen wurden; Blau, Rot, Gelb und Grün sind die Farben der Bilder jener Reisenden, die die Kapitelle noch sahen, bevor sie im Wasser des künstlichen Sees verschwanden. Aber auch wenn sämtliche Farben in Philae verlorengingen, so bleibt es trotzdem jenes Meisterwerk von «Anmut und Ausdruckskraft», wie Amelia Edwards sagte; ein wunderbares Beispiel an Eleganz und Zauber, die «Perle Ägyptens», wie es Pierre Loti beschrieb.

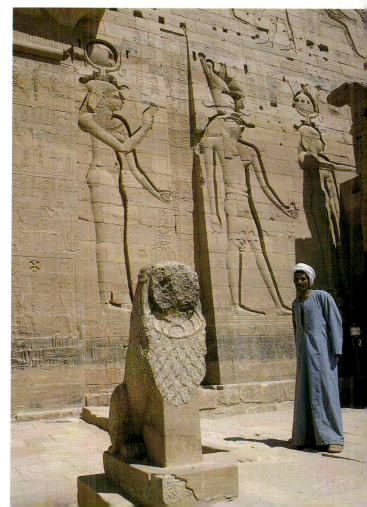

ABU SIMBEL

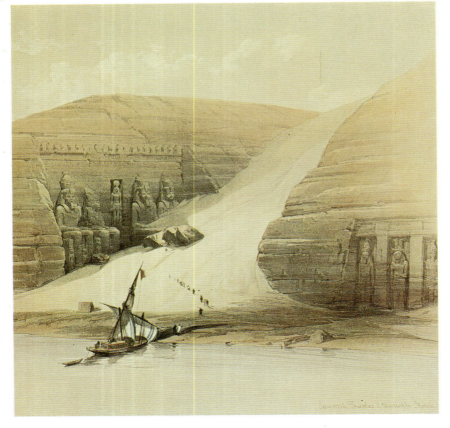

Zirka 300 Kilometer von Assuan entfernt, im Herzen Nubiens, beinahe schon an der Grenze zum Sudan, befindet sich das großartigste Bauwerk des größten Pharaos aller Zeiten: Abu Simbel, ein Tempel, der ursprünglich der Triade Amon-Ra, Jarmakis und Ptah geweiht war, aber praktisch gesehen allein errichtet wurde, um im Laufe der Jahrhunderte seinen Erbauer Ramses II. zu verehren. Abu Simbel ist nicht nur einer der schönsten Tempel Ägyptens (sicherlich ist er der ausgefallenste und mächtigste) sondern auch das Symbol der enormen Rettungsaktion der 14 nubischen Tempel vor dem Wasser des Nasser-Sees.

Über lange Zeit vergessen, gelangte Ybsambul — so nannte man ihn — erst im letzten Jahrhundert ans Licht, als der Schweizer Johann Ludwig Burckhardt am 22. Mai 1813 fast zufällig sah, wie sich, beinahe durch Zauberhand, die oberen Hälften von vier riesigen Steinfiguren aus dem Sand erhoben.

Am 1. August 1817 befreite der Italiener Giovanni Battista Belzoni den

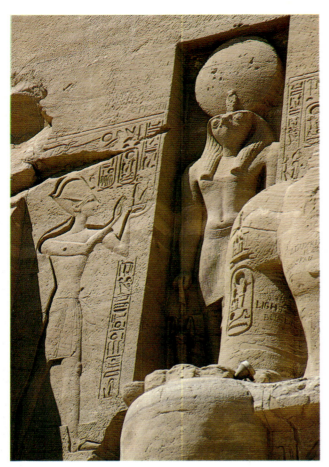

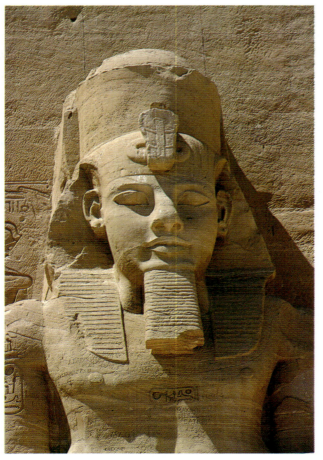
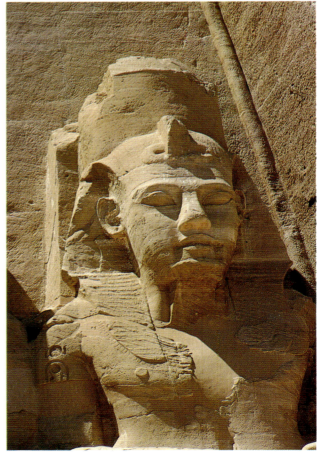

oberen Teil eines Tors vom Sand und fand den Eingang ins Innere. Nach ihm folgten Hunderte von Reisenden, Forschern, Archäologen und Touristen, um das nun endlich freigelegte architektonische Meisterwerk von Ramses II. zu bewundern. Die Gefahr der Überschwemmung durch den Nasser-See erregte weltweit Aufsehen. Auch wenn Abu Simbel der schönste und prächtigste der nubischen Tempel war, so war er aufgrund seines Baumaterials, seines Standorts und seiner Anlage selbst auch am schwierigsten zu retten. Und doch gelang es auch in diesem Fall, mit Hilfe von starkem Willen zusammen mit den Wundern der Technik (wie wir später sehen werden), den Tempel zu retten. Eine der faszinierendsten Ab- und Wiederaufbauarbeiten der Archäologie überhaupt, die dieses Kunstwerk über Jahrhunderte erhalten.
Der Felsentempel von Abu Simbel ist nichts anderes als die Übertragung auf den Felsen, der Architekturelemente eines sogenannten ägyptischen Allerheiligsten-Tempels.
Die tragenden Säulen der Fassade sind vier kolossale Statuen von dem sitzenden Ramses II. Perfekt in ihren Ausmaßen, geben sie die königlichen Züge des Herrschers wieder.
An dieser monumentalen Fassade arbeitete «eine Vielzahl von Arbeitern, die durch sein Schwert in Gefangenschaft geraten waren» unter der Aufsicht des Oberbildhauers Pyay; so lesen wir im Innern des Tempels. Nach den Bildhauern waren die Maler an der Reihe; zur Zeit von Ramses muß die Farbpalette für den Tempel sehr reichhaltig gewesen sein.
Die Wände spiegeln mit ihren prächtigen Verzierungen den militärischen Ruhm Ramses' II. wider. Die interessanteste davon befindet sich an der Nordwand, wo wir die verschiedenen Phasen der Schlacht von Kadesh ablesen, die den Abschluß des Feldzugs gegen die Hettiter im Jahre V der Herrschaft des Pharaos bildete. Das lange, epische Gedicht, das der Hofdichter Pentaur verfaßte, ist in Hieroglyphen nicht nur hier, sondern auch an den Wänden anderer Tempel, zum Beispiel in Luxor und Karnak zu finden. 65 Meter von der Tür entfernt, im Innersten des Berges, gelangt man schließlich in

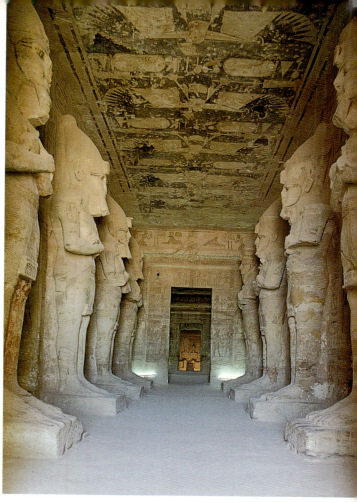

das Allerheiligste, den innersten und verborgensten Teil des Tempels, einen kleinen Raum von vier mal sieben Metern. Hier steht die Statue des vergöttlichten Ramses II., sitzend, zusammen mit der Triade Ptah, Amon-Ra und Harmakhis. Angesichts dieser Statuen bemerkte man, daß dieser Tempel nach einem genau vorher festgelegten Bauplan errichtet worden war und einige Forscher, allen voran François Champollion, hatten das sogenannte «Sonnenwunder» beobachtet. Zweimal im Jahr, bei der Sonnenwende, durchdringt bei Sonnenaufgang die Sonne die Gesamtlänge des Tempels und beleuchtet die Statuen von Amon, Harmakhis und des Pharaos; nach zirka zwanzig Minuten verschwindet die Sonne wieder. Besonders auffällig ist, daß Ptah nie von den Strahlen getroffen wird, er ist nämlich der Gott der Dunkelheit.

Abu Simbel bedeutet aber nicht nur die Glorifizierung von Ramses II. Verläßt man den Tempel und geht nach rechts, so gelangt man zum Hathor-Tempel, den der Pharao für Nefertari errichten ließ; auch wenn sie nicht seine einzige Frau war, so war sie doch sicherlich die, die er am meisten liebte. Noch nie war in Ägypten die Frau eines Pharaos abgebildet worden, gleich groß wie die Statue ihres Mannes neben ihr. Für sie, die Große Königliche Ehefrau, Nefertari-mery-en-Mut («die von Mut geliebte») ließ Ramses diesen Tempel «aus feinem, weißem, festem Stein» in kleinen, überaus harmonischen Proportionen in den Felsen hauen.

Eine Ansicht der Festung von Kaitbay von Hafen aus gesehen.

Der Eingang zur Festung von Kaitbay.

Unten und auf der folgenden Seite die sogenannte Säule von Pompeo.

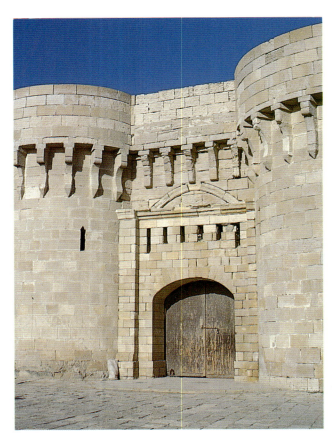 

ALEXANDRIA

Die zweitgrößte Stadt Ägyptens wurde von Alexander d. Gr. an der Stelle eines ehemaligen Fischerdorfes gegründet, dessen kleiner Hafen im Schutz der Insel Pharos lag. Alexander erkannte die Möglichkeiten, die sich hier boten, und beauftragte den Architekten Dinokrates mit der Planung der Stadt. Damals gab es tatsächlich keine wichtigen Zugänge zum Mittelmeer, und die kleinen Delta-Häfen Naukratis, Tanis und Peluso waren nicht in der Lage, mit den phönizischen Häfen zu rivalisieren.

Im Jahre 332 v. Chr. ließ sich Alexander, nachdem er Ägypten aus der persischen Belagerung befreit hatte, in der Oase Siwa zum Pharao krönen. Doch erst unter seinen Nachfolgern, den Ptolemäern, wurde Alexandria Hauptstadt. Ptolemaios I. Soter verband die Insel Pharos durch eine Straße (Heptastadion) mit dem Festland und schuf somit zwei Häfen, die unter den beiden Brücken des Heptastadion durch Passagen miteinander verbunden waren. Ein ganzes Stadtviertel war den Juden vorbehalten. Später wohnten hier Demetrios von Phaleron, der die weltberühmte Alexandrinische Bibliothek gründete, ferner Euklid, Apelles, einer der größten Maler des Altertums. Unter Ptolemaios II. Philadelphos wurde auf der Insel eines der sieben Weltwunder erbaut, der Leuchtturm, nach dem die Insel benannt ist; darüber hinaus entstand eine Akademie, an der die namhaftesten griechischen Intellektuellen lehrten; in dieser Zeit übersetzten die Gelehrten der Akademie das Alte Testament in die griechische Sprache: es handelt sich um die berühmte «Septuaginta» (so genannt, weil angeblich siebzig Übersetzer an dem Werk arbeiteten). Trotz ständiger innerer Wirren und Hofintrigen blieb Alexandria weiterhin kosmopolitische Hauptstadt mit regem Geschäftsleben und fruchtbarer intellektueller Arbeit. Im Jahre 48 v. Chr., unter der Regierung Kleopatras, der letzten ägyptischen Königin, belagerte Cäsar die Stadt und verursachte den Brand der berühmten Bibliothek.

Ägypten wurde römische Provinz, und Alexandria als Angelpunkt zwischen West und Ost (Rotes Meer und Indien) entwickelte sich zur zweitgrößten Stadt des Reiches.

Im Jahre 40 setzte die Evangelisation ein (der Überlieferung nach gründete der Evangelist Markus die Kirche in Alexandria), und die Stadt wuchs zu einem bedeutenden religiösen Zentrum heran; im 2. Jahrhundert wurde hier eine Schule (das Didascaleion) ins Leben gerufen, die von großen Theologen geleitet wurde. Aber schon bald entstanden heftige Auseinandersetzungen, die in der Folge zu bedauerlichen Formen der Häresie führten. Es kam sogar zu offenen Revolten durch die religiösen und ethnischen Minderheiten, die Repressionen und Verfolgungen mit sich brachten. Die ersten Opfer waren die Christen (unter Caracalla, Decius und Diokletian), und später, nach dem Edikt des Theodosius (392), die Heiden.

Im Jahr 642 wurde die Stadt von Amr Ibu El-As, dem General des Kalifen Omar Ibn El-Khatab, eingenommen, dem es gelang, den Byzantinern ganz Ägypten wegzunehmen. Kairo wurde Hauptstadt, und für Alexandria begann der unaufhörliche Niedergang. Mit der Ankunft Napoleons und der Wissenschaftler, die moderne Kriterien zur Neuwertung des Landes mitbrachten, und vor allem mit Mohammed Ali und seinen Nachfolgern, die diese Ideen in die Tat umsetzten, erstand die Stadt zu neuem Leben. Die Einführung der Baumwollkulturen im Delta und die Eröffnung des Suezkanals führten zu einer Neubelebung der Handelsbeziehungen und zur Gründung von Industrieanlagen. Die Stadt füllte sich mit Ausländern, und überall wuchsen neue Wohnviertel aus dem Boden, die der Stadt ein typisch mediterranes Aussehen verliehen, mit Hotels, Alleen, Spielkasinos und Geschäften. Von der mondänen, eleganten Welt und vom Kosmopolitismus der Stadt verblieb nach der Revolution von 1952 nur noch ein Abglanz in den Fassaden der von Ausländern bewohnten Paläste und in den Sommersitzen der Bourgeoisie von Kairo. Die Gegend am Mariut-See ist heute Industriegebiet, und am Hafen entstanden mehrere neue Becken, aber Alexandria ist nach wie vor das bekannteste Seebad des Landes.

DIE HALBINSEL SINAI

Vor rund zwanzig Millionen Jahren bildeten Ägypten, Sinai und die arabische Halbinsel ein zusammenhängendes Land. Dann führten riesige Erdumwälzungen zur Trennung der Landesteile, und die südliche Halbinsel Sinai wurde durch zwei große Golfe getrennt: den Golf von Suez im Westen, dessen tiefste Stelle kaum 95 Meter beträgt, und den Golf von Akaba im Osten, der indessen 1.800 Meter Tiefe erreicht. Dieser Golf gehört zu dem großen Grabensystem — sog. Rift — das sich von der Taurus-Kette bis nach Kenia erstreckt. Die großen seismischen Bewegungen der Vergangenheit und die Eruptionserscheinungen haben das Landschaftsbild des Sinai geprägt. Die bedeutendsten sind der Djebel Musa mit 2285 Metern und der Djebel Katherin, mit 2642 Metern der höchste Berg der ganzen Halbinsel. Die Ostküste, die von Scharm-esch-Scheich am Kap Ras Mohammed bis Taba reicht, zeichnet sich durch zahlreich aufeinander folgende Korallenbänke aus; sie schaffen die idealen Voraussetzungen für eine Meeresflora und -fauna, deren Artenreichtum in anderen Meeren nicht ihresgleichen hat.

Das Katharinenkloster.

Die kleinste Diözese der Welt ist zugleich das älteste christliche Kloster mit der reichsten Ikonen- und Handschriftensammlung, die wir kennen.
Erste Quellen über das Katharinenkloster finden wir in den Chroniken des Patriarchen Eutychios von Alexandria, der im 9. Jahrhundert gelebt hat: sie berichten, wie Helena, die Mutter Kaiser Konstantins, von der Heiligkeit dieser Orte so beeindruckt war, daß sie im Jahr 330 an der Stelle, wo sich einst der brennende Dornbusch befand, den Bau einer kleinen Kapelle veranlaßte. Die Kapelle wurde der Jungfrau Maria geweiht.
Diese blutigen Raubzüge gegen die Mönche und Eremiten setzten sich durch das ganze 6. Jahrhundert fort, bis Kaiser Justinian im Jahr 530 eine wesentlich größere Basilika errichten ließ, die später Kirche der Verklärung Christi genannt wurde. Zum Schutz der Mönche gegen Überfälle ließ Justinian rund um das Kloster eine Festungsanlage bauen, die noch heute den Komplex kennzeichnet.

Ein Winterbild vom Djebel Musa oder Mosesberg.   *Das Katharinenkloster.*

INHALTSVERZEICHNIS

DER PLANET ÄGYPTEN	S.	3
5000 JAHRE GESCHICHTE	,,	5
Geburt einer Kultur	,,	5
Vor den Pharaonen	,,	5
Von 3000 bis 2000 v. Chr.	,,	8
Von 2000 bis 1000 v. Chr.	,,	10
Vom Jahr 1000 bis zum Jahre Null	,,	12
Die Abenddämmerung nach dem Jahre Null	,,	13
DIE ÄGYPTISCHE RELIGION	,,	14
Hoffnung und Auferstehung	,,	14
Die heilige Schrift	,,	18
DAS LEBEN IM ALTEN ÄGYPTEN	,,	21
Umwelt und Gesellschaft	,,	21
Die Stadt	,,	21
Die Palastfestung	,,	24
Der Tempel-Palast	,,	25
Das Palast-Haus	,,	27
Das Einzelhaus	,,	29
Die Familie	,,	30
Das Land und das Meer	,,	32
5000 JAHRE KUNST	,,	35
Das Ägyptische Museum in Kairo	,,	35
DIE NEUE HAUPTSTADT	,,	45
Die grossen Monumente in Kairo	,,	45
DER AUFSTIEG ZUR EWIGKEIT	,,	51
Die Funktionen der Pyramide	,,	53
Die Mastaba-Gräber	,,	54
Gise	,,	56
ARCHITEKTUR UND INGENIEURWESEN IM ALTEN ÄGYPTEN	,,	68
Die Erbauung der Pyramiden	,,	68
Die Baumaschine	,,	69
Die Baustelle der Pyramide	,,	70
Sakkara	,,	74
Memphis	,,	84
Dashur	,,	85
Medûm	,,	85
Tell el-Amarna	,,	87
DER JENSEITSGLAUBE	,,	89
Die Nekropole von Theben	,,	89
Haus der Toten Haus des Lebens	,,	90
Reise ins Jenseits	,,	92
Das Tal der Könige	,,	97
Deir el-Bahari	,,	105
Das Tal des Adels	,,	110
Das Tal der Königinnen	,,	118
Das Tal der Kunsthand Werker	,,	122
Das Ramesseum	,,	127
Medinet-Habu	,,	130
DAS HAUS GOTTES	,,	139
Tempelbau und Aufrichtung des Obelisken	,,	142
Luxor	,,	144
Karnak	,,	151
Abydos	,,	159
Dendera	,,	163
Esna	,,	166
Edfu	,,	167
Kom Ombo	,,	170
Assuan	,,	173
Philae	,,	179
Abu Simbel	,,	182
Alexandria	,,	189
Die Halbinsel Sinai	,,	190